MORDER UM PÊSSEGO

DAVID CHANG
com GABE ULLA

Morder um pêssego

*Memórias e aventuras nos bastidores
das badaladas cozinhas do Momofuku*

Tradução
Lígia Azevedo

Copyright © 2020 by David Chang

Companhia de Mesa é um selo da Editora Schwarcz S.A.

Grafia atualizada segundo o Acordo Ortográfico da Língua Portuguesa de 1990, que entrou em vigor no Brasil em 2009.

Título original
Eat a Peach: A Memoir

Capa e ilustração
Ian Dingman

Preparação
Luisa Tieppo

Revisão
Valquíria Della Pozza
Gabriele Fernandes

Dados Internacionais de Catalogação na Publicação (CIP)
(Câmara Brasileira do Livro, SP, Brasil)

Chang, David
    Morder um pêssego : Memórias e aventuras nos bastidores das badaladas cozinhas do Momofuku / David Chang, Gabe Ulla ; tradução Lígia Azevedo — 1ª ed. — São Paulo : Companhia de Mesa, 2021.

    Título original: Eat a Peach: A Memoir.
    ISBN 978-65-86384-08-6

    1. Chang, David, 1977- 2. Culinária 3. Gastronomia 4. Memórias I. Ulla, Gabe. II. Título.

21-73152   CDD-641.5

Índice para catálogo sistemático:
1. Culinária : Memórias : Economia   641.5

Maria Alice Ferreira – Bibliotecária – CRB-8/7964

[2021]
Todos os direitos desta edição reservados à
EDITORA SCHWARCZ S.A.
Rua Bandeira Paulista, 702, cj. 32
04532-002 — São Paulo — SP
Telefone: (11) 3707-3500
www.companhiadasletras.com.br
instagram.com/companhiademesa

*Para Grace e Hugo, com amor,
e para todos os azarões*

Prólogo

Posso me convencer de qualquer coisa.

Há quatro anos, assinei um contrato para escrever este livro. Juro que eu disse à editora que seria um livro de autoajuda sobre liderança, estratégia empresarial ou conselhos para jovens chefs. Infelizmente, a editora discorda. Foi só muitos meses depois do meu prazo original que minha agente afinal fincou o pé e disse: "Diz pra si mesmo a merda que quiser, Dave, mas é um livro de memórias".

Só para registrar, ainda penso nele como um guia do que não fazer ao começar um negócio. É o meu cérebro se esquivando de pensar na esquisitice monumental de terem me pedido para escrever um livro sobre a minha vida, sem falar no ego de tamanho preocupante que permitiu que eu dissesse "sim".

E, para ser sincero, não sei qual é a graça que veem em mim.

Como é possível que, depois de quinze anos me ouvindo reclamar de comida, restaurantes e outros assuntos a respeito dos quais sou muito menos qualificado a comentar, as pessoas ainda queiram mais? As coisas que eu digo são mais valiosas do que as que qualquer outro diz? Por quê? O que faz uma pessoa pensar que sei mais do que ela?

Não são perguntas retóricas. Levantei esses mesmos pontos com a editora.

Devo incluir receitas?

Não, não é um livro de receitas.

Vocês têm certeza? Não posso me apoiar em conteúdo gastronômico para dar uma encorpada?

Temos certeza.

Muito depois, quando chegou a hora de pensar no projeto gráfico do livro, houve algum debate quanto à imagem da capa. A editora propôs usar uma foto minha, como é de costume nos livros de memórias. Mas não consegui reunir coragem para imaginar meu rosto na estante de uma livraria.

Por fim, acabamos concordando em usar uma ilustração. A editora montou uma capa usando uma foto do Idris Elba para me dar uma ideia do que estavam pensando. Gostei tanto que insisti para usar a foto dele em vez da minha, mas perdi a discussão. Pensamos em inúmeras alternativas: algumas com paisagens tranquilas e aquarelas de pêssego que poderiam ser encontradas em um consultório odontológico; algumas baseadas no mito de Sísifo, que sempre me pareceu inspirador; e alguns retratos meus pintados pelo meu amigo David Choe, incluindo uma versão sem traços faciais (o significado simbólico disso ainda não ficou muito claro para mim).

Gostei de um retrato de Choe que incluía meu rosto e achei que fosse um bom meio-termo. Ainda era minha imagem, mas impressionista o bastante para me deixar confortável com a ideia de estar em uma capa de livro. É claro que a editora passou a defender uma das capas de Sísifo, que chamaria mais a atenção do leitor. Eu me preocupava com o fato de que estabelecer uma relação entre a minha jornada e a de um personagem mítico pudesse soar prepotente demais. (Na verdade, olhando bem, tecnicamente não sou eu empurrando o pêssego montanha acima; é o Oddjob do *007*, o arquétipo cinematográfico do vilão asiático.) Mudamos algumas vezes de ideia, mas não sou do tipo que se deixa influenciar por opiniões não embasadas ou pelo saber convencional. Eu acredito em dados, de modo que decidimos encomendar uma pesquisa.

A maior parte das centenas de pessoas consultadas nunca tinha ouvido falar de mim, e cerca de 7% sabiam "razoavelmente" ou "muito" a meu respeito. No geral, essas pessoas foram bastante favoráveis à capa que você está segurando agora, e aceitei isso numa boa. Não sou tão orgulhoso a ponto de não mudar de opinião. Não há que ser forte: há que ser flexível, e coisa e tal.

A pesquisa foi minuciosa, o que me agradou muito. Por exemplo, cada um dos consultados deveria destacar as partes de que não gostavam nas capas que não haviam escolhido. Suas preferências foram apresentadas em gráficos, que apontavam as selecionadas com mais frequência — ou seja, as que mais desagradaram às pessoas. Fica mais fácil de entender se eu mostrar:

Frequentemente selecionado

Também foi pedido que as pessoas indicassem o que elas menos gostavam em suas capas favoritas. Aquelas que preferiram a capa com o retrato sem meus traços faciais apontaram meu nome.

Frequentemente selecionado

Frequentemente selecionado

Certo, então meu rosto e meu nome eram o problema. Tenho que admitir que isso foi um pouco incômodo para alguém que (1) tem todo um histórico de ser sensível às particularidades de sua aparência e do caráter asiático em geral de seu rosto e de seu nome, e (2) já estava com dificuldades para compreender por que as pessoas iam querer ler este livro. Mas, de novo, sou uma pessoa que respeita dados. Tiramos a ênfase do meu nome e do meu rosto. Se isso for ajudá-lo a desfrutar da leitura, sinta-se à vontade para imaginar que ele foi escrito por um autor branco chamado David Chance. Prometo não ficar chateado.

O único aspecto deste livro que não pode ser alterado é a perspectiva. Para o bem ou para o mal, ela é minha.

Não vou fingir que posso retratar tudo exatamente como aconteceu. Não sou uma câmera de segurança. Peço desculpas a qualquer pessoa cujo papel exagerei ou diminuí neste livro. Ao longo dele, optei pela precaução e mudei muitos nomes para evitar que colegas e amigos se irritassem com a maneira como me lembro dos eventos. Os detalhes muito provavelmente estão fora de ordem aqui e ali. Sem dúvida, a cronologia da segunda metade do livro é uma bagunça. Tenho certeza de que também contradisse afirmações que fiz no passado, seja porque mudei de opinião, porque antes estava sendo leviano com os fatos ou porque estou me confundindo agora. Então saiba que esta é uma narrativa tão honesta e verdadeira quanto me é possível oferecer.

Caso não tenha dado para perceber, tudo isso na verdade é uma tática de enrolação. Se estou prendendo você aqui, é porque estou extremamente nervoso com o fato de que está lendo este livro.

A existência dele não faz sentido. Eu me enganei em relação a tantas coisas...

Meus amigos dizem que eu deveria parar com a falsa modéstia, que eu deveria conseguir bancar quem eu sou a essa altura.

Mas eu não deveria estar aqui.

PARTE UM
Montanha acima

Uma narrativa mais ou menos linear de eventos a respeito dos quais pude refletir em muitos anos de terapia; um Deus vingativo; outras crianças; um pouco de golfe; um ultimato; a ascensão do underground; abrindo alguns restaurantes; paranoia; os primeiros sinais de uma tendência a fugir.

1. As folhas de chá

Antes costumava nevar bem mais no norte da Virginia. Quando a neve era especialmente forte, meus irmãos mais velhos e Thomas, um amigo finlandês deles, que morava mais adiante na rua, faziam uma pista improvisada e desciam de trenó do alto da colina, passando pela nossa casa. Sempre que alguém me pergunta sobre minha infância, essa é a primeira coisa de que me lembro.

Quando não nevava, Thomas e meus irmãos desciam a mesma rota de kart. Eu disse *kart*, mas estava mais para uma caixa de madeira sobre rodas, na qual só cabia uma pessoa. Nas raras ocasiões em que as crianças maiores me convidavam para brincar com elas, eu aproveitava a chance na hora. Thomas, que tinha uns dez anos e uns quarenta quilos a mais que eu, empurrava correndo o carrinho comigo dentro e depois pulava na traseira. Eu sempre ficava espremido na frente.

Uma vez, quando eu tinha sete ou oito anos, tentei erguer as pernas no ar durante a descida, como as pessoas fazem com os braços numa montanha-russa. De alguma maneira, minhas pernas foram parar sob as rodas dianteiras e fui puxado para fora do carrinho. Thomas passou por cima de mim e continuou descendo.

A próxima coisa de que me lembro é de estar deitado no sofá amarelo da sala, com minha mãe, minha irmã e minha avó pairando sobre mim. O tratamento delas consistia em, a cada meia hora, passar uma pasta vermelha misteriosa no meu joelho, me segurar de pé como se eu fosse uma marionete e verificar se eu conseguia dar alguns passos. De jeito nenhum. Cada cambaleio doía ainda mais que o anterior. Eu não parava de chorar.*

Meu pai voltou do trabalho e olhou para mim como se nunca tivesse visto alguém machucado. Exigiu que eu levantasse do sofá e andasse. Chorei um pouco mais.

Depois de seu fracasso em me curar com o poder de suas ordens, ele — com alguma relutância — me colocou no carro e me levou a um acupunturista coreano, que me enfiou agulhas da cabeça aos pés. Fiz o que eu fazia de melhor: continuei chorando. Meu pai ficou ainda mais frustrado. Ele estava convencido de que a dor só existia na minha cabeça e de que o único remédio era aguentar.

"Anda."

Passados alguns dias, meu pai se distraiu com outras coisas. Minha mãe, que sempre fazia o papel do policial bonzinho, tinha sido paciente com todo o choro e com a unção infrutífera da pasta avermelhada. Ela me levou a um pediatra em McLean, que tirou raios X da minha perna. Uma fratura em forma de relâmpago se estendia por quase todo o fêmur.

O médico imobilizou minha perna e fomos para casa, onde a vida continuou sem nenhuma outra menção ao acidente.

---

* Eu era o maior chorão. Sempre que estavam a fim de dar umas risadas, os amigos dos meus irmãos arrumavam um jeito de me fazer chorar. Eles falavam algo sobre minha mãe ir embora para sempre, e instantaneamente os rios de lágrimas se formavam. Babacas.

Na época, meu pai era o arquétipo de certo tipo de homem coreano que permanece completamente estrangeiro para a América não asiática. Sim, eles nos repreendem e nos punem por notas baixas e o menor sinal de mau comportamento, mas não se trata só de uma maneira estranha de demonstrar amor. Se trata também de um amor que parece bastante condicional. O lado negativo do termo que está sendo usado em inglês para esse estilo de criação, *tiger parenting*, é que dá um nome fofinho para o que na verdade é uma existência dolorosa e desmoralizante. Também contribui para a percepção de que as crianças asiáticas se saem bem academicamente em consequência das ações de seus pais. Mas adivinha só: não é verdade. Nem todos os pais asiáticos são assim, esse comportamento nem sempre funciona e nem todas as crianças asiáticas vão bem na escola. Na verdade, as crianças asiáticas não são todas iguais. Ser jovem e asiático nos Estados Unidos muitas vezes significa lutar uma guerra contra a uniformidade em inúmeras frentes ao mesmo tempo.

Cerca de um ano antes do acidente, ele me comunicou que eu não podia mais ser ambidestro — uma das poucas habilidades naturais que eu possuía e de que me orgulhava — e passaria a usar apenas a mão direita. Estava preocupado que qualquer futuro que eu pudesse ter no golfe fosse destruído pelo fato de ser canhoto. Simples assim, a questão estava resolvida. O custo de questionar sua autoridade era sempre maior que aceitar e lidar com aquilo.

Nossa dinâmica familiar estava longe de ser perfeita, mas não chegava a ser péssima, de verdade. Meus pais estavam sempre trabalhando, então meus avós maternos praticamente me criaram. Eles eram tão bonzinhos e carinhosos que quase chegava a ser cômico. Minha avó sempre me carregava nas costas enquanto cozinhava e me dava pedacinhos de peixe seco que ela cortava com a tesoura ou colheradas do que quer que estivesse fazendo. Meu avô vinha de uma família abastada. Durante a ocupação japonesa da Coreia, ele tinha sido um dos muitos homens que haviam sofrido uma espécie de lavagem cerebral para que pensassem em si mesmos como japoneses.* Ele me levava de ônibus a uma cidadezinha próxima para comer sushi.

Já que estamos falando de experiências gastronômicas que me formaram, a história preferida dos meus pais sobre a minha infância envolve um jantar no restaurante chinês a que íamos em ocasiões especiais: Wu's Garden, em Vienna, na Virginia. Deve ter sido bem na época em que quebrei a perna. Meus irmãos mais velhos não estavam conosco naquela noite em particular, muito provavelmente porque estavam trabalhando em algum evento da igreja. O jantar estava acabando, e perguntei se íamos levar comida para eles. Meus pais disseram que meus irmãos estavam bem e alimentados, onde quer que se encontrassem. Aquilo devia ter encerrado a conversa, mas continuei preocupado. Como era possível que ninguém se preocupasse com meus irmãos? Como meus pais podiam ter certeza de que eles haviam comido? Comecei a dar a volta na mesa, passando desajeitado as sobras dos outros para o meu prato, que pretendia levar para casa. Os adultos morreram de rir.

Essa é a única história engraçadinha de infância que tenho relacionada a comida. Minha mãe é uma ótima cozinheira — muito melhor do que eu imaginava na época. Eu ficava constrangido com o cheiro da nossa cozinha e a cara da nossa comida, então, quando ela não estava por perto, quase sempre me sustentava à base de palitinhos de muçarela, nuggets, refeições prontas congeladas, burritos de micro-ondas, *quesadillas* e macarrão instantâneo. Coisa de criança que precisava se virar sozinha, o que para mim não tinha problema.

---

* Leia *Pachinko*, de Min Jin Lee, se quiser entender melhor o que estou falando.

Eu me virava. Fazia tae kwon do e jogava basquete com meus irmãos mais velhos. As confraternizações familiares eram consistentes e agradáveis. Eu tinha um grupo sólido de amigos. Estava absolutamente na média. Minha escola fazia parte de um programa para encontrar alunos "talentosos e superdotados". Quem tirasse notas altas o bastante era transferido para a Thomas Jefferson, uma das escolas de ensino médio mais prestigiosas do país. Todo o meu grupo de amigos foi selecionado, menos eu. A única outra criança asiática da escola que não entrou foi Brian Zhu, e Brian Zhu, como eu nunca me canso de comentar, era uma anta.

Por todas as métricas, eu era um péssimo aluno. Nunca fiquei acima da média nos exames de admissão nas universidades. Ficava tão nervoso quando ia fazer uma prova que passava mais tempo temendo as consequências de uma nota baixa do que fazendo o que se pedia de fato. Me formei no Trinity College — a universidade mais distante de casa em que consegui entrar —, entre os últimos da minha turma.

Meu pai costumava ficar bravo, mas não fazia diferença. Eu queria muito impressionar minha mãe e ele, só que era simplesmente incapaz. E viver com um tigre a que não se consegue agradar gera medo constante. Todas as horas de todos os dias você se sente desconfortável com seus próprios pais.

Só estou te contando tudo isso porque é o que um livro de memórias pede: folhas de chá em que se possa ler o futuro. Histórias selecionadas que são um presságio da pessoa que viria a me tornar. Mas fico relutante em colocar muito peso nessas anedotas. Outros passaram por sofrimentos muito piores e tiveram pais muito mais rígidos. Se você for da primeira geração de uma família de origem asiática a nascer nos Estados Unidos, as chances de estar dizendo agora "Grande coisa, seu criança" são grandes.

***

Imigrantes coreanos tendem a recair em um de dois campos muito diferentes e quase incompatíveis: são médicos ou advogados, ou então gerenciam lavanderias ou lojinhas de conveniência. Mas, independentemente de como ganham a vida, eles levam a igreja a sério.

A minha família toda vendia Bíblias ou exercia atividades relacionadas à Bíblia, como carpintaria. Tenho primos que nunca conheci porque viajam o tempo todo para lugares distantes com o intuito de divulgar a palavra de Deus. Antes de emigrar para os Estados Unidos, minha avó paterna foi uma das primeiras pessoas na Coreia a se converter ao cristianismo. Na minha cabeça, ela não media mais do que um metro e quarenta, mas não tenho certeza de sua altura, porque ela sempre usava *hanboks* que iam até o chão e escondiam seus pés. Apesar da baixa estatura, sua presença era aterrorizante. A dor, a tristeza e o estoicismo de quem já tinha visto coisa demais estavam gravados em seu rosto. Se segui o cristianismo foi por medo de desagradar-lhe.

Éramos presbiterianos. Nossa igreja tinha parceria com uma fazenda onde era possível comprar frutas e doces como os de antigamente. Desde então, ela cresceu e se tornou uma das maiores congregações coreanas nos Estados Unidos, mas na época tínhamos que esperar até a tarde para assistir à missa, porque pela manhã os brancos utilizavam o mesmo lugar para o culto.

Entre minha avó, meus pais e minha irmã, minha família me sufocava com religião. Nunca experimentei mexer com aquilo, mas me lembro de olhar para meus pais e seus colegas devotos e pensar: *Se eles estão falando sério, se a única coisa que importa é a vida após a morte, então por que não vamos para a rua e tentamos trazer mais pessoas para a congregação? Por que ficamos de boa, planejando churrascos?*

Isso não quer dizer que minha família não fosse militante em sua crença. Como acontece com muitos imigrantes coreanos, a igreja era o centro da rotina dos meus pais. Era um ponto de encontro da comunidade e, o mais importante, a âncora espiritual que lhes dava segurança em um novo país. Meus pais organizavam reuniões de estudos bíblicos em casa. Rezavam a noite toda. O grupo de jovens da minha irmã vinha todo fim de semana. Passávamos o domingo na igreja: assistíamos à missa em coreano com nossos pais, depois à missa em inglês com o grupo de jovens, depois tínhamos estudos bíblicos. Alguns parentes passavam de bêbados de cair no sábado à noite para discípulos tementes a Deus na manhã seguinte. Sempre que havia alguma festividade, como Dia de Ação de Graças, Ano-Novo ou o aniversário de alguém, fazíamos duas horas de estudos bíblicos. Pelo menos a comida sempre era boa.

Nas longas viagens em nossa perua Chrysler com acabamento falso de madeira, ouvíamos fitas sobre o Apocalipse que, pensando bem, eram bastante radicais. O fim sempre estava próximo. A religião estava em todo o meu entorno, o tempo todo — e, por extensão, eu me considerava crente. Levava toda a história escatológica muito a sério, mesmo quando a falta de convicção de outras pessoas me deixava em dúvida. Eu sempre dava uma espiada durante a prece familiar para ver quem é que estava só fingindo.

Aos poucos, me senti mais à vontade para perguntar "Mas por quê?". Imagino que isso tenha sido importante para a pessoa que eu viria a me tornar, mas todas as crianças fazem isso, não? Uma vez, durante o ensino religioso de domingo, usaram uma placa de feltro e bonequinhos para ilustrar como todo mundo no céu consegue olhar para os descrentes no inferno. Pela primeira vez, a ideia de que alguém queimaria eternamente por não aceitar Jesus Cristo como seu senhor e salvador me incomodou.

Então vocês estão me dizendo que eu vou ficar bem desde que acredite nisso? E como sabem se eu acredito de verdade? Basta eu

dizer? Como Jesus sabe que estou sendo sincero? E alguém que vive recluso e não tem ideia de que Jesus Cristo existe? Vai pro inferno?
Aquilo tudo parecia maluquice.*

Com o tempo, meu ceticismo se transformou em fúria. Minha irmã, Esther, recebeu a maior parte dela, por escolha própria. Esther era oito anos mais velha que eu e tinha abandonado qualquer esperança de fazer com que meus irmãos fossem tão devotos quanto ela, então concentrava suas energias em mim. Depois da faculdade, Esther foi para o seminário e passou a coordenar o grupo de jovens da igreja — todo ele. Ela também foi missionária na Mongólia. Quanto mais minha irmã tentava me atrair para aquilo, mais eu me recolhia. Nas noites de sexta, eu literalmente me escondia entre as araras de descontos da loja de artigos de golfe do meu pai para não ter que ir à missa do grupo de jovens. Aquilo fazia com que eu a detestasse, e, conforme entrei na adolescência, infernizei a vida da minha irmã.

Fui para um colégio interno jesuítico chamado Georgetown Preparatory School,** onde aprendi que o presbiterianismo havia vindo do catolicismo. Era como se eu fosse um terraplanista vendo o planeta do espaço pela primeira vez. Não fazia ideia de que

---

* Fiquei estranhamente satisfeito quando, em 2018, o missionário americano John Allen Chau conseguiu chegar à Ilha Sentinela do Norte, lar de um povo isolado que deixou claro ao longo de centenas de anos que era seu desejo permanecer isolado. Ele o fez mesmo sabendo que poderia morrer por seu proselitismo, e foi exatamente o que aconteceu. Os locais o mataram por sua intromissão. Ele tinha feito as mesmas perguntas que eu, e não fora capaz de aceitar que alguém pudesse ir para o inferno apenas porque nunca tinha ouvido falar em Cristo. Se todos os crentes à minha volta quando criança tivessem sido tão firmes em sua convicção quanto Chau, talvez eu ainda fosse um deles, de verdade. O plano dele era incrivelmente idiota, mas seu compromisso era admirável.

** A mesma escola — mas cerca de uma década depois — em que estudaram PJ, Tobin, Squee e o juiz da Suprema Corte Brett Kavanaugh.

uma igreja podia vir de outra. De que eram todas constructos humanos, produtos de política, e não divinas.

Me senti alienado desde o começo. No primeiro dia de aula, notei um aluno esperando à porta da sala para entrar. Tentei indicar aquilo para o professor, que respondeu gritando: "JD!".

"Como?"

"Outro JD!"

"Julgamento divino" era uma advertência. Interromper a aula para chamar a atenção para meu colega de classe perdido era uma ofensa digna de um JD. Receber um JD significava que eu ia me atrasar para o futebol americano, o que significava que ia ter que ficar dando voltas na pista ao fim do treino, o que me renderia outro JD por chegar tarde para o jantar, o que se traduzia em outro castigo: escrever uma redação sobre Deus, segurar a Bíblia por uma quantidade insana de tempo ou recolher o lixo do campus. Todo dia naquela escola era mais uma volta naquela espiral eterna.

Sei que todo mundo tem seus traumas de ensino médio, mas aquele lugar me marcou de uma maneira que ainda estou tentando esquecer. Eu tinha me destacado jogando golfe quando pequeno, o que me fizera receber propostas excelentes. Quando a Georgetown Prep manifestou interesse, meu pai se comprometeu com eles. Embora a escola ficasse perto de casa, estava a quilômetros do lugar de onde eu vinha. Os alunos eram supostamente os melhores entre os melhores, outro motivo importante pelo qual eu escolhera a Georgetown, mas nunca me encontrei ali. Um dos meus primos de segundo grau, que também estudava em escola particular, uma vez me encheu de porrada porque não me juntei à panelinha dos coreanos. Eu não me sentia asiático o bastante para andar com os outros asiáticos e não me sentia estudioso ou talentoso o suficiente para andar com mais ninguém. Internalizei a aura de superioridade e a transformei em uma consciência esmagadora de minha própria inferioridade. Tudo era difícil para mim na Georgetown, com exceção da aula de religião. Àquela altura, já tinha lido tanto a Bíblia que podia dar as aulas eu mesmo.

Mais tarde, no Trinity College, eu pretendia me formar em economia comparada, estudos asiáticos ou filosofia, mas logo me dei conta de que não conseguiria nenhuma daquelas coisas a não ser que de fato comparecesse às aulas. Mudei de curso todo semestre antes de me decidir por teologia, porque o tema ainda era moleza para mim, e eu gostava de ler sobre crenças não cristãs: o taoismo, os Vedas e o *Bagavadeguitá* do hinduísmo, o judaísmo antigo e a ideia do budismo maaiana de que se deveria ser tão empático ao sofrimento do mundo a ponto de escolher não atingir o nirvana, e sim retornar como outro espírito para ajudar os viventes. Aquilo fazia sentido para mim. O estudo religioso me levou a textos filosóficos — Platão, Kant, Nietzsche e os nomes de sempre dos cursos universitários. Cursei todas as disciplinas ministradas por Ellison Banks Findly e Howard DeLong.

Se fiz questão de aprender tanto quanto possível sobre religião, em parte foi para poder ganhar de Esther nas discussões. No meu segundo ano, quando estava estudando na Europa, encontrei-a na Suíça. Fazia um tempo que não a via. Eu devia ter lhe dito que o budismo tinha mexido comigo, ou explicado que enfim havia descoberto que a fé adequada para mim era o humanismo secular. Mas a confiança que Esther tinha em suas próprias crenças me enfureceu. Ela não era exatamente presunçosa, mas parecia ter tanta *certeza*. Eu sentia que minha raiva por Esther era justificada.

Cheguei preparado para descarregar sobre ela toda a sabedoria mundana que eu havia adquirido em dois anos de faculdade. Disse-lhe que se seu Deus onipotente havia permitido toda a fome e a tragédia no mundo, os genocídios de Stálin e Pol Pot, eu preferiria reinar no inferno a servir no céu. E encerrei comentando que se tivesse vivido 2 mil anos antes, provavelmente também crucificaria cristãos.

Acho que ela nunca tinha nos visto como oponentes. A disputa existia apenas na minha mente.

Quando eu tinha nove ou dez anos, nós nos mudamos de McLean para Vienna, na Virginia, e esse episódio foi o que mais se aproximou de um trauma em toda a minha infância. Nossa casa nova ficava a apenas vinte minutos da antiga, mas na época era uma região majoritariamente rural, com mais vacas que pessoas. Eu precisei abrir mão do que considerava um belo arranjo: ficar com meus amigos da escola de segunda a sexta e com as crianças coreanas e os vizinhos nos fins de semana. Minha agenda social estava sempre lotada, e de repente tudo mudou.

Seria possível dar uma forçada de barra e dizer que foi correndo por entre as árvores do parque Wolf Trap nos anos que se seguiram à mudança que aprendi a usar a imaginação. Ficar sozinho e sem supervisão dos meus pais, que estavam sempre trabalhando, implicava brincar bastante sem companhia, construindo fortes, usando arminhas, jogando video game e colecionando Transformers. Eu nunca me entediava.

Tínhamos nos mudado porque meu pai queria ficar mais perto da loja em Tysons Corner. No começo dos anos 1980, ele havia largado o ramo de restaurantes e se juntado a um punhado de coreanos empreendedores para monopolizar as vendas de artigos de golfe na área de Washington, D.C.

Sim, meu pai trabalhou com restaurantes. Mas isso não foi tão significativo assim. Como eu disse, não gosto de superestimar esses detalhes do passado distante. Cozinhar e servir comida é o que muitas pessoas fazem nos Estados Unidos quando suas opções são limitadas. Como tantos outros pais imigrantes, o meu fazia trabalhos braçais na esperança de que seus filhos não tivessem de fazer. Diferentemente de seus amigos da comunidade coreana, Joe Chang não vinha de uma família de prestígio e não tinha estudado medicina ou administração. A anedota familiar contava que ele havia passado na faculdade em uma cidadezinha mineradora do Kentucky depois de ter invadido a administração da escola e alterado suas notas. Meu pai vinha de uma longa linhagem de trapaceiros. Minha avó era basicamente uma agiota na Coreia, e ele cresceu passando fome no pós-guerra. Abriu uma delicatéssen e acabou expandindo para um restaurante no Clube de Imprensa de Washington, D.C. O que é interessante — ou no mínimo irônico — é que meu pai explicitamente proibiu seus filhos de seguirem seus passos. Ele só se sentiu capaz de sustentar sua família depois que abandonou o ramo de restaurantes.

Daria para adivinhar meu futuro a partir daí?

Voltando aos homens que planejavam dominar o mercado de golfe: eles determinaram que cada um se concentraria em um bairro diferente de D.C. Joe Chang, que tinha o menor nível de escolaridade e era o menos abastado do grupo, ficou com Tysons Corner. Os caras mais bem de vida, como Eddie Pak, ficaram com bairros como Potomac, Bethesda e Silver Spring.

No começo, a Tysons Gold Center parecia um atacadão do golfe. Ficava escondida nos fundos de um hangar metálico enorme e pouco convidativo, e era impossível chegar até ela a menos que já se tivesse estado lá. Dentro, havia só um carpete verde vagabundo e caixas de papelão cheias de artigos para golfe. A ideia era que tudo o que meu pai economizasse na decoração fosse repassado em desconto para o cliente.* Minha mãe começou a tra-

---

* Meu pai ia direto ao ponto sempre que possível. Ele era o tipo de cara que ligava antes para o restaurante ir adiantando seu pedido e pedia a conta quando ainda estava comendo.

balhar na loja, mesmo tendo quatro filhos pequenos. Eu passei bastante tempo lá também, fazendo trabalhos diferentes, que iam de empilhar mercadorias a ficar no caixa.

O que veio a seguir foi outra prova de que a vida é mesmo uma caixinha de surpresas. Ninguém poderia prever que Tysons Corner ia se transformar na região de compras de Washington, D.C., mas, em alguns anos, foi isso que aconteceu. Eddie Pak acabou por invejar a localização da loja do meu pai. Ajudava o fato de que Joe Chang era um homem incansável, que acreditava ser possível alterar a realidade de acordo com o que desejasse caso se esforçasse o suficiente, mas ele também teve muita sorte. E a sorte é melhor do que qualquer plano.

Eu também tive sorte. Meu pai me apresentou ao golfe quanto eu estava com cinco anos. Como já mencionei, eu fui bom nesse esporte por bastante tempo. Um verdadeiro prodígio, na verdade. No começo, nem precisava estudar estratégia ou trabalhar pontos específicos do meu jogo. Um dia, meu pai me disse que eu ia jogar golfe, e eu me saí muito melhor que as outras crianças. Simples assim. Minha tacada era naturalmente incrível. Pareço um babaca falando assim, mas é impossível dizer que é bom no golfe sem parecer um babaca.

Isso foi antes de Tiger, Vijay, Michelle Wie e K. J. Cho aparecerem. Golfe era um esporte de brancos e uma escolha meio estranha para uma criança coreana. No entanto, viajar pelo Sul para disputar torneios me mostrou uma faceta da cultura americana que eu não tinha como conhecer nos subúrbios de Washington, D.C. Aprendi a comer e amar ensopado Brunswick, filé empanado e molho *red eye*. Conheci outras crianças no circuito do golfe e curtia a companhia delas. Éramos bons em um esporte que não era considerado nem um pouco legal pelos outros, e isso nos conectava.

Quando eu estava na minha melhor fase, uma rede de televisão coreana mandou uma equipe para a Virginia para me acompanhar por uma semana, durante alguns torneios locais. Devo ter parecido metido pra caralho. O golfe foi meu primeiro talento, a primeira coisa pela qual haviam me elogiado, e eu adorava aquilo. Adorava ganhar de todo mundo.

    Aos nove anos, levei pela segunda vez seguida o campeonato estadual. Fui melhor que todo mundo da minha categoria e da categoria acima também. Certo verão, no acampamento de golfe, ganhei de todo o pessoal do ensino médio e levei nossa equipe à vitória, enquanto uma multidão me apoiava. Eu só jogava golfe. Hoje, quando se vai a um torneio juvenil, dá para ver um monte de pais asiáticos gritando com os filhos à distância. Meu pai foi pioneiro nessa área. Ele era devoto de Ben Hogan, que quase morreu em um acidente de carro e no ano seguinte ganhou o U.S. Open.* Eu passava uns 360 dias do ano jogando ou treinando com meu pai, meus irmãos ou com algum dos meus dois técnicos. Durante o inverno, passava os dias dentro de casa, dando tacadas em direção a uma rede enquanto uma câmera gravava meus movimentos. Eu treinava até que as bolhas aparecessem, estourassem e sangrassem.

    Dado que não sou um golfista profissional, provavelmente não vai ser nenhuma surpresa descobrir que a coisa não foi para a frente. Conforme eu me aproximava do ensino médio, comecei a pensar demais. Crianças que eu costumava destruir tiraram o atraso e então passaram na minha frente. Eu era tipo um batedor de falta que é impecável nos treinos, mas que amarela na hora H.

    Desde os meus oito ou nove anos, meu pai se sentava comigo depois de um desempenho ruim para analisar cada erro que havia cometido no torneio, identificando as tacadas que deveria

---

* Para ser sincero, eu preferia Bruce Lietzke, que aparentemente nunca treinava e fazia questão de disputar o menor número possível de torneios. Ele sempre ia bem, mas nunca ganhou um torneio importante.

ter feito e enfatizando que eu poderia ter me saído melhor. Conforme meu jogo começou a decair, ele foi inflexível ao dizer que eu só precisava de foco. Eu o ouvia dizendo às pessoas: "Dave só não está conseguindo lidar com o fato de que outras pessoas são melhores que ele agora". Richie Yu se destacava naquela época. Meu pai sempre me comparava com ele, um fenômeno nacionalmente conhecido entre os melhores amadores. Richie se classificou para um torneio profissional aos dezesseis anos e era, por assim dizer, tudo o que eu não era. A frase *Seja mais como Richie Yu* era sempre repetida em nossa casa. Quando por acaso conheci Richie Yu algumas décadas mais tarde, eu disse a ele que tinha arruinado minha infância. Foi meio que na brincadeira.

Mas aquela busca que havia me dado meu valor e minha identidade estava escapando das minhas mãos. Quando fui para a Georgetown Prep, não consegui nem entrar para o time para o qual havia sido recrutado. Era um caso perdido. Passei a odiar o golfe.

"Golfe é dez por cento físico e noventa por cento mental", meu pai costumava dizer. Para mim, era muito mais simples: eu simplesmente não era bom o bastante.

A vergonha me perseguiu por um bom tempo. No entanto, procuro não me concentrar demais na minha carreira fracassada no golfe, como acontece com muitos outros aspectos da minha infância. Não porque me magoe, mas porque a gente não deve ficar remoendo o que não deu certo na vida.

Certo?

2. Uma escolha racional

Por um curto período depois da faculdade, trabalhei em uma empresa. Era uma vaga júnior que poderia ser descrita como um primeiro passo para uma carreira na área financeira, mas imagino que essa seja uma definição muito generosa. Eu era um auxiliar geral glamorizado. Um amigo de um amigo me arranjou o trabalho depois que todas as outras empresas privadas de gestão de fundos, corretoras de ações e bancos de investimentos de Nova York e de San Francisco haviam me rejeitado.*

Não consigo recordar cada uma das minhas atribuições, mas eram todas humildes — às vezes ligar para prospectar clientes, preparar uma sala de reunião para o CEO e, na maior parte do tempo, registrar dados. Era tão entediante que fiquei bêbado na festa de fim de ano e acabei dizendo a todo mundo minha péssima opinião sobre o trabalho, a empresa e cada um deles. Nem fazia

---

* Sem brincadeira. Outro dia uma mulher me parou na rua em TriBeCa para dizer: "Ei! Eu te entrevistei para uma vaga vinte anos atrás".

tanto tempo que eu ocupava aquela vaga, mas não conseguia mais suportar. Olhava da minha baia para todas aquelas pessoas inteligentes, com diploma universitário, sendo engolidas vivas pelo lugar e conseguia visualizar cinco, dez ou vinte anos escapando por entre meus dedos antes que eu conseguisse dar um fim àquilo.

Quer saber o que eu consegui com essa insubordinação? Um aumento.

Juro por Deus que foi igualzinho ao filme *Como enlouquecer seu chefe*. Um consultor me convocou para uma avaliação, e eu disse a ele como vinha me esforçando pouco e como odiava meu emprego. Ele me agradeceu pela sinceridade e me implorou para ficar. Aí me ofereceu mais dinheiro. Mas aquilo já tinha ido longe demais. Eu não tinha capacidade para me sair melhor no que estava fazendo. Então disse a ele que ia estudar gastronomia.

Todos os meus amigos e até minha família tentaram me dissuadir. Eles já tinham chamado a minha atenção quanto a me formar em teologia, e agora eu queria *cozinhar*? Por favor, Dave. Eu não tinha argumentos contra eles, mas qualquer coisa seria melhor que seguir para a mediocridade em um trabalho de escritório.

O mundo dos restaurantes me atraía desde antes de minha experiência no universo corporativo. Durante a faculdade, eu tinha trabalhado como ajudante em um bar da região, depois como ajudante de garçom em um restaurante perto de casa. Eu queria trabalhar na cozinha, mas aquilo não animava muito Joe Chang. Antes da minha entrevista com o chef, meu pai falou com o dono. Cheguei lá e eles me deixaram esperando diante de um forno de gratinar pelo que pareceu uma eternidade. Quando o chef enfim apareceu, meu rosto ficou vermelho e comecei a suar visivelmente.

"A cozinha não é lugar para um garoto como você", ele disse, movendo o bigode grosso. "Mas precisamos de ajudantes."

Para a tristeza do meu pai, não desanimei e me inscrevi no Cordon Bleu de Paris durante meu segundo ano de faculdade.

Todo mundo entra no Cordon Bleu. Eu não entrei. Depois disso, deixei minhas ambições culinárias de lado por alguns anos, até que uma crise existencial quanto ao que eu ia fazer da vida me fez retornar a elas.

O Culinary Institute of America oferecia a melhor formação do país, mas eu tinha acabado de me formar na faculdade e não estava a fim dos anos extras de experiência universitária. O French Culinary Institute, por sua vez, ficava em Manhattan, e o curso tinha seis meses de duração. Não tinha ideia se era o lugar certo para mim, mas paguei a primeira mensalidade e comecei assim que saí do trabalho na área financeira.

No primeiro dia, já comecei a notar os diferentes tipos de alunos. Boa parte dos meus novos colegas de classe tinha acabado de abandonar o emprego na área de tecnologia e procurava uma mudança de ritmo. Eram cheios da grana e não tinham nada melhor para fazer. Também havia uma porção de chefs que já trabalhavam, pessoas que administravam restaurantes pequenos na região e queriam mais. Elas faziam questão de comentar o tempo todo: "Nem sei por que estou aqui". Vários outros colegas eram mais velhos e queriam realizar o sonho de suas vidas. Por fim, havia alguns alunos mais novos, como eu, que viam a cozinha como sua tábua de salvação.*

Mesmo em comparação com outras pessoas da turma que estavam fazendo uma transição de carreira, eu era um desastre. Aquilo não me surpreendeu, já que a sala de aula não era meu ambiente preferido. Parecia que os vegetais estavam sempre voando da minha mão enquanto eu me atrapalhava com uma ou outra preparação. Meus colegas de classe não ficavam nada impressionados. No French Culinary Institute, éramos divididos em du-

---

* Incluindo Joshua Skenes, que viria a se tornar um dos grandes chefs iconoclastas dos Estados Unidos.

plas, e a minha já administrava dois dos restaurantes mais badalados da cidade. Ela estava estudando gastronomia para assumir as responsabilidades da mãe, que era a chef de ambos. Conforme nos aproximamos do fim do primeiro módulo, ela pediu para trocar de dupla. Preferiria largar o curso a ter de ficar comigo mais tempo, disse aos professores. No fim, decidiu que sair da escola era mesmo melhor.

Eu também deveria ter largado o curso. Os últimos módulos antes da formatura eram basicamente trabalhos não remunerados no restaurante da escola. Em outras palavras, eu estava pagando pelo privilégio de cozinhar para os clientes deles. (Ainda não consigo entender por que alguém iria a um restaurante-escola.) Mas eu estava entregue. Não houve uma epifania romântica, um momento "venha para Jesus", mas pelo menos eu havia encontrado algo que não odiava fazer. Fui cativado pela indústria e enchia o saco dos meus colegas de classe falando de restaurantes, a maioria dos quais eu nunca havia visitado. Em Nova York, eu adorava o Gramercy Tavern, de Danny Meyer e Tom Colicchio. Seria uma tragédia se hoje só conhecessem Colicchio por causa do *Top Chef*. Ele é o cara, e já abraçava técnicas como cozinhar no fogo a lenha desde antes de ser moda. Colicchio ajudou a pautar a sensibilidade culinária moderna americana, e eu preferiria trabalhar com ele a trabalhar com qualquer chef eurocêntrico. Estava muito mais interessado na gastronomia americana.

Conforme a formatura se aproximava, minha rotina ficou apertada: eu tinha aulas durante o dia, trabalhava à noite no Mercer Kitchen, de Jean-Georges Vongerichten, e fazia turnos no fim de semana atendendo ao telefone no Craft, o tão aguardado restaurante que Colicchio estava abrindo. Marc Salafia, meu amigo do Trinity College, ia ser garçom de uma estação no Craft e me indicou para o trabalho.

Meu sonho obviamente era conseguir um trabalho na cozinha do Craft, mas eles não precisavam — nem queriam — minha ajuda, então assumi as reservas. Aos 22 anos, eu sentia que estava muito atrasado em relação às pessoas que vinham cozinhando desde os dezesseis. Eu me esforçava para ganhar experiência tão rápido quanto era humanamente possível. Eu atendia ao telefone perto de onde era realizado o pré-preparo, e olhava admirado para os alimentos que entravam no restaurante. Foie gras. Coelhos. Todo tipo de cogumelos — maitake, pé-azul, tricoloma-de-são-jorge, cogumelo-lagosta, *morchella*, *cantarelo*. Eu ficava deslumbrado com a habilidade dos cozinheiros de transformar alimentos crus em mise en place.

Quando finalmente consegui me esgueirar até a cozinha, minha formação teve início de verdade.

Apareci para meu primeiro turno e fui recebido por um bando de colegas de peso: Akhtar Nawab, Karen DeMasco, Dan Sauer, Brian Sernatinger, Mack Kern, James Tracey, Lauren Dawson, Arpana Satyu-Burge, Stacey Meyer, Ed Higgins, Liz Chapman e Damon Wise. Marco Canora e Jonathan Benno comandavam a cozinha.* E lá no meio estava eu, levando meu material da escola de culinária para o primeiro dia de trabalho.

"Belas facas, cara", alguém brincou. Estava claro que o material que a escola havia me dado era inútil. Eu era como uma criança aparecendo no primeiro dia de aula com a cueca por cima da calça. Não tinha ideia do que estava fazendo.

Minha primeira tarefa, Benno me disse, seria preparar mirepoix — cebola, cenoura e aipo picados em cubos perfeitos de meio

---

* Se você me conhece, já me ouviu recitar esses nomes repetidas vezes, como se fosse a escalação do meu time de beisebol preferido. Quase todos eles — e certamente estou esquecendo outras pessoas — passaram a comandar suas próprias cozinhas, o que é uma enorme exceção no ramo de restaurantes.

centímetro, por favor. Para um cozinheiro razoável, talvez fosse um trabalho de 45 minutos. Levei a noite toda. Eu sabia exatamente como fazer aquilo, mas travei. Me sentia intimidado, como se estivesse fazendo de novo o exame de admissão na universidade. À uma da manhã, tinha conseguido transformar algumas caixas de alimentos em cubinhos que achava que tinham ficado razoáveis.

Quando Benno viu o que eu havia feito, imediatamente levou a mão à testa.

"Tá, a gente não vai poder usar isso", ele disse, jogando tudo em uma panela de caldo de vitela.

Não sei o que me impediu de pedir demissão na hora. Orgulho, imagino. Eu havia dito a todo mundo que ia ser cozinheiro. Então apareci para trabalhar no dia seguinte, e no outro. Na verdade, não tirei nem um dia de folga aquele ano. Trabalhei de graça até o momento mágico, seis meses depois, em que Marco se sentou comigo e me ofereceu um trabalho remunerado.

Eu estava sempre atrasado, mas gostava da oportunidade que a cozinha me oferecia de tentar de novo a cada dia. Lá (diferentemente do que aconteceu com o golfe), desenvolvi força de vontade e teimosia para compensar o que me faltava em talento. Diante da tábua de corte, eu via resultados, ainda que lentos. Aquilo me dava um objetivo. Eu me afundava no sofá de casa depois dos meus turnos e assistia a gravações de programas de culinária enquanto praticava algumas técnicas. Ficava horas sentado cortando batatas, cenouras e nabos. Não me lembro de fazer mais nada nesse período da minha vida além de cozinhar e estudar.

Em algum momento no meu primeiro ano no Craft, Marco perguntou por que eu nunca havia ido comer no restaurante. A maior parte dos cozinheiros não come onde trabalha, seja porque isso não é estimulado, seja porque pode ser um pouco desconfortável ser servido por seus superiores. Mas Marco estava me incentivando a fazer aquilo, e eu não tinha uma desculpa boa para não ir, então fiz uma reserva em um dia em que meu irmão estava de passagem na cidade. Fizemos o pedido que cabia no nosso bolso, mas a cozinha nos mandou um monte de outras coisas. E um monte mesmo. Mais pratos que qualquer cliente VIP já devia ter recebido. Quando recebi a conta no fim da refeição, havia um bilhete escrito à mão por Marco: *Obrigado pelo trabalho duro. A refeição é por nossa conta.*

Chorei de soluçar.

Eu ainda era muito ruim no meu trabalho. Todos sabiam, mas não perdiam a paciência. Lembro de outra vez em que chorei no restaurante, depois de ter sido recusado para um posto nos pratos quentes — continuaria como garde manger, na seção de aperitivos frios. Eu estava soluçando numa sala quando Marco entrou para me consolar. Eu era bom naquilo, ele me disse, mas precisava melhorar. Ficaria tudo bem, Marco insistiu. Por algum motivo, acreditei nele. Marco saiu para que eu pudesse me recompor, então Benno entrou.

"Garde manger é um bom lugar para trabalhar", ele disse. "Não deixe que ninguém diga o contrário."

Somando os anos em que ele havia trabalhado no Daniel, no French Laundry e no Gramercy Tavern, ninguém havia passado mais tempo no garde manger que Benno.* Como resultado, ele havia se tornado um cozinheiro exemplar. Eu ainda tinha muito a aprender. Benno passou a demonstrar grande interesse pelo meu aprimoramento. Ele aproveitava todas as oportunidades para me tirar da minha zona de conforto. Olhando para trás, percebo que

---

* De alguma maneira, o garde manger, na era moderna, foi transformado em uma estação de saladas, mas, na história dos restaurantes mais renomados do mundo — estou falando de lugares como o Kikunoi, no Japão, e a Maison Troisgros, na França —, o garde manger era uma função importante e digna de orgulho. Ela lhe ensina mais sobre trabalhar como cozinheiro que qualquer outro posto, porque a variedade de técnicas e preparações vai muito além de, por exemplo, grelhar uma carne ao ponto para malpassada sessenta vezes por noite.

tenho uma enorme dívida com ele. Naquele momento, eu só achava que ele estava tentando fazer da minha vida um inferno.

Fiquei no Craft por dois anos e meio, me alternando tanto quanto possível entre o turno do pré-preparo na manhã e o serviço da noite. As manhãs me davam a possibilidade de colocar a mão na massa no sentido mais puro da expressão. Aprendi a fazer tudo naquele turno. Gostava especialmente dos sábados de manhã, quando ficávamos só eu e Ahktar Nawab no mise en place o dia todo. Eu chegava bem cedo, abria a ilha e pegava todos os caldeirões e braseiros. Não havia mais ninguém ali com quem eu precisasse brigar por espaço no fogão ou na bancada. Acho que aprendi mais trabalhando naquelas manhãs de sábado do que em qualquer outro momento da minha vida. Vegetais, corte da carne, vinagretes, charcutaria, molhos — tudo isso era feito durante o pré-preparo. O serviço do jantar, como qualquer um na indústria dirá, é uma questão de execução.* À noite, tudo já está preparado e a postos. Seu trabalho é simplesmente dar conta da entrada constante de pedidos do salão.

Eu gostava de trabalhar tanto no pré-preparo como no serviço. A longa jornada de trabalho e a exigência física nunca me desanimaram. Tudo podia ser superado pela força de vontade.

Ainda era a força de vontade que me mantinha de pé quando comecei a trabalhar no Café Boulud. Eu queria ter ficado mais tempo no Craft, mas minha família me incentivou a trabalhar

---

* Antes não havia separação entre os turnos de pré-preparo e o serviço do jantar. Nas cozinhas francesas antigas, trabalhava-se em ambos. E no almoço também. Mas as leis trabalhistas mudaram isso. Alguns chefs ainda dizem que é por isso que os restaurantes de hoje são tão ruins, o que não é surpresa para ninguém do ramo.

com o tipo de cozinha francesa que sempre me intimidara. Eu já era fã de um prato específico do CB: poularde en vessie. É uma preparação centenária, criada por Fernand Point no La Pyramide. Um frango inteiro é recheado com trufas e foie gras, colocado dentro de uma bexiga inflada de porco — um ingrediente que nem se conseguia comprar sem ser importado — e cozido em fogo baixo em vinho madeira, Armagnac e caldo de trufa. A bexiga é aberta ao lado da mesa, liberando uma nuvem de vapor com aroma de frango e trufa. Eu nunca tinha visto nada do tipo, e no fundo sabia que precisava aprender como era feito, então me juntei à cozinha brutal de Andrew Carmellini.

O ano era 2003. Eu dormia no sofá-cama de Tim, um amigo da faculdade, que morava em frente ao Central Park. Aquilo não era um problema, porque eu praticamente não saía do restaurante. No ônibus de volta para casa, depois de uma jornada de trabalho de dezoito horas, eu ficava me perguntando se deveria tomar um banho de cinco minutos ou ir direto para a cama. Fico com dor de cabeça só de lembrar.

A cidade de Nova York ainda estava se recuperando do torpor do Onze de Setembro. As pessoas não saíam para jantar. Mas se perguntar a qualquer um que estivesse por lá na época e que gostasse do assunto, ouviria que Carmellini era o dono do melhor restaurante dos Estados Unidos. Todos nós ali achávamos que era verdade.

Era uma equipe reduzida e espartana. Não havia cozinheiros para o pré-preparo, cozinheiros juniores, estagiários ou qualquer coisa do tipo. Isso significava que eu ficava encarregado de todo o meu mise en place. Pode não parecer nada demais, mas vamos pegar o carpaccio de atum como exemplo. Até hoje, continua sendo o prato mais ilogicamente trabalhoso que já fiz. Todas as manhãs, eu abria um atum-rabilho e me certificava de que a peça estava completamente desprovida de nervos. Então transformava o peixe em fatias redondas e finas como papel que se encaixariam perfeitamente no prato, depois fazia um confit usando as aparas e os nervos com um sachê aromático no fogo. (Independentemente de quão ocupado eu estivesse durante o serviço, eu precisava ficar de olho naquilo, para que não esquentasse muito.) Em seguida, eu lavava as alcaparras salgadas e fatiava alguns quilos de anchovas, uma a uma, e as curava. Então voltava a lavar as alcaparras. Também tinha que fazer os tuiles de pão: fatiar pão congelado, moldá-los numa assadeira alta e deixá-los no forno até que se curvassem formando um U perfeito. Eu perdia mais ou menos metade, porque aquela merda sempre quebrava. Então fatiava cebolinhas para decorar e fazia um "confete" de chalotas, pimentões vermelhos e amarelos, rabanetes e azeitonas pretas à brunoise. Você já tentou picar azeitonas em cubos perfeitos de três milímetros? Boa sorte. Ah, e não podemos esquecer as fatias insanamente finas de vagens amarelas e verdes. A certa altura, eu usava as aparas do atum para fazer um tonnato. E, por fim, fazia o vinagrete de limão e separava as folhas verdes para a salada, que formavam um ninho perfeito no prato. Resumindo, o prato exigia catorze recipientes de componentes pré-preparados. E o pior era que os frequentadores do Upper East Side eram loucos por carpaccio de atum. Eu recebia dezenas de pedidos toda noite.

Também tinha as terrines, que não eram os blocos de carne rústicos que existem por aí em qualquer bistrô. No Café Boulud, eram camadas elegantemente entrelaçadas de foie gras defumado, batata e damasco. Uma apresentação linda e trabalhosa na mesma proporção. Minha estação também incluía ostras, canapés e uma variedade de amuse-bouches para todos os clientes, além de um especial para os VIPS. (Nossa única instrução era de que precisava ser minúsculo, feito com sobras e absolutamente delicioso. Não tínhamos orçamento para aquilo.) O prato com hamachi. A salada de frutos do mar com purê de melão-cantalupo.

E os malditos espetinhos de camarão na cana-de-açúcar. Três vezes por semana, eu encarava um canavial imponente com dois cutelos e uma cunha. Minha primeira tarefa era cortar a cana para fazer os palitinhos.

O Café Boulud oferecia um mundo de opções à sua clientela antipática, que provavelmente ficaria feliz do mesmo jeito com terrines grosseiras e camarão congelado espetado em palitos de madeira. Outro cozinheiro na estação de quentes tinha de montar lasanhas individuais, camada a camada, *a cada pedido*. Era um exagero.

A recompensa para quem sobrevivesse e se mostrasse entusiasmado era o privilégio de trabalhar diretamente com Carmellini na criação de um prato especial. Com isso você podia se exibir para seus colegas, mas tinha que criar, fazer o pré-preparo e ter o prato especial pronto para o próximo serviço, sem descuidar de suas tarefas habituais. Era uma dinâmica comum em cozinhas de alta gastronomia — à medida que você melhora no seu trabalho, mais difícil fica —, mas especialmente acentuada no Café Boulud.

Uma vez, com um misto de admiração e inveja, testemunhei uma cozinheira — formada em Harvard, diga-se de passagem — ir embora no meio do serviço. Ela deixou as panelas de molho ali queimando, tirou o avental e saiu pela porta dos fundos.

Chefs de gerações mais antigas talvez digam com desdém: "Isso não é nada comparado ao que tínhamos que aturar na Europa". E, sim, sei que os livros de memórias de chefs estão repletos de descrições de pratos terrivelmente complicados. Ainda assim, enfrentei dificuldades todos os dias em que trabalhei ali. Seis meses depois de ter entrado no Café Boulud, minha persistência começou a esmorecer. Eu sempre encarei tudo sem medo, a toda a velocidade, sabendo que daria conta desde que estivesse disposto a trabalhar, trabalhar e trabalhar mais um pouco. Se eu conseguisse lidar com a repetição enlouquecedora da cozinha, eu manteria todo o restante da minha vida sob controle. Mas a dúvida brotou na minha mente, e as fronteiras entre a cozinha e o mundo real começaram a ruir.

Minha mãe ficou doente. Quando eu estava no terceiro ano da faculdade, tranquei o semestre para cuidar dela, que tinha descoberto um câncer de mama. E ele tinha voltado. Eu estava convencido de que a recidiva era uma resposta psicossomática a uma briga feia entre meu pai e meu irmão Jhoon envolvendo os negócios da família. Os dois estavam sendo uns babacas. O que aconteceu nessa época foi uma merda e separou os Chang, confirmando o que eu sempre suspeitara: até as pessoas que você ama podem te decepcionar.

Fiz o que pude para apoiar minha mãe no meu escasso tempo livre. No trabalho, com a guarda baixa, comecei a ser invadido por alguns pensamentos que sempre evitara. *Por que estou fazendo esta comida? Não é o que eu quero comer e parece exagerado pra cacete. Mesmo se eu insistir nisso, para onde vai me levar?* Havia um último nível que eu queria desbloquear: o Per Se, de Thomas Keller, que ia ser inaugurado em um arranha-céu enorme e reluzente em Columbus Circle, com uma equipe de cozinha lendária. Benno ia ser o chef de cuisine do restaurante. Ele tinha me oferecido um trabalho, mas eu recusara.

Eu sabia que não ia me dar bem numa cozinha como a do Per Se. Haveria uma longa fila de cozinheiros melhores à minha frente, muitos dos quais seriam sugados antes de virar o jogo. Enquanto isso, minha mãe estava doente e minha família queria que eu tomasse partido na briga entre Jhoon e meu pai. Em meio à névoa da dúvida e da confusão, um pensamento começou a vir à tona repetidamente: eu queria morrer.

* * *

Hoje, do alto do meu privilégio de muitos anos de terapia, posso afirmar que o que eu estava vivendo no fim de minha passagem pelo Café Boulud era a minha primeira experiência real com a fase depressiva do transtorno bipolar. Da maneira mais simples que sou capaz de explicar, o transtorno bipolar é caracterizado por mudanças drásticas de humor para cima (mania) e para baixo (depressão).* Aquela fase depressiva em particular durou muitos meses, e foi a mais longa e intensa que já enfrentei. Mas, de novo, só consegui perceber isso depois. Na época, tudo o que eu sabia era que a minha vida estava uma merda e eu não entendia o porquê. Eu me sentia deslocado pessoal e profissionalmente. Coisas nas quais sempre me apoiei, como o meu paladar, estavam falhando. Não parecia normal sentir aquilo.

Foi no ensino médio que percebi algo errado pela primeira vez. Eu tinha ido a algumas sessões com o psicólogo da escola, mas parei porque não me sentia à vontade para contar um monte de coisas a uma pessoa que almoçava com meus professores todos os dias. Então comecei a escrever sobre tudo o que se passava na minha cabeça. Um dia, meu colega de quarto encontrou esses textos enquanto fuçava no meu computador e tirou sarro de mim até não poder mais. Na faculdade, marquei uma sessão com o terapeuta do campus. Em menos de dois minutos ele pegou o bloco

---

* Devo enfatizar que não sou um especialista. Nem sei dizer se sofro de bipolaridade do tipo 1 ou 2, porque não consigo lembrar. Então, por favor, não conclua nada sobre a sua situação ou a de qualquer outra pessoa com base no que escrevo sobre mim. Sempre que estou na fase depressiva, meu terapeuta encerra nossas sessões dizendo: "Se sentir que precisa de atendimento médico, por favor, ligue imediatamente para mim ou para a emergência". Os médicos levam isso muito a sério, então saiba que é importante procurar ajuda profissional se algo aqui lhe soar familiar.

de receitas e me prescreveu paroxetina. Nunca tomei a medicação e nunca mais o vi.

Eu tinha vergonha. Não achava que havia justificativa para fazer terapia ou tomar remédios. Para começar, não conhecia nenhum outro asiático que precisasse disso. Muitos dos meus amigos de faculdade faziam análise, mas a situação deles era bastante diferente. Eram jovens cheios da grana que lidavam com todo tipo de merda em suas casas em Westchester. Os playboys eram sempre os mais perturbados. Eu não conhecia ninguém com o mesmo tipo de problema que o meu.

No Trinity College, fui ficando cada vez mais consciente de como eu era diferente dos outros. Quase todas as mulheres ali eram brancas e, portanto, não eram para o meu bico. Eu vi como meus pais reagiram quando meus irmãos tinham tentado namorar pessoas que não eram coreanas e não gostei nem um pouco. Mas isso não fazia diferença. As mulheres brancas da faculdade não queriam ser vistas com homens asiáticos de jeito nenhum. Então, a não ser por uns lances casuais quando estava bêbado, não fiquei com ninguém na faculdade. Por muitos anos, todos os relacionamentos mais sérios que eu tive tinham começado durante as férias ou quando viajava para fora do país. Eu simplesmente me sentia mais confortável em outros lugares.

Por um momento eu até pensei na possibilidade de continuar estudando teologia depois da faculdade, mas minhas notas não eram boas o bastante para que eu passasse na pós-graduação ou arranjasse um bom emprego como os que meus colegas tinham conseguido em Nova York. Eu não sabia mais o que fazer, então fui a uma feira de carreiras e oportunidades e me inscrevi para ensinar inglês no Japão, porque era o estande que ficava mais perto da porta. Tinha chegado à conclusão de que meus problemas estavam nos Estados Unidos e queria viver como um expatriado. Ir para longe de casa me daria uma chance de me reinventar, de começar do zero. Fugi do país com a intenção de que fosse para sempre.

Corta para a pista de corrida atrás do colégio em Izumi-Tottori e para o homem asiático mais alto num raio de cinquenta quilômetros, que estava correndo e amando muito aquilo: meu primeiro contato com a excitação de um episódio maníaco e com a outra face do transtorno bipolar. Eu tinha uma energia infinita. Me sentia invencível. À noite, lia clássicos russos densos, devorava todo o cânone. Terminei *Guerra e paz* em poucos dias.

A princípio, eu havia tentado uma vaga em Sapporo, uma capital no norte gelado do país, mas a empresa me enviou para uma cidade úmida na província de Wakayama. Era como Jacksonville, só que ainda mais quente. À noite, eu ouvia as motos de aspirantes a membros da Yakuza passando pelo arrozal que ficava no quintal da minha casa. Meus alunos eram basicamente esposas de homens envolvidos no crime organizado ou crianças que se preparavam para os exames de admissão na universidade. Quando se deram conta de que sua gramática era melhor que a minha, começaram a usar minha aula como uma oportunidade de tirar uma soneca. Eu dividia um apartamento com o meu chefe que ficava ao lado de um dormitório em que moravam testemunhas de Jeová, e acho que não tive uma noite inteira de sono durante todo o tempo que passei ali.

Eu esperava encontrar algo no Japão — uma sensação de pertencimento, talvez. Mas não tive essa sorte. As mulheres ali estavam tão pouco interessadas em namorar comigo quanto as do Trinity College. Todas as jovens japonesas pareciam estar ficando com caras brancos. E as que não estavam não queriam se rebaixar a ponto de namorar um coreano.

Viajei um pouco nessa época, e vi que muitos dos coreanos que moravam no Japão eram oprimidos ou estavam envolvidos com jogos de azar e com negócios ainda mais escusos. Ver que o monumento aos coreanos mortos em Hiroshima tinha sido vandalizado foi uma das primeiras lições que tive quanto à onipresença do racismo.

Eu sempre havia imaginado o Japão como um país de pontualidade extrema, mas muitas vezes acontecia de o trem atrasar em Izumi-Tottori. Aprendi que os atrasos eram causados por pessoas que pulavam nos trilhos, muito embora o governo fizesse o possível para impedir, anunciando multas para as famílias dos mortos ou pintando a estação com um tom tranquilizante de amarelo. Nada daquilo parecia surtir efeito.

Entre Tolstói e Dostoiévski, li Camus. Passei bastante tempo digerindo sua famosa frase sobre encontrar um "verão invencível" dentro de si. Pensei no acidente de carro que havia dado fim à sua vida, ao pegar uma carona com alguém que era reconhecidamente um péssimo motorista. Quando revistaram seu corpo, encontraram uma passagem de trem no bolso. Será que ele *quis* sofrer um acidente?

Não sei se todo mundo que tem ideação suicida fica fanático por suicídio, mas eu fiquei. Eu me via no personagem de Mel Gibson em *Máquina mortífera*, acordando todos os dias para um jogo solitário de roleta-russa. Sei que isso soa idiota, mas fazer o quê? Era como eu me sentia.

Não podia parecer intencional. Por mais inútil que fosse me preocupar com o que as pessoas pensariam de mim depois que eu morresse, a última coisa que eu queria era jogar sobre os meus pais o fardo da desonra de ter um filho suicida. Teria que ser sem drama, então não podia deixar um bilhete. Precisava parecer um acidente, como uma simples carona com um péssimo motorista.

Quando voltei de Tóquio para Nova York, entrei naquele emprego maçante na área de finanças. Eu cruzava Manhattan de bicicleta, costurando no trânsito e furando semáforos fechados como se eu fosse a única pessoa na rua. Uma vez, fui esquiar com amigos. Eles me disseram para tomar cuidado, porque eu estava indo para muito perto das árvores. Eu ignorei e me estropiei todo. Um dia, desci da calçada no Central Park quando um ônibus dava marcha a ré; ele me acertou e eu fiquei bem machucado.

Em 2000, a festa de Réveillon começou com uma mistura de diazepam, speed, maconha e outras coisas mais, acompanhada de uns vinte drinques, e terminou comigo caindo sobre uma mesa gigante com tampo de vidro. Tinha sangue por toda parte. Os cacos cortaram meus pulsos. Os médicos do pronto-socorro disseram que por pouco não atingira uma artéria. Eu me pergunto se meus pedidos desesperados de ajuda eram vistos como bobagens da juventude ou se eu de fato tentava criar coragem para me jogar na frente de um trem.

Eu não queria me sentir daquele jeito. Não tinha nenhuma curiosidade mórbida relacionada ao suicídio. Preferiria passar meu tempo fazendo qualquer outra coisa que não fosse ficar pensando obsessivamente na morte. Eventualmente, consegui abordar a questão de maneira racional. O primeiro passo foi me perguntar se eu de fato queria morrer. A resposta era sim, mas será que um profissional não conseguiria me convencer do contrário? Se não conseguisse, o segundo passo era óbvio.

As duas únicas referências que eu tinha de terapia eram o Frasier da série homônima e o personagem de Robin Williams em *Gênio indomável*, além de algumas coisas que eu havia lido sobre depressão e mania. (Camus foi minha primeira fonte. Depois, fiquei obcecado pelo livro *Darkness Visible*, de William Styron, e acabei lendo tudo o que a psicóloga Kay Redfield Jamison já escreveu.) Minha principal questão era que eu achava que a psicanálise freudiana não era para mim. Eu não queria que um cara vestindo um blazer de tweed com protetores nos cotovelos me dissesse que meu pai era difícil. E com certeza não queria que alguém tentasse utilizar no meu caso uma abordagem previamente "testada".

Juntei uma pilha de edições da revista *New York* e olhei os psiquiatras que apareciam na seção de "melhores médicos". Se você morou em Nova York em algum momento nas últimas décadas, talvez saiba do que estou falando. Mas eu não sabia como diferenciar um profissional do outro. Era tudo muito vago. Eu provavelmente teria conseguido mais informações sobre a experiência profissional e a abordagem de cada um se não tivesse desligado o telefone toda vez que alguém atendia.

Quando as coisas foram ficando mais complicadas no Café Boulud, decidi ligar para um psicólogo do Upper East Side. Ao chegar para a sessão, me deparei com um senhor de cabelo grisalho e — sim, você adivinhou — blazer com protetores nos cotovelos. Uma cópia exata de George Plimpton. Logo que saí da primeira sessão, tive certeza de que ele não era a pessoa certa. Mas continuei indo às consultas por algumas semanas, tentando reunir forças para me abrir. Tinha traçado um plano, e precisava ver no que aquilo ia dar.

"Como isso funciona?"

Eu estava no consultório de outro médico, que havia encontrado na internet. Ele tinha se formado em uma pequena escola de ensino interdisciplinar e depois cursara medicina em uma universidade estadual no sudoeste do país — ambas eram o tipo de lugar que eu gostaria de ter frequentado. E havia outras coisas nele que me agradavam: ele lidava bastante com sofrimento infantil e transtorno de estresse pós-traumático e acabara de terminar a residência, de modo que eu sabia que ele só poderia ser alguns anos mais velho que eu.

Mandei um e-mail, que foi respondido na mesma hora, acertamos o valor e marcamos uma consulta. Simples e eficiente.

Nossas primeiras sessões foram esquisitas. Ele praticamente ficou em silêncio, e eu não disse nada significativo. Eu sempre perguntava como deveria ser a estrutura das sessões, e ele só me olhava de volta, impassível. Não importava quanto eu forçasse aquela questão, não conseguia uma resposta. Eu era inteligente o bastante para saber que ele deixava aquele silêncio no ar para que eu o preenchesse, mas, na época, articular as emoções mais básicas — não estou nem falando de sentimentos, e sim de coisas como fazer o pedido depois de olhar o cardápio de um restaurante — me exigia um esforço enorme.*

Mas as poucas palavras que o dr. Eliot dizia no fim das nossas sessões faziam com que eu continuasse com o tratamento.

"Olha, estou bem preocupado com você. Acho que deveríamos entrar num ritmo aqui no consultório e começar a pensar em medicação."

A forma como ele expressava sua preocupação era seca e quase mecânica, mas me pareceu totalmente nova. Eu não tinha o hábito de me abrir com familiares ou amigos. Foi uma revelação descobrir que alguém estava disposto a me ouvir e que havia detectado a possibilidade de que eu viesse a me machucar.

---

* Ainda dá para achar vídeos antigos em que jornalistas me perguntam coisas como "Que sobremesa você levaria para uma ilha deserta?", e eu tenho uma dificuldade visível de conseguir fazer as palavras saírem. Quando vejo filmagens em que estou me esforçando para falar sobre o que gostava de fazer com sobras de comida, fico genuinamente surpreso por ninguém ter parado de filmar e perguntado: "Ei, você está bem?".

Mas eu não estava pronto para começar a tomar remédios. Em parte, eu tinha medo de começar a tomar e só me manter saudável se me tornasse uma versão artificial de mim mesmo. É uma fonte comum de hesitação. Mais que isso, eu achava que medicação era para os fracos.

De qualquer modo, o dr. Eliot queria estabelecer um ritmo, e foi isso que eu fiz. Nos três primeiros meses, despejei tudo sobre ele. Eu falava bem devagar — isso não mudou —, mas conseguia contar o que ele precisava saber. Foi naquela sala que comecei a aprender a articular o que vinha vivendo, um drama barato e melancólico que me afetava profundamente. Eis aqui uma amostra:

Minha depressão se transforma e se adapta. Há períodos em que acho que foi embora, mas meses depois descubro que, na verdade, ela agia sorrateiramente, mais afiada que nunca. Há dias ou semanas em que olho para trás e percebo que tive comportamentos maníacos sem ter a menor ideia disso. Às vezes, a depressão é óbvia e opressiva, mas em outros momentos só está pairando ali. A dor e a agonia são constantes. Há um completo e absoluto sufocamento de qualquer coisa boa. Estímulos que deveriam trazer alegria causam o exato oposto. Toda e qualquer coisa na vida funciona como um lembrete dessa existência absurda. A depressão consegue, ao mesmo tempo, acabar com a minha confiança e inflar meu ego, uma combinação perigosa de oscilações que faz tudo à minha volta parecer insalubre, como se todo mundo tivesse consciência da minha situação e trabalhasse ativamente para piorá-la. O limiar da tristeza é insano, porque a tristeza é o único consolo.

Passei bastante tempo resistindo às perguntas do dr. Eliot sobre a minha infância, mas acabei revelando tudo. Havia o medo do abandono, cuja origem era o fato de eu ter sido deixado sozinho com tanta frequência quando pequeno. Havia o peso da exposição constante à intensidade do meu pai e aos conflitos com a minha mãe. A questão da religião aparecia bastante, principalmente para entender como e por que eu a levava tão a sério. E havia o sentimento constante da minha falta de pertencimento: na família, entre outros coreanos, entre os brancos protestantes e ricos da faculdade, na cozinha. Eu contei a ele que me sentia inadequado quando estava lado a lado com americanos brancos de sangue azul ou na hierarquia da cozinha francesa.

Falei sobre o Onze de Setembro, sobre o colega de classe que se matou com a pistola do pai no terceiro ano, sobre os três amigos que eu havia perdido logo depois da faculdade — um por suicídio, um por overdose e outro em um acidente. De repente, me sentira cercado pela morte.

Falei sobre sempre ser a pessoa que tinha tudo de mão beijada. Contei ao dr. Eliot que, no ensino médio, eu tinha aprendido sobre o tipo de gente que consegue o que quer na vida, e que isso não incluía pessoas que se pareciam fisicamente comigo. Eu não conseguia parar de pensar em quão idiota e arbitrária a vida se mostrava ser. Ainda que eu vivesse à margem, tinha raiva do mundo. Sentia que tinham mentido para mim, que todos haviam me decepcionado. Eu era insuficiente, irrelevante, e odiava a maneira como aquilo tudo me afetava.*

A sala do dr. Eliot foi o lugar em que eu disse pela primeira vez em voz alta que a única coisa que poderia melhorar a minha situação era acabar com tudo.

---

* À revelia da editora, ainda hoje sinto uma compulsão de legitimar minha depressão. Nunca caminhei descalço pelo deserto, nem tirei o apêndice ou lutei uma guerra. Mas esses pensamentos me feriam como facadas no meu peito, nas minhas estranhas, no fundo dos meus olhos, em cada centímetro do meu cérebro. Se você está lendo este livro à espera de algumas dicas sobre a chave do meu sucesso, saiba que está olhando diretamente para ela. Ter depressão e escolher resistir a ela são minhas únicas motivações, e são a razão de você nem sequer ter ouvido falar de mim.

***

Em mim, a depressão se manifesta em vício em trabalho. Trabalho duro para controlar as coisas que estão ao meu alcance. Por isso, minhas conversas com o dr. Eliot não se restringiam a abstrações. Conversávamos — e muito — sobre restaurantes. Eu dividia com ele opiniões que vinham se formando na minha cabeça havia alguns anos. Sempre ficara um pouco tenso quanto a discuti-las com as pessoas, porque não queria que outros cozinheiros rissem de mim. Não me leve a mal: para mim, eram ideias brilhantes. Era um egomaníaco com autoconfiança baixa.

E, bom, talvez a princípio eu tenha só sussurrado, mas tenho certeza de que disse: "Acho que a comida underground pode subir de status". Isso já tinha acontecido com a música, a arte e a moda, na Europa e na Ásia. Por que não com a comida? Por que não ali? Eu não conseguia me relacionar com as pessoas para quem cozinhava. Naquela época, jantar fora em Nova York ainda era para os ricos e privilegiados. Era definitivamente assim que meus amigos pensavam: sempre que eu sugeria sair para jantar num lugar legal, eles me olhavam como se eu tivesse falado em colocar dinheiro na trituradora de papel. Mas na Ásia era totalmente o contrário. Dos mercadinhos às barracas que vendiam *yakitori* no Japão, passando pela comida de rua nos *hutongs* de Beijing, desfrutar da comida era fundamental. Jantar fora era possível e acessível, uma parte crucial da rotina diária. Mesmo as famílias asiáticas de classe média baixa da Virginia saíam para jantar em um restaurante chinês uma vez por semana. A ideia de que pessoas com menos dinheiro não podiam apreciar uma comida melhor era uma falácia.

Eu disse ao dr. Eliot que queria abandonar o caminho tradicional dos chefs, mas não por medo de falhar. Eu já havia falhado. Precisava existir outra trajetória para mim. Eu não tinha nada a ganhar cozinhando para restaurantes de alta gastronomia e não via motivo para viver fora da cozinha. Quando saí do Café Boulud, não era uma tentativa de me salvar. Eu estava pronto para morrer, mas tinha algo que precisava tirar do coração antes de fazê-lo.

Eu tinha me tornado cozinheiro porque era o único trabalho disponível para mim. De alguma forma, como um ex-prodígio do golfe que teve acesso a uma instituição interdisciplinar, minhas notas e minha disposição tinham me situado no mesmo lugar dos outros desajustados — ex-presidiários, alcoólatras e imigrantes recém-chegados — que a cozinha tendia a atrair. Ao mesmo tempo, eu também havia me tornado cozinheiro porque era um trabalho real e honesto que eu podia entender e controlar. Como tantos outros universitários deslumbrados, eu havia sido cativado por Emerson e Thoreau, que tinham ajudado a fundar as bases do pragmatismo americano. Minha interpretação a partir do que eles escreveram era de que o único objetivo das pessoas deve ser viver personificando a filosofia e testando seus limites através de ações, e não do estudo ou da discussão. Cozinhar era meu modo de fazer aquilo acontecer. Se eu não estava fazendo a comida em que acreditava, então o que eu estava fazendo exatamente?

Nossa memória culinária é curta, e hoje vivemos em um mundo muito diferente gastronomicamente falando. É provável que você não lembre que no fim dos anos 1990 os restaurantes eram inacessíveis à maior parte dos americanos, mas é verdade. Nossa cultura de sair para jantar era bifurcada: de um lado estavam os restaurantes proibitivamente caros, a maior parte inspirada na culinária francesa, com serviço de excelência e salões confortáveis. Do outro, havia as opções mais acessíveis, que serviam comida asiática, africana e latino-americana em estabelecimentos modestos — um tipo de comida que foi reunido sob o termo "comida étnica" desde os anos 1960. Mas, por mais deliciosos que esses lugares pudessem ser, em geral se restringiam às tradições e à época da chegada de seu proprietário aos Estados Unidos. Não havia exatamente um lugar onde era possível encontrar algo intermediário: comida inovadora que não seguisse o estilo francês e não fosse restrita às receitas da terra natal, feita com ingredientes de alta qualidade e acessível — por, sei lá, vinte dólares. Dava para ver que a raça desempenhava um papel importante na lenta aceitação americana daquele conceito, o que só tornava a questão ainda mais pessoal para mim.*

As pessoas muitas vezes ouvem dizer que passei um tempo no Japão e montei um noodle bar quando voltei para Nova York, e aí preenchem sozinhas as lacunas. Posso ter contribuído para essa narrativa com o livro de receitas do Momofuku, sugerindo que desde o primeiro dia eu estava seguro do meu desejo de abrir uma casa de lámen e que tinha ido para o Japão com o desejo específico de estudar a respeito. Sim, havia uma casa de lámen naquela cidade infernal, mas na verdade só consegui comer lá uma vez.

Eu passava na frente do lugar todo dia e ficava olhando com vontade e com atenção. As pessoas ali comiam bem, sem gastar muito, e se divertiam. Não havia nenhuma pompa, como iluminação ou espelhos. Não havia empecilhos à entrada, nenhum dos artifícios que tornam os restaurantes tão difíceis de administrar e tão caros para frequentar. Um operário poderia se sentar ao lado de um bilionário e nenhum deles se sentiria deslocado. A comida era cuidadosamente planejada e preparada, enquanto todo o resto — a decoração, o empratamento, o serviço — era uma questão de diversão e conforto.

---

* Uma vez, quando eu era aluno do French Culinary Institute, propus usar caldo de porco, que é comum na cozinha asiática. O instrutor zombou de mim: "Caldo de porco é para selvagens". Eu me afastei com a cabeça baixa, desejando ter sido corajoso o suficiente para lhe dizer que ele estava errado.

Voltei ao Japão uma segunda vez, entre o trabalho no Craft e no Café Boulud. Queria dar outra chance ao país — eu achava que minha primeira estada lá tinha sido breve demais —, então tirei o visto e meu pai me colocou em contato com um missionário coreano chamado Paul Hwang. Ele me buscou no aeroporto e me levou a um prédio comercial antigo e detonado em Kudanshita, Tóquio.* O ministério e a igreja ficavam no sétimo andar. Do terceiro ao sexto andar havia uma mistura de escritórios e albergues para sem-teto. O primeiro andar tinha sido convertido em um izakaya administrado por um chef japonês que havia se casado com uma coreana, uma união que muitos ainda viam com maus olhos. O outro chef era esquizofrênico. O prédio inteiro abrigava pessoas vulneráveis para as quais havia poucos recursos no Japão. O talento dos chefs era inacreditável, e a comida era absolutamente deliciosa.

Por pouco tempo, trabalhei no restaurante sujo que servia na porta ao lado, mas logo passei para o izakaya. Eu dormia sobre um tatame no escritório de Paul, usando um pufe como travesseiro. Me inscrevi em cursos de japonês na mesma universidade em que meu avô havia estudado durante a ocupação japonesa da Coreia. Tirava dois, três ou quatro nas provas. *De cem*. Nem preciso dizer que preciso melhorar meu japonês.

Eu conhecera um médico famoso em Nova York, e ele e sua família me acolheram quando eu estava em Tóquio. O sobrinho dele gerenciava um restaurante especializado em soba. Foi o único emprego que eu realmente quis na vida, e o único de que fui demitido. Depois, meus antigos chefes no Craft me ajudaram a conseguir um emprego no New York Grill, um restauran-

---

* Anos depois, voltei ao Japão durante as filmagens do meu programa de TV *Ugly Delicious*. Procurei pelo prédio em toda parte, mas não o encontrei. Era como se tivesse desaparecido. Teria sido tudo um sonho?

te que ficava no terraço do Park Hyatt Hotel. Fazíamos comida americana com ingredientes japoneses, o que me forneceu provas sólidas de que rótulos não significam nada e de que comida deliciosa é universal.

Mas, em meio a todos esses trabalhos, as experiências culinárias mais impactantes ocorreram em casa de família, na rua e no McDonald's (que era barato e sempre bom). Depois de pagar o aluguel e a mensalidade do curso, não me sobrava muito dinheiro, mas ainda assim eu me alimentava como um rei. Essa foi a verdadeira epifania. Eu podia comer muitíssimo bem em lugares que não eram excessivamente caros. Não estou falando só de lugares cuja proposta era servir comida barata, e sim de restaurantes preocupados com as técnicas e que respeitavam os ingredientes, liderados por chefs que eram tão dedicados a seu trabalho quanto aqueles das cozinhas ocidentais refinadas que eu acreditava representarem o único caminho legítimo. Por que eu não via aquilo em Nova York? Até os europeus estavam estimulando, por influência dos asiáticos, uma cultura gastronômica saudável e com preço acessível, em redes de restaurantes como a Wagamama. Por que a maioria das pessoas nos Estados Unidos ainda não conhecia esse conceito?

Em geral, eu achava difícil encontrar referências asiáticas nas quais me inspirar. Adorava o Bruce Lee. No mundo dos esportes, venerava o golfista Jumbo Ozaki e o atacante de futebol americano Eugene Chung, o primeiro jogador de origem asiática a ser escolhido por um time na primeira rodada do draft da NFL.

Com opções tão limitadas e díspares, eu não sabia quem buscar como modelo. Em casa, havia meus irmãos, mas a única coisa que eu queria ter em comum com eles era o tamanho. Eu era obcecado por isso. Por cinco anos, bebi um galão inteiro de leite in-

tegral todos os dias e consumi carne como um urso esfomeado.*
No primeiro ano do ensino médio, tive um estirão de dez centímetros e ganhei 45 quilos. (Parte do motivo de meu desempenho no golfe ter caído e de eu ter começado a jogar futebol americano foi que esse surto de crescimento alterou completamente meu movimento de tacada.)

Imagino que outros meninos asiáticos corpulentos possam comprovar o que eu digo: há uma vaga ideia de que se distanciar do clichê dos asiáticos como pessoas frágeis e pequenas de alguma forma vai facilitar sua integração a uma sociedade branca. Mas, na verdade, ser grande não ajuda em nada. A única coisa que isso me causou foi me distanciar ainda mais da minha gente. Meus parentes começaram a me olhar como se eu fosse um monstro, ainda que continuassem a me encher de comida, como é o costume asiático. Eles diziam que eu estava engordando e, em seguida, sem nem parar para respirar, insistiam que eu comesse mais um pouco do prato coreano caseiro qualquer que tinham posto na minha frente.

Depois que comecei a cozinhar, eu tampouco me reconhecia nos chefs que admirava. Então ouvi falar de Alex Lee, um chef sino-americano que tocava a cozinha do restaurante carro-chefe de Daniel Boulud. Era quase inacreditável pensar que alguém que se parecia comigo poderia estar à frente de uma das melhores cozinhas francesas do mundo. Pelo boca a boca, fiquei sabendo que ele era sério e monomaníaco. Era o tipo de chef que chegava ao topo à moda antiga: por pura resolução. Um dos meus objetivos de vida era trabalhar para ele.

---

* E aqui não estou falando de carne de vaca alimentada apenas com grama. Minha família comprava carne barata, com aditivos químicos. Quando as pessoas me perguntam sobre meu tamanho desproporcional, digo que é um reflexo do hormônio para o crescimento bovino.

Quando Lee saiu do restaurante de Daniel Boulud para comandar a cozinha de um clube de campo suburbano, senti um golpe muito duro. Ele ainda não tinha nem quarenta anos, mas estava de saco cheio. Diziam que queria ter uma vida equilibrada e se cuidar mais. Naquela época, meu tempo no Café Boulud também estava chegando ao fim. Eu nunca seria Alex Lee. A história dele — um chef asiático fodão que se provou melhor que todos a sua volta, independentemente da cor da pele — nunca seria a minha.

Para falar a verdade, havia outros chefs asiáticos ganhando espaço. Quando abri o Momofuku Noodle Bar, Anita Lo já estava fazendo algo muito especial e autoral com a culinária asiática em seu Annisa. (Ela nunca teve o devido crédito por suas conquistas.) Mas trabalhava com alta gastronomia, assim como Patricia Yeo, cujo restaurante AZ, com uma proposta mais eclética, recebeu três estrelas do *Times*. Para um cozinheiro infeliz e com perspectivas sombrias como eu, havia um apelo irresistível na ideia de abrir um restaurante americano que não se pretendesse sofisticado.* Afrouxando certas convenções, poderíamos atrair mais cozinheiros e clientes para o lugar e deixar a cultura do restaurante um pouco mais próxima à da Ásia. Talvez aquela fosse a minha contribuição para o mundo. O mainstream americano me deixava cada vez mais bravo e desconfiado, e eu acreditava que se de alguma forma conseguisse desmentir tudo o que haviam me dito sobre o hábito de comer fora nos Estados Unidos, talvez também pudesse derrubar outras falácias culturais mais importantes.

---

* Devo dizer que gosto muito de restaurantes sofisticados, mas, naquele momento da cena gastronômica americana, a sofisticação tinha se tornado comum. Certa vez, enquanto nos preparávamos para cozinhar para um crítico do *New York Times*, o gerente nos disse que seriam avaliados, nesta ordem: (1) o serviço, (2) a decoração e (3) a comida. Foi mais ou menos nessa época que comecei a pensar: *Foda-se*. Não quero que meu trabalho valha tanto quanto o carpete e as cadeiras.

Eu disse ao dr. Eliot que tinha a sensação de que os americanos não eram tão diferentes do resto do mundo. O que funcionava na Ásia podia dar certo aqui também. Mas alguém precisava tentar.

Conversar sobre isso com o dr. Eliot parecia produtivo, mas nunca tive uma epifania verdadeira quanto à minha depressão. Eu não conseguia me sentir melhor. Repassar os acontecimentos da minha infância não parecia fazer nenhuma diferença. Minha descoberta foi pessoal: se nada importava, se eu não ia derrotar a depressão e não ia ser bem-sucedido no mundo da alta gastronomia, o que tinha a perder? Por que não tentar ao menos criar um mundo que funcionasse para mim?

Thoreau disse: "Desconheço algo mais encorajador que a inquestionável habilidade do homem de melhorar sua vida através do esforço consciente". Levei isso muito a sério enquanto contemplava o suicídio. A elevação através do esforço consciente. Trabalhar por algum propósito. Abrir um restaurante. Se não funcionasse, sempre haveria outra opção.

3. Sem chão

Jovens chefs abrindo seu primeiro restaurante me pedem conselhos o tempo todo.

As perguntas costumam ser de três tipos:

1. O que é preciso para fazer sucesso?
2. Qual tipo de pessoa devo ter como sócia ao começar um negócio?
3. O que ninguém conta a você no começo, mas faz toda a diferença?

Nem sempre digo a coisa certa. Se você é um dos muitos aspirantes que já me abordaram pedindo ajuda, sabe disso. Minhas respostas para os seus questionamentos provavelmente só o deixaram tão burro quanto eu.

Em geral, costumo falar qualquer assunto que esteja passando pela minha cabeça naquele instante até meu tempo acabar, estabelecendo uma vaga conexão com o que foi perguntado. É coisa demais para abordar. É difícil eleger uma área do conhecimento que não seja útil na hora de abrir um negócio e tocar um restaurante. Para começar, é preciso entender de contratos, imóveis, administração e marketing — sem mencionar a habilidade de cozinhar bem. É o que as pessoas chamam de "arte mista".

Às vezes, quando tenho mais tempo e se trata de uma conversa privada, pergunto diretamente: "Você quer mesmo abrir um restaurante?".

Então passo a seguinte receita:

1. Chame as pessoas que concordaram em lhe dar dinheiro para ir à casa de um dos investidores. Diga que é para uma amostra muito especial e exclusiva de como será o restaurante. Não se esqueça de mencionar que todas devem levar um cheque de 5 mil dólares.
2. Quando os convidados chegarem, coloque uma tigela grande no centro da mesa e peça educadamente que depositem seus cheques ali. Depois bote fogo nela.

Seus amigos e familiares não devem ter nenhuma ilusão: é muito provável que nunca recuperem o investimento que fizeram. Talvez o dinheiro deles possa ajudar você de outra maneira. Se for o caso, aproveite essa oportunidade. Não abra um restaurante se não for extremamente necessário.

Meus conselhos costumam funcionar? Na verdade, não. Minha taxa de fracasso é de 99%. Praticamente todo mundo que tentei dissuadir de abrir um restaurante seguiu em frente, apesar dos meus alertas.

Mas quem sou eu para fazer as pessoas desistirem desse negócio? Não tinha ideia de como abrir um restaurante quando comecei, e costumo apontar a ignorância como a razão primordial do meu sucesso.

Eu não tinha um local nem tinha dinheiro, e ninguém queria trabalhar comigo.

Era assim que eu estava na primavera de 2003. Não ter capital nem uma localização fazem parte do processo, mas não ter nenhum candidato a cozinheiro é um sinal. Logo no início, muitos dos chefs que decidem abrir restaurantes avisam sobre a empreitada aos colegas com quem têm afinidade. Enquanto tomam umas cervejas à noite ou comem em um restaurante chinês em seu dia de folga, eles conjecturam quem toparia uma mudança de ares.

Ninguém curtiu meu conceito. Todos os profissionais que eu admirava no Craft e no Café Boulud disseram não. Tentei recrutar o parceiro de golfe do meu irmão, que tinha uma loja de produtos gourmets em Pittsburgh. Não. Cheguei até a perguntar a meu amigo Brendan, que é professor, e não cozinheiro.

Saí do Café Boulud seis meses antes do esperado. Até hoje, um dos meus maiores arrependimentos na vida é não ter cumprido o combinado por lá. De acordo com o costume nas cozinhas de restaurantes, eu deveria ter abandonado o ramo de vez ou passado pelo menos outros cinco anos aprendendo com grandes chefs antes de chegar a *considerar* ter meu próprio restaurante. Ninguém queria trabalhar com um cara que havia deixado seu antigo empregador na mão para correr atrás de uma ideia maluca.

Eu estava incrivelmente sozinho.

Vamos lembrar que o meu grande projeto de restaurante era uma casa de lámen. Hoje elas são comuns, mas parecia uma ideia simplesmente bizarra nos Estados Unidos em 2004. Era como um campo magnético repelindo as pessoas. Mesmo seu eu fosse Paul Bocuse, a palavra "lámen" ainda causaria arrepios em alguns. Muita gente presumiu que eu estava falando do tipo de lámen industrializado que é aquecido no micro-ondas. Sei disso porque os clientes do restaurante sempre me faziam perguntas do tipo quando comecei o negócio.

Olhando para trás, por mais tolo que eu possa ter parecido, essa foi na verdade a única vez na minha carreira em que tive alguma vantagem sobre o restante da indústria em relação à disputa por espaço. E foi pura sorte. Minhas viagens ao Japão coincidiram com o exato momento em que o lámen estava estourando lá. Restaurantes focados em comida artesanal abriam por todo o país, e as pessoas ficavam horas na fila para provar. Muita gente com um conhecimento gastronômico impressionante pirava em lámen. Será que era algo específico dos japoneses? Como não sou japonês e achava lámen uma delícia, eu duvidava.

Ao mesmo tempo, havia pequenos sinais de um interesse crescente dos americanos na culinária japonesa. Um dia, quando ainda trabalhava no Craft, passei por um mercadinho coreano na Union Square que já tinha visto milhares de vezes. Na seção de refrigerados, havia os produtos típicos de uma loja de conveniência: iogurte, salada de frutas, suco de laranja e sanduíches insossos. Foi então que eu vi, no cantinho da geladeira, uma bandeja de sushi. Contei a todo mundo que eu conhecia. *Tem um mercadinho vendendo sushi! Aconteceu, cara! Aconteceu!*

Nenhum dos meus amigos cozinheiros ficou muito animado, mas, na teoria, eu sabia que uma casa de lámen ia dar certo. Deixei a questão da equipe de lado e me concentrei em outros assuntos.

Encontrar um lugar não foi tão difícil. Por um breve momento considerei abrir na Virginia, para poder ficar perto da minha mãe convalescente, mas algo — meu ego — não ia me deixar desistir de Nova York. Fracassando ou prosperando, eu faria aquilo aos olhos de todo mundo que eu respeitava e de quem me ressentia.

Visitei alguns lugares no SoHo e no West Village, mas no fim me concentrei no East Village. Já tinha uma afinidade com o bairro. Sempre que passava por lá durante o dia pegava um café fraco no Veniero's, uma padaria italiana centenária com um ar-condicionado bem forte. Ia bastante até o bairro para tomar um drinque no Lucy's, no Tile Bar, no International Bar ou em qualquer outro estabelecimento mais antigo que permitisse fumar no salão. Quando eu não queria beber sozinho, aparecia no Bar Veloce, onde um atendente bigodudo me fazia companhia. O Veloce continua aberto.

Marco Canora, um dos meus mentores no Craft que desde então se tornou um irmão mais velho para mim, tinha acabado de abrir com Paul Grieco seu primeiro restaurante, o Hearth, na esquina da rua 12 com a Primeira Avenida. Imaginei que se o East Village era bom para eles, seria bom para mim também. Os aluguéis eram baixos, a região tinha personalidade e via com bons olhos pequenos restaurantes asiáticos. Mais e mais jovens migravam para lá quando os outros bairros ficavam muito caros. Mas acho que eu não teria fechado negócio se o Hearth não tivesse aberto o caminho. Enquanto trabalhei para Marco em sua cozinha, nunca fiz por merecer sua atenção, mas, depois que abrimos, eu ia visitá-lo e tentava absorver conhecimentos do sensei durante os intervalos. Era reconfortante ver a cozinha cheia de cozinheiros e sous-chefs com quem eu havia trabalhado no Craft.

Um estabelecimento que fechou no East Village foi o Village Chicken, que ficava no número 163 da Primeira Avenida. Ou era Village Barbecue? De qualquer maneira, era um restaurante que servia frango frito — seiscentos metros quadrados para a cozinha e o salão, 6 mil dólares ao mês. Era menor e mais caro que a maior parte dos outros lugares que eu tinha visto. Fiquei interessado por causa do fluxo de pedestres, e disse ao corretor que ia fazer uma oferta.

Encontrar aquela pequena espelunca me deixou feliz. No mesmo dia, assinei o contrato de aluguel de um apartamento do outro lado da rua.

A localização estava definida. A equipe nem tanto. E dinheiro era outra história.

Havia poucos motivos para acreditar que meu pai ia me ajudar naquela empreitada. Eu não conseguira passar em nenhuma pós-graduação de respeito porque minhas notas eram baixas demais, e agora queria seguir carreira na única indústria que para ele era inaceitável. Para me manter motivado antes de abordá-lo, adotei uma tática de terra arrasada para reprimir meu medo: *Vou fazer isso sem você, pai. É só uma gentileza. É sua última chance de investir em mim antes que eu siga em frente.*

Mas a verdade era que eu não tinha mais a quem recorrer.

Por telefone, despejei de uma vez só o discurso aparentemente convincente que eu havia ensaiado. Expus meus argumentos, e ele respondeu com uma única palavra:

"Tá."

"Como assim 'tá'?"

"De quanto você precisa?"

Meu pai concordou em me ajudar com um empréstimo e me recomendou um contador. Muito depressa, ele entrou em contato com seu círculo íntimo de empresários coreanos da região da Virginia e conseguiu que me emprestassem 100 mil dólares. Somados aos 27 mil que eu havia economizado, seria suficiente para começar.

Quando penso no motivo pelo qual meu pai concordou tão rápido em me ajudar, me pergunto se ele não estava procurando uma distração das brigas de sempre com o meu irmão. Meu pai e eu entramos numa nova rotina — um cronograma para avaliar os avanços na reforma e nos detalhes práticos do negócio. Eu não tinha mais ninguém para me ajudar com o gerenciamento do projeto. Essa fase do nosso relacionamento foi o mais perto que cheguei de uma terapia com ele: um motivo para manter contato e que nos colocava no mesmo time, embora eu acredite que nenhum um de nós dois tenha sido capaz de reconhecer isso como positivo na época.

De uma coisa que eu tinha certeza: precisava valorizar a contribuição do meu pai. Filhos não têm relacionamentos complicados com seus pais porque *querem* decepcioná-los. Quando penso nos pontos altos do nosso relacionamento, esse se destaca. Não houve nenhum pedido de desculpas nem uma conversa franca, só sobre dinheiro e as particularidades de iniciar um negócio. Ele estava vulnerável. Eu estava vulnerável. Nos apoiávamos um no outro, como todas as famílias fazem.

Até começar a escrever este livro, já tinha esquecido que o nome da nossa empresa era JCDC Ltda. — Joe Chang e Dave Chang juntos nos negócios.

O Lexapro não me deixava sentir nada com muita intensidade.

Por recomendação do dr. Eliot, enfim tinha decidido tentar a medicação, e alguns dos meus receios iniciais acabaram se confirmando.

Entendi exatamente o que ele quis dizer quando havia me contado que seria um "estabilizador de humor". O efeito do remédio é deixar você com um desejo constante de sentir mais emoções. Tudo parecia monótono e quieto, inclusive eu mesmo. Eu estava sob controle, o que, para ser sincero, era uma boa melhora.

Minha casa nova parecia um depósito de lixo úmido e escuro que eu deixara ainda mais deprimente ao mobiliar como se fosse o covil de um sociopata. Eu dormia no futom que tinha sido largado para trás no apartamento; havia uma mesa, um abajur e uma TV, todos adquiridos naquelas lojinhas de esquina pelas quais você passa e se pergunta: *Quem compra esse tipo de coisa?* Fechei o gás e desliguei a geladeira porque não tinha a menor intenção de cozinhar em casa. O chão estava sempre lotado de garrafas de água pela metade que eu levava do trabalho para o apartamento. De vez em quando, eu ia tomar um gole e encontrava uma barata à espera no fundo. Eu guardava papelada em geral na geladeira e mantinha a despensa vazia, a não ser por uma reserva constante de álcool: Bulleit, Elijah Craig e Pappy Van Winkle, que ainda eram relativamente baratos e desconhecidos na época. Eu tomava meia garrafa quase todas as noites para pegar no sono. Não conseguia dar um jeito de fazer o aparelho de ar-condicionado encaixar direito na janela, então o calcei com livros e prendi ao peitoril com fita adesiva. Nunca vi a casa do Unabomber, mas sinto como se tivesse morado nela por cinco anos.

 Eu tinha escolhido aquele apartamento só porque ficava próximo ao restaurante. Quando meu pai viu que eu estava morando do lado do trabalho, me disse que aquela seria a chave do meu sucesso. Então mergulhei na tarefa que tinha à frente. Entre visitas frenéticas a lojas de artigos para restaurantes na Bowery e em Chinatown, quando tentava encomendar placas e equipamentos específicos para mim, eu brincava com receitas. Seria generoso demais chamar o que eu fazia de "pesquisa e desenvolvimento". Meu lámen era digno de pena e não estava melhorando. Eu tinha livros de receitas japoneses e pagava pessoas que encontrava em anúncios na Craigslist para que os traduzissem para mim, mas mesmo com as informações necessárias era incapaz de produzir o que eu precisava. Identifiquei o problema como sendo a falta de *kansui*, a solução alcalina que confere ao lámen viscosidade, aroma levemente sulfuroso e uma sensação distinta na boca.*

Hoje, um chef pode ligar para o Sun Noodle em Nova Jersey, e eles farão de bom grado o macarrão com *kansui* de acordo com as especificações dele. Há quinze anos, praticamente assediei os irmãos que eram proprietários de uma empresa chamada Canton Noodle Corporation, na Mott Street. Eu perguntava sobre *kansui* e insistia que tentassem conseguir fazer o macarrão alcalino para mim. Sempre que entrava no prédio, era dispensado na mesma hora. Eles não queriam fazer o que eu pedia por medo de que estragasse as máquinas. No fim, comprei macarrão sem *kansui* e o envelheci para chegar à textura desejada. Tive de me virar usando o instinto puro e simples.

A ajuda finalmente chegou, na forma de Joaquin "Quino" Baca, que respondeu a um anúncio meu no Monster.com. Um amigo da família havia me dito que a Cheesecake Factory onde ele trabalhava em Tysons Corner contratava todos os seus cozi-

---

* Era muito mais difícil conseguir informações naquela época. Sei que é quase impossível imaginar um mundo antes do Google, mas não dava para procurar as coisas pelo celular. Acredite em mim quando digo que gostaria de ter podido fazer isso. Na esperança de ter um vislumbre de algo minimamente relevante para a minha busca, trabalhei em um restaurante especializado em sushi em Nova York que também servia lámen, e em um noodle bar em um hotel-cassino de Atlantic City. No tempo livre, pesquisava comendo. Quando ainda trabalhava no Craft, descobri um lugar que servia lámen ao estilo de Hakata (um caldo grosso de ossos de porco com macarrão fino) que me pareceu muito bom. Fui lá dezenas de vezes e fiquei observando os movimentos do cozinheiro, tentando imaginar qual era o elixir mágico fervendo no caldeirão gigante ao fundo. Quando enfim criei coragem para perguntar o que tinha ali, o cara respondeu: "Só água". No fim, o caldo deles não passava de água misturada com tempero pronto. Talvez você ache que isso me desanimou, mas o que aprendi foi que o lámen japonês contemporâneo estava muito distante daquele feito em Nova York. Comecei a pensar que o que eu queria fazer ainda nem existia.

nheiros pelo Monster, então anunciei umas vagas no site e logo depois me esqueci daquilo. Por sorte, a namorada de Quino viu minha publicação e a passou adiante.

Fizemos a entrevista no Lucy's. Quino havia morado até pouco tempo antes no Novo México, mas era filho de diplomatas e tinha viajado para todo canto. (Eu costumava brincar que os pais dele trabalhavam para a CIA, já que sua localização sempre parecia coincidir com um golpe de Estado.) Ele tinha ido para Nova York por causa de uma vaga no Bouley, o templo da alta gastronomia francesa em TriBeCa, mas o trabalho que lhe ofereceram não era o que estava esperando. Aquilo o deixara chateado e sem alternativas a não ser me ligar.

O que fazia de Quino um excelente candidato era simplesmente o fato de ter se candidatado. Era bonito; uma versão latina e menos musculosa de Vin Diesel. Eu não o tinha visto cozinhar, mas ele exalava uma autoconfiança invejável. Embora não seja possível comprovar essa informação, tenho certeza de que todo chef de Manhattan que fez uma tatuagem em meados dos anos 2000 se inspirou no braço fechado de Quino, uma verdadeira obra de arte.

Depois da entrevista, fomos juntos limpar o armário que eu havia herdado. Ainda estava cheio de frango apodrecendo.

Interlúdio
Sobre ser viciado em trabalho

Meu amigo David Choe, que é artista, foi quem resumiu melhor esta ideia: trabalho é o último vício socialmente aceito.

Concordo. O termo "workaholic" é um nome bobo para algo muito real e muito intenso. Chefs costumavam falar que abrir um restaurante dava uma espécie de barato. Pra mim não é só isso. É tipo heroína. E sei que não estou sozinho. Pouco tempo atrás recebi uma mensagem de uma jovem chamada Joanna que ouve meu podcast. Pedi permissão para compartilhar um trecho com vocês:

O modo como você descreveu seu vício em trabalho não saiu da minha cabeça. Em geral se fala em depressão como algo que te força a não fazer absolutamente nada. Mas ir além dos meus limites também se tornou uma droga. Era uma forma de masoquismo. Aos dezoito anos me vi trabalhando sem parar, vinte horas ao dia. Eu nunca saía. Me formei em engenharia da computação e passava o dia no computador. Passei a usar óculos, de tanto que ficava na frente da tela. Colocar a mão na massa era um jeito de evitar tomar conta de mim mesma. Eu estava sempre "ocupadíssima". Uns

96% das coisas que você comentou sobre as suas dificuldades me fizeram pensar: Nossa, não sou só eu! *De verdade, você me ajudou a perceber que trabalhar demais era um efeito colateral da depressão, uma forma de exercer controle, e não apenas algo admirável para as pessoas que não sabiam o que estava rolando.*

Quando decidi abrir o Momofuku, lembro que qualquer tarefa me paralisava. *Como consigo um alvará? Como instalo um sistema de ar-condicionado? Como preparo o macarrão? Onde posso comprar um cozedor de massa? Por que ninguém quer trabalhar comigo, porra?* Todo problema era uma impossibilidade. A sensação de arregaçar as mangas e fazer o que precisava ser feito me dava um barato brutal.

Eu preciso desse obstáculo, quer venha da cidade, do meu senhorio, da minha equipe ou das minhas próprias fraquezas. Para mim, ele não só é útil, mas necessário. Você acha que um salmão nada contra a correnteza até morrer porque quer? Ele não tem escolha. E é assim que eu me sinto.

Eu odiava trabalhar quando era mais novo. Fui um péssimo aluno e um péssimo funcionário. Mas na cozinha tudo mudou. Encontrei sentido nas tarefas repetitivas, desde que as fizesse com intenção e propósito. Descascar, fatiar e picar podiam parecer atividades inúteis, mas só se eu me permitisse aquele tipo de pensamento. Quando todo o resto parecia fora de controle, cozinhar era minha estrela-guia. A cozinha nunca me decepcionava. Servir algo em um prato é uma tarefa com começo, meio e fim. Eu via o mise en place na minha frente e o cliente esperando no salão. Via a panela, o fogão e o processo que precisava ser seguido para que o prato chegasse à mesa. Os números. As críticas. Cada passo era um ponto de contato tangível. E com o sucesso vinha a aprovação — não apenas do meu trabalho, mas de mim mesmo. Certa manhã, tive uma ideia simples: fazer um *bun* de porco — de barriga de porco desfiada, com molho *hoisin* e picles, num pão cozido no vapor — para acompanhar o lámen. Vendemos mil em uma semana. Essa sensação é viciante.

Como acontece com qualquer outro vício, quanto mais fundo eu ia, maior era a dose de que precisava. Viciados em drogas não sentem o mesmo prazer que uma pessoa qualquer sente ao cheirar uma carreira em uma cabine de banheiro. Eles precisam de muito mais. Viciados em sexo precisam sempre subir o nível de suas conquistas — ter mais parceiros, múltiplos parceiros, parceiros casados. Maratonistas passam a participar de ultramaratonas e de competições como o Ironman. Com os workaholics é a mesma coisa.

Por exemplo, enquanto escrevo isto, posso comparar a sensação de impossibilidade antes de abrir o Momofuku com a minha agenda atual. Recebemos investimento externo, de modo que abrimos um novo restaurante a cada tantos meses nos últimos dois anos, incluindo um esta semana. Dois dos meus melhores chefs pediram demissão e estou lidando com uma crise na unidade de Los Angeles. Tenho programas de TV e podcasts para gravar. Tenho um filho pequeno em casa e estou trancado aqui tentando escrever este livro. A ansiedade e o medo são tão vívidos como quando os senti pela primeira vez. Foi assim que descrevi para o dr. Eliot: antes eu queria aprender a fazer malabarismo com duas bolas ao mesmo tempo; agora, faço com motos, serras elétricas e bebês.

Quando consigo olhar para a situação com algum distanciamento, me dou conta de que criei minha própria prisão. Sou fisicamente incapaz de assumir outras responsabilidades. Não há espaço para fazer mais nada, e tenho medo de como isso pode impactar meu vício. Quero muito desistir e ir embora, mas não sei se tenho coragem de largar tudo. Alcoólatras em recuperação falam sobre ter de chegar ao fundo do poço para poder se reerguer. O paradoxo do workaholic é que o fundo do poço é o topo na profissão em que ele está.

4. Exercício de confiança

"Meu marido sabe tudo de lámen, e isso não é lámen."

Uma mulher se aproximou de mim certa noite, quando o Momofuku Noodle Bar tinha apenas alguns meses. Não disse seu nome. Se apresentou com um "Deixa eu falar" e seguiu em frente: "Sou do ramo, meu marido é japonês, e faz anos que provamos comida mundo afora juntos".

Assenti e franzi os lábios. Tentei me comunicar por telepatia: *Beleza, fala logo o que você tem pra falar, e vida que segue.*

"O lámen estava horrível. Não tem nada a ver com o lámen de verdade ou com qualquer massa que eu tenha provado na Ásia. Se você acha que está fazendo comida japonesa, sinto muito, mas está muito enganado. Na verdade, tenho que perguntar: você já foi ao Japão? Como pode cobrar das pessoas por isso?"

A mulher também tinha odiado a música alta, as banquetas desconfortáveis e o serviço antipático.

"Alguém gosta disso?", ela me perguntou.

Infelizmente, ela representava o consenso entre os clientes dos primeiros meses do Momofuku. Minha intenção tinha sido abrir um restaurante no qual alguém que estava acostumado a gastar uma grana razoável num jantar fino ia se sentir igualmente bem ou até melhor depois de ter comido num estabelecimento simples e por um preço bem convidativo. Eu queria impressionar as pessoas que achavam que lámen não passava de algo barato e fácil para encher a barriga. A grande sacada era esta: fazer com que todo mundo que saísse pela porta do Momofuku estivesse feliz, surpreso e satisfeito por ter gastado menos.

Não estávamos nem perto daquilo.

Quando abrimos, o cardápio incluía guioza, alguns lámens, porções e nada que pudesse ser confundido por um ponto de vista distinto. Os clientes faziam o pedido preenchendo uma ficha. Não era para fazer graça, mas por necessidade. Até Quino chegar, uma semana antes de abrirmos, eu não sabia se teria alguém para trabalhar comigo, então precisava me certificar de que o restaurante poderia funcionar com apenas uma pessoa, como as casas de lámen do Japão. Só que eu não estava no Japão e não era especializado em lámen. Se não fosse por Quino, o Momofuku certamente estaria morto e enterrado depois dos inúmeros desastres que recaíram sobre nós naqueles primeiros meses. Era uma versão real e interminável do passeio de bondinho da Universal Studios, que ia de uma calamidade para a outra.

Uma noite, o cara que morava em cima do restaurante ficou bêbado e desmaiou na banheira com a torneira ligada; demorou um mês para nos recuperarmos da infiltração. Em outra ocasião, na madrugada, o termostato do forno de convecção quebrou enquanto uma fornada de porco assava lentamente. Por sorte, alguém achou meu apartamento e avisou que o restaurante estava tomado pela fumaça.

O risco de um incêndio catastrófico era constante. Sempre dava curto no calor, quando o ar-condicionado estava ligado, e a placa de circuito soltava faíscas sobre os sacos de lixo encostados na parede e sobre a caixa de gordura. Compartilhávamos uma bomba de drenagem com os vizinhos, e tínhamos que limpá-la regularmente se não quiséssemos que o restaurante fosse inundado por água de esgoto. Era um trabalho deprimente — que piorava quando chovia —, mas necessário.*

Também encontrei um adversário inesperado: uma árvore que ficava na esquina cujas flores — que eu nunca havia visto antes de abrir meu próprio restaurante — pareciam algodão. Eu não sabia qual era o problema, mas aquilo não dava certo com o nosso sistema de ar-condicionado. Todo dia eu precisava pegar uma escada e subir pela fresta entre dois prédios para tirar o compressor do aparelho e limpar a passagem de ar. Aquela árvore era meu martírio.

Uma vez, no fim do serviço, um homem entrou perguntando se ainda estávamos abertos. Não estávamos. Ele foi direto até Quino e deu um soco na cara dele. Eu o persegui por alguns quarteirões da Primeira Avenida, até que finalmente o alcancei. Minha breve carreira na luta livre durante o ensino médio chegara ao fim em razão de um erro cometido por mim que eliminou nossa principal estrela da temporada, então eu adoraria que meus antigos colegas de equipe tivessem visto o suplex impecável que apliquei no agressor no meio da rua. O sangue tingiu o branco da faixa de pedestres. Quino chegou logo depois, segurando uma banqueta acima da cabeça, como se fosse uma estrela da WWE querendo levar a briga para fora do ringue. A polícia apareceu. Bambi, o senhorio do meu apartamento, me defendeu diante dos policiais e os convenceu a não prender nem a mim nem ao outro cara, que tinha acabado de ser solto e estava em condicional.

Por meses, Quino e eu sobrevivemos comendo no Stromboli Pizza e no Popeye's. Simplesmente não tínhamos tempo para co-

---

* Caso um membro do Departamento de Saúde da cidade de Nova York esteja lendo isto, já resolvemos todas essas questões.

mer direito. Nunca vou esquecer o dia em que enfim cozinhamos algo para nós mesmos. Pareceu a maior realização da minha vida. Deu bastante trabalho fazer aquilo uma única vez.

    Eu ia ao dr. Eliot três vezes por semana, mas precisei parar porque não tinha tempo e estava ficando caro demais. Eu não ganhava um salário, e o plano de saúde que tínhamos contratado cobria um número limitado de sessões. A automedicação tomou o lugar da terapia. Eu ficava sentado sozinho no apartamento, bebendo bourbon e passando nervoso por horas. Eu desconfiava que ninguém conseguiria nos distinguir de qualquer outro restaurante asiático na cidade. Comprávamos dumplings congelados e servíamos sanduíches de sorvete do mercadinho da esquina como sobremesa — os dumplings porque não tínhamos tempo de fazê-los do zero, e o sorvete porque não tínhamos ideia de que tipo de restaurante estávamos tentando ser.

    Em muitas noites, Quino se encarregava do serviço, porque eu era péssimo em interagir com os clientes. Enquanto isso, eu ficava lá embaixo fazendo o pré-preparo ou agonizando por causa dos nossos números terríveis. Quino também era ótimo em outros trabalhos ingratos, como farejar onde poderíamos encontrar equipamentos usados. Era legal ter alguém nas trincheiras comigo. Quando não estava bebendo sozinho, era com ele que eu bebia.

    Em geral ficávamos pelo bairro, mas, com o restaurante entre a vida e a morte e o dinheiro quase no fim, decidimos gastar uma parte significativa do que nos restava em uma noite para relaxar. Fomos a um restaurante novo que todo mundo estava amando. O jantar foi ao mesmo tempo uma missão de reconhecimento e um descanso.

    Quino e eu passamos a primeira parte da refeição falando sobre qualquer coisa menos a comida à nossa frente. Estávamos nos divertindo muito fora do nosso restaurante. Resisti à vontade de pedir a opinião dele sobre aquele lugar: avaliar um prato no meio da refeição pode estragar a noite antes mesmo que ela acabe.

Quino aparentemente não concordava com aquela filosofia. Ele chegou a um veredicto entre a entrada e o prato principal.

"Não é tão bom assim."

Eu queria me levantar e dar um abraço nele por cima da mesa.

"É! É péssimo!", gritei por cima da cacofonia de casais no primeiro encontro, tomando drinques e esperando os pratos que haviam pedido. Era uma decepção duplamente frustrante, porque todo mundo à nossa volta estava curtindo.

Em geral, ficar reclamando não ajuda em nada — é só um passatempo dos cozinheiros —, mas Quino acabou tornando aquilo produtivo.

"Vamos, a gente pode deixar esses caras para trás."

Antes que ele entrasse no táxi, segurei seu braço e lhe disse que nosso restaurante precisava de vida.

Nas semanas seguintes, tomamos algumas decisões. Desde o começo, só aceitávamos pagamento em dinheiro, porque eu não queria lidar com a papelada toda para aceitar cartão. Era hora de revogar decisões bobas tomadas por puro pragmatismo. Conseguimos comprar um sistema de gerenciamento de pedidos usado, que eu a princípio achara que seria desnecessário em um restaurante sem equipe. E, por falar nisso, decidimos procurar garçons. Fomos até Nova Jersey comprar talheres mais robustos, que não estragassem ao mais leve toque. Não ia nos restar nem um centavo, mas já estávamos no buraco, então por que guardar o dinheiro?

Talvez a comida do outro restaurante na verdade fosse melhor do que pensávamos, ou talvez só estivéssemos tentando nos sentir melhor falando mal dela. Qualquer que fosse o motivo, vimos o que precisávamos ver. O restaurante estava quase fechando porque eu me deixava levar em qualquer direção, menos a mais importante. Era como se eu corresse em círculos puxando meus próprios cabelos, sem ter um segundo livro para respirar e encarar as questões mais complicadas.

Por exemplo: a comida que estávamos servindo era o quê, exatamente?

A gente estava impedindo o próprio progresso. O conceito de noodle bar ainda não existia na cabeça da maior parte dos americanos, e no entanto cozinhávamos como se as pessoas chegassem ao nosso restaurante com certas expectativas. Pusemos dumplings no cardápio porque eu achava que as pessoas iam chegar querendo dumplings. Mas aquilo nunca aconteceu. Ninguém pedia dumplings, e eu não queria fazer dumplings, o que significava que nenhuma das partes estava muito satisfeita.

O motivo pelo qual continuávamos funcionando era o fato de os cozinheiros gostarem de nós. Nossos clientes regulares eram o pessoal do Per Se, do Jean-Georges e dos vários restaurantes de Daniel Boulud. Todos vinham, mesmo os colegas do Café Boulud, que eu achava que me odiavam. Depois do trabalho, eles davam uma passada lá e devoravam os sanduíches de porco — sinceramente, o único item no nosso cardápio que eu sabia que valia a pena.

Um nó se forma na minha garganta só de pensar que todos esses cozinheiros iam ao restaurante. É a melhor parte do negócio. No fundo, todos queremos nos ajudar. Daniel falava para o pessoal que ia jantar ou almoçar no Momofuku, e quase todos os outros chefs mais importantes de Nova York apareciam, muitas vezes acompanhados de pessoas familiarizadas com a cena gastronômica nova-iorquina.

Nos saíamos melhor quando alimentávamos essas pessoas que realmente entendiam do assunto. Essa constatação salvou nosso restaurante. Nos 45 do segundo tempo, acabamos com a separação entre o que achávamos que deveríamos servir aos nossos clientes e o que queríamos cozinhar para nossos amigos. Abolimos tudo o que cheirava a medo e começamos a agir sem pensar muito.

Continuo apreensivo quanto a descrever o que exatamente significa isso em termos de cozinha, porque nossa filosofia ainda está mudando e crescendo. Mas vou tentar dar a melhor explicação possível.

NINGUÉM SABE DE NADA, ENTÃO FAÇA O QUE VOCÊ QUISER. Minha relação com a comida durante a infância foi mais ou menos a mesma que a de milhões de outras crianças americanas de ascendência asiática. Boa parte dela envolvia esconder a comida de casa dos meus amigos brancos, por vergonha. É claro que eu preferia o *kimchi jjigae* da minha mãe a carne de panela ou bolo de carne, mas eu reprimia isso com o intuito me adequar.

Mas esse impulso de adequação estava impedindo Quino — que era de família mexicana — e eu de nos destacarmos como chefs. Estávamos cansados daquilo. Íamos nos basear nas particularidades das nossas famílias. E se o que nossas famílias comiam era diferente do que outras famílias coreanas ou mexicanas comiam, paciência. Quando eu era pequeno, por exemplo, meu avô me ensinou a fazer bolinhos de arroz crocantes ao estilo japonês, um grande avanço em comparação com o método coreano de cozimento que todos os outros Chang utilizavam. Minha mãe e minha avó diziam: "Não é assim que os coreanos fazem". Mas meu avô gostava da casquinha crocante, e eu também. Daí vieram os bolinhos de arroz do Momofuku, fritos e com cebola, gergelim e *gochujang* (molho de pimenta fermentada). A receita de *kimchi* que usamos é a da minha mãe, embora eu acrescente mais açúcar do que ela e não possa deixá-lo fermentando em temperatura ambiente com ostras cruas, devido às normas de segurança alimentar.*

BUSQUE INSPIRAÇÃO EM TODOS OS LUGARES. Meu estilo de vida atual me dá a oportunidade de comer mais coisas do que a maioria das pessoas. É uma vantagem totalmente injusta de ser chef. Mas, na época, eu não conhecia muito mais do que o cozinheiro americano médio de vinte e poucos anos. A diferença era que eu estava disposto a reconhecer o valor de tudo, até mesmo do lugar de que eu não gostava nem um pouco. Também estava disposto a admitir de prontidão que gostava de comidas populares que outras pessoas consideravam estar abaixo do nível delas. Eu queria saber *por que* as pessoas gostavam tanto do que gostavam.

Eu não tinha medo de usar referências do universo gastronômico e ajustá-las ao meu paladar. Acrescentei vegetais e vinagre à nossa imitação barata do macarrão com gengibre e cebolinha do Great NY Noodletown. Coloquei ovos pochê (*onsen tamago*) no nosso lámen em vez de ovos cozidos, porque uma vez invejei uma mulher que quebrou a gema perfeitamente mole de um ovo em sua tigela de lámen enquanto assistia a um filme em um cinema de Tóquio. Como mencionei, aprendemos a nos apropriar da nossas culturas e dos costumes das nossas famílias. Estávamos dispostos a qualquer coisa que nos ajudasse a sobreviver ou nos desse alguma vantagem competitiva. Se eu fosse melhor fazendo

---

* Anos mais tarde, com a aquisição de algum conhecimento de química e microbiologia básicas, compreendi que os frutos do mar do *kimchi* não têm nada a ver com o processo de fermentação. Por sinal, fermentação foi algo que se provou vital na cozinha do Momofuku.

terrines e suflês, estaria fazendo terrines e suflês. Só que, por acaso, sou asiático e conheço melhor a cozinha asiática.

Não hesito em reconhecer essas inspirações, porque dou o crédito sempre que possível. Meu conselho aos chefs é: seja transparente quanto à sua ignorância e sempre honre a origem do seu material.

O SALÃO É SUA SALA DE AULA. No nosso primeiro verão, começamos a servir um prato de milho salteado com missô e bacon artesanal. Da nossa cozinha aberta, eu via de camarote a humanidade e notava as diferentes reações dos clientes durante a temporada. Aprendi a enxergar os ingredientes como entidades. Para fazer jus a eles, eu precisava adaptar receitas depressa. Conforme o milho ia ficando menos doce e com mais amido, eu via menos pessoas devorando o prato com entusiasmo. *Talvez precise de mais manteiga ou missô, o que significa que eu poderia acrescentar mais pimenta. Talvez pudesse levar menos bacon e mais caldo de porco. Talvez eu devesse deixar o molho reduzindo por mais tempo. Talvez pudesse acrescentar picles de cebola roxa. Ah, deu certo! As pessoas estão devorando com gosto.* O mais importante foi que aprendi sobre a importância da acidez em um prato daquele tipo. *Será que posso ir mais além? Qual é o limite? Talvez eu consiga incorporar ainda mais acidez se acentuar a gordura. Mas agora vou precisar de pimenta.* Eu tinha essas conversas comigo mesmo o tempo todo. Ao longo da semana ou mesmo do dia, um prato podia evoluir para algo completamente diferente.

No restaurante, aprendi também que os asiáticos tomavam o caldo do lámen, mas os brancos só comiam o macarrão. Se servíssemos o caldo morno, os asiáticos reclamavam. Se fosse para a mesa quente demais, os brancos não tocavam nele até esfriar, e àquela altura o macarrão estaria empapado. Como cozinheiro, você executa uma dança interminável com seus clientes.

ESQUEÇA TUDO O QUE PENSA E ABRACE O QUE VÊ. Quino e eu fizemos alterações no cardápio baseadas tanto no acaso quanto na criatividade. Vínhamos braseando o porco no caldo, como tinham nos ensinado, mas aquilo levava um século e nem ficava tão bom. Um dia, cometi um erro e pus a barriga de porco em 260°C. Ela acabou bem tostada por fora, mas ainda não totalmente cozida e nadando em gordura derretida. Baixei a temperatura e deixei que continuasse cozinhando ali, como num confit. O processo foi mais rápido e o resultado foi muito superior. Não se pode confiar na sabedoria popular na cozinha. Boa parte dela se baseia em meias verdades e em suposições ultrapassadas. Mantenha-se aberto a novas ideias.

MISTURE AS COISAS. As coisas mais interessantes que criamos no Momofuku vêm de quando unimos dois mundos aparentemente diferentes. Nosso restaurante se tornou um lugar onde tentávamos replicar o encontro natural de ideias, sabores e técnicas que ocorre quando imigrantes chegam a um lugar pela primeira vez. Não era forçar a barra demais pensar em mim e em Quino como recém-chegados se encontrando na cozinha do restaurante. Nosso objetivo era promover pratos que conhecíamos desde a infância e transformá-los com novos ingredientes e interações.

Quino comia milho nixtamalizado e ovos fritos quando pequeno, e meu costume era comer *grits*. Seus antepassados mexicanos comiam *tamales* pela manhã, enquanto os meus gostavam de *juk*. O resultado de nossas conversas foi um prato de camarão com *grits* que lembrava algo que poderia ser encontrado em

Charleston, mas, depois da primeira mordida, só fazia sentido no Momofuku. Usávamos dashi como base para o sabor, mas feito com presunto em vez do *katsuoboshi* (flocos secos de atum-bonito) tradicional, porque eu me lembrara deste quando sentira na cozinha do Craft o aroma inebriante do porco defumado artesanalmente da Benton's. Outro dia, o contraste da acidez com a opulência de uma salada caprese clássica resultou em um prato com tomate-cereja, tofu macio e vinagrete de gergelim. Nos demos conta de que tudo pode ser coreano, ou mexicano, ou japonês, ou italiano, e que a comida americana pode ser qualquer coisa. Nada que cozinhávamos era autêntico. Não estava nem pra cá nem pra lá, o que tornava tudo verdadeiramente nosso.

É óbvio que a ideia de misturar diferentes cozinhas não foi criada por nós, mas naquele momento da culinária americana, sempre que um chef tentava misturar traços das gastronomias asiática e europeia, uma destas duas coisas costumava acontecer: se um chef de escola francesa acrescentava um talo de capim-limão numa sopa, o resultado seria considerado "comida francesa com toque asiático"; e quando um pouco de tomilho ia parar num prato asiático era chamado de "fusão". Eu odiava ver como as influências asiáticas eram sempre engolidas pelo Ocidente.

"VOCÊ VAI SEMPRE PERDER SE ESTIVER FAZENDO O JOGO DE OUTRA PESSOA." Por falar em Allan Benton, além de seu bacon ter sido o catalisador de muitas das epifanias gastronômicas que tivemos no Momofuku, ele mesmo, em pessoa, me agraciou com essa pérola de sabedoria. Depois que Allan disse isso, me dei conta de que o Momofuku não podia contar a história de nenhuma outra pessoa. Nos livramos dos dumplings e de tudo o que não era nosso. Então tentamos fazer com que as pessoas jogassem o *nosso* jogo.

Quando começamos a escrever o livro de receitas do Momofuku, outros restaurantes já copiavam nossos pratos. Eu ficava chocado ao perceber que as pessoas estavam levando nossa cozinha a sério, e também com a ideia de que alguém pudesse escolher a imitação como estratégia — o caminho certeiro para a mediocridade. Eu sabia que o livro de receitas aceleraria o processo, então aproveitei a oportunidade para brincar com os imitadores em potencial. Os bolinhos de arroz já mencionados são mergulhados basicamente em *gochujang*, só que, na receita que publicamos, pusemos um nome ridículo ao extremo: "molho do dragão vermelho". Eu sabia que os preguiçosos iam copiar a receita sem se dar ao trabalho de verificar se existia mesmo um "molho do dragão vermelho". De vez em quando ainda encontro esse molho em cardápios. Sempre me faz rir.

5. Traçando um limite

Uma noite, Quino e eu estávamos em uma festa no Flatiron em homenagem a muitos de meus mentores. O evento estava acontecendo em um lugar que era meio restaurante, meio boate chamado Duvet, com camas no lugar de mesas. Mas era open bar, então fomos.

Tinha se passado um ano desde que o Momofuku Noodle Bar nascera e quase morrera. Nossa última corrida até o pronto-socorro o tinha mantido vivo. Até mais que isso, na verdade. De repente, todo mundo queria comer no restaurante, e a imprensa inteira queria escrever a nosso respeito.

Depois de nos servirmos no bar, nos aproximamos de uma mulher. Ela era bonita, estava desacompanhada, e nós não tínhamos nada na cabeça. Eu me apresentei como Dave e disse que era cozinheiro. Engatamos o papo furado típico de quem trabalha com restaurante, que consiste em "Onde você tem gostado de comer ultimamente?". Ela estava mais interessada em discutir os locais a que ela *não* tinha gostado de ir.

"Vocês já foram no Momofuku?"

Sim, *conhecemos bem.*

"Acho que é superestimado. É bem sem graça, na verdade, mas todo mundo quer ir lá. E isso não é só irritante, é ofensivo. David Chang? Pelo amor de Deus. É só um menino sem credibilidade, sem história e sem respeito. Tem tantos chefs fazendo coisa melhor por aqui. Ele é só o nome da moda."

Quino perguntou se ela já havia comido lá.

"Já, sim, mas eu preferiria não ter ido. Minha chefe, a Maria Johanna... vocês a conhecem? Ela tinha me falado que não valia a pena, mas todo mundo só falava naquele lugar. Eu devia ter acreditado nela. Ela é casada com um japonês."

É claro. A mulher que havia me dado aquele sermão humilhante logo que o restaurante abriu não estava mentindo quando disse ser da área. A empresa liderada por Johanna organizava uma conferência anual em Nova York que reunia chefs de diferentes lugares para demonstrar suas mais recentes criações para um público especializado. Na época, eu não sabia daquilo, mas desde então aprendi tudo sobre as entidades que prometem colocar você em contato com o público por meio de eventos e contatos na imprensa, em troca do seu tempo e, às vezes, dinheiro. Mesmo quando não pagam diretamente, os chefs se desdobram para honrar seus compromissos nessas conferências. A empresa oferece acomodação e passagem, enquanto os chefs arcam com os ingredientes e com a equipe de apoio, deixando seus restaurantes desfalcados. Topamos por medo de dizer não e nos indispor com a pessoa errada ou perder uma oportunidade valiosa de divulgar nosso negócio.

Um bom chef nunca se esquece de que se trata de um negócio. Todas as merdas extracurriculares que fazemos fora do restaurante* deveriam ter o propósito de angariar clientes. Quando

---

* Como escrever este livro, por exemplo.

participamos de eventos para massagear nosso ego, em geral pagamos o preço em dinheiro. (Um bom chef nunca esquece que premiações e eventos são negócios também, cuja principal preocupação é seu próprio lucro.) Mas, naquela noite, estávamos exaustos. Nossa guarda estava baixa. O ego venceu. Quino e eu tínhamos certeza de que a mulher nunca havia comido no Momofuku. Ela circulava pelos eventos da área falando mal de nós com base apenas no que sua chefe lhe dissera. Na verdade, vinha fazendo aquilo com tanta frequência e com tamanha disposição que nem percebera com quem estava falando.

"Quer saber? Vai se foder. Trabalhamos lá todas as noites e nunca vimos você. E estou pouco me fodendo se você não gosta do lugar, porque não é pra você mesmo. Não cozinhamos pra gente como você."

Falamos alto o bastante para atrair a atenção de todos ali.

"*Vai se foder.*"

Não paramos. Ela começou a chorar. Todo mundo estava olhando para a gente, inclusive a Johanna, que também estava ali. Virei para ela e lhe dirigi o mesmo discurso, só que dessa vez mostrei o dedo do meio para ilustrar o que dizia. Foi feio — nós dois atacando brutalmente uma pessoa —, mas eu não conseguia parar.

Os seguranças tiraram nós dois da festa e nos colocaram na rua.

Estávamos incomodando.

Eu estava longe de acreditar que o boca a boca positivo a nosso respeito fosse justificado. Passava muito tempo pensando em todas as merdas que as pessoas deviam estar falando sobre nós também.

Mas mesmo enfurnados num espaço pouco apropriado para a excelência culinária, Quino e eu criávamos pratos mágicos, um atrás do outro. Nossas mentes eram como uma só. Eu tinha me tornado um editor impiedoso, extraindo o melhor de Quino e de mim mesmo enquanto tirava do cardápio nossos pratos menos coerentes. As ideias colidiam até que encontrássemos sua síntese mais sucinta e deliciosa.

Minha crença no Momofuku estava baseada em duas suspeitas: (1) o modo como as pessoas comiam em estações de trem, shoppings e ruazinhas na Ásia era superior a como comíamos em restaurantes de alta gastronomia de Nova York; e (2) cozinhar era um trabalho que recompensava mais repetição e ousadia do que talento natural. Agora eu tinha algumas provas de ambas. Comecei a pensar que talvez fossem os outros que estivessem pirados.

Eu nunca tinha sido muito competitivo na cozinha — afinal, perder torna qualquer um humilde —, mas depois de algumas duras vitórias me sentia confiante o bastante para dar algum crédito à minha filosofia. Tínhamos encontrado um bom esquema, e eu não queria correr o risco de perder o ritmo. Para mim, era matar ou morrer todos os dias. Eu esperava o mesmo da equipe, que àquela altura incluía alguns novos membros. Um cozinheiro chamado Kevin Pemoulie se juntou a nós. Ele chegara ao East Village uma hora antes para dar uma passada no banco antes do seu turno. O primeiro dia dele por acaso coincidiu com nossa maior lotação no almoço até então. Eu liguei aos gritos para que viesse logo para o restaurante. Em sua versão da história, dava para ouvir minha voz a um quarteirão de distância antes que chegasse a ele pelo telefone.

"COLOCA MIRIN NESSA PORRA!", instruí Pemoulie depois de colocá-lo para trabalhar. Ele não fazia ideia do que era mirin ou de onde deveria ir. Tenho certeza de que considerou ir embora na hora, mas não foi. Mais tarde, acabou encarregado do restaurante.

Eu não sabia como ensinar ou comandar a equipe, mas estava obtendo bons resultados. Meu método, se é que podia ser chamado assim, era uma combinação perigosa e míope de medo com fúria. A equipe ficava à mercê da minha instabilidade emocional. Num segundo, estávamos no topo do mundo. No outro, eu começava a gritar e batia os punhos cerrados sobre a bancada. Eu ia atrás de conflito e gostava daquilo. Minha arrogância estava em conflito com minha insegurança. Nosso restaurante estava em conflito com o mundo.

Antes de abrirmos, a prefeitura não queria permitir que eu colocasse o nome de Momofuku no restaurante, porque achava que soava indecente. Passei dias montando uma justificativa, o que envolvia fazer uma lista de todos os estabelecimentos nova-iorquinos com nomes asiáticos que podiam ser interpretados erroneamente como palavrões em inglês. A Agência de Proteção Ambiental tentou nos fechar, porque recebia reclamações do cheiro de porco que emanava do restaurante, algo comum de acontecer com restaurantes asiáticos em bairros em processo de gentrificação. A PETA (People for the Ethical Treatment of Animals, na sigla em inglês) pegou no pé do restaurante nas poucas vezes em que servimos foie gras. Quando começamos a receber reclamações por causa do barulho do sistema de climatização, tive certeza de que eram os veganos tentando nos ferrar. Gastamos milhares de dólares trocando a correia da ventoinha para provar que o ruído do exaustor era inaudível aos ouvidos humanos.

Muitas vezes entrávamos em conflito com nossos próprios clientes também. Certa tarde, um homem entrou e pediu o especial do dia com lagostim. Um ou dois minutos depois que o prato chegou, ele pediu a conta. Ao recebê-la, ele disse a Eugene,* um dos nossos primeiros garçons e atual gerente-geral do restaurante, que devíamos servir os crustáceos sem a casca.

---

* Eugene Lee é a alma do Momofuku Noodle Bar até hoje.

"O prato seria muito mais atrativo se fizessem isso", ele disse. Eugene transmitiu o comentário à cozinha, e Quino o instruiu quanto à resposta. Genie perseguiu o homem na rua e disse, em seu tom muito seco, mas sempre cordial: "Senhor, a cozinha não apreciou sua sugestão. Além disso, pede que o senhor vá se foder".

O conflito era um combustível que o Momofuku consumia a todo vapor. Vamos dizer, por exemplo, que eu conhecesse algum lugar novo e gostasse. Eu chegava na manhã seguinte e dizia à equipe que havia comido algo que nos fazia parecer amadores, mesmo sabendo que os cozinheiros já se esforçavam ao máximo. Às vezes eu lia sobre uma técnica interessante — as pedras comestíveis de Andoni Luis Aduriz, por exemplo —, e se ninguém soubesse daquilo ainda* eu dava uma bronca em vez de usar aquele tempo para explicar o conceito.**

Nunca precisei resolver nenhum conflito entre pessoas da equipe. Pelo contrário: se ficasse sabendo que dois cozinheiros não estavam se bicando, garantia que trabalhassem ainda mais juntos. Era outro método infalível, eu dizia a mim mesmo, para manter o ritmo do restaurante. Dava para sentir nossa fúria no instante em que se passava pela porta, e aquilo era exatamente o que eu queria.

Por que alguém ficaria tão bravo por causa de comida? Vale a pena parar um segundo para refletir a respeito.

---

* Não me diga que você também não conhece as pedras comestíveis de Andoni.
** Tá bom, aí vai: o amuse-bouche do Mugaritz, o restaurante de Andoni, é uma pilha de pedras cinzentas e macias idênticas a pedras não comestíveis que você encontraria em um córrego do País Basco. Muitos clientes hesitam em experimentar, com medo de quebrar os dentes. Mas na verdade são apenas batatas cozidas cobertas por um tipo de argila chamado "caulim", que combinam muito bem com aïoli.

Em uma daquelas noites solitárias da época em que eu morava em um sofá-cama e trabalhava no Café Boulud, li sobre o chef francês Fernand Point. Ao fim de cada serviço em seu restaurante La Pyramide, em Lyon, Point instruía a equipe a jogar todos os ingredientes e despejar todos os molhos na pia, de modo que fossem obrigados a começar do zero na manhã seguinte. Nada era reaproveitado, de modo algum. Considerando que estamos falando da França dos anos 1930, imagino que se tratasse de uma boa quantidade de molho.

Não faltam histórias sobre chefs e seus caprichos. Essa nem é *tão* bizarra, mas ficou marcada para mim. Na época, eu achava foda a determinação de Point para se tornar o melhor. Mas, levando a ideia um pouco mais além, é inevitável se perguntar o que mais Point jogava pelo ralo em sua busca fanática pela perfeição. Não era só molho. Era o tempo e a energia dos cozinheiros, tempo que poderia ser passado fora da cozinha. Era tempo tirado da vida externa deles. Era a vida deles.

Até hoje, a maior parte das cozinhas ocidentais segue o esquema de brigada desenvolvido pelo mentor de Point, Auguste Escoffier. Ao planejar a estrutura ideal para uma cozinha, Escoffier recorreu a seu período no Exército. A brigada implica uma cadeia de comando militar na cozinha, com uma distinta delegação de papéis que procura estimular a eficiência, a precisão e um clima de urgência implacável.

O nível de estresse em um restaurante já é absurdamente alto sem a estrutura rígida do sistema de brigada forçando todo mundo a agir como se estivesse em guerra. Estatísticas mostram que a maior parte dos estabelecimentos fica no vermelho por um ano. Você já deve ter ouvido falar nisso. Para sobreviver, é preciso domar a fera temperamental que é a criatividade e satisfazer ao mesmo tempo uma ou duas pessoas ou instituições que têm o poder de fazer sua fama ou levar você à falência. Não consigo deixar de mencionar o chef Bernard Loiseau, que se matou em 2003 depois de ouvir que *talvez* seu restaurante perdesse uma de suas três estrelas Michelin.

Não quero fazer sensacionalismo com essa profissão ou compará-la com todos os outros trabalhos difíceis no mundo, mas espera-se que um cozinheiro de restaurante com ambições comprometa boa parte do seu tempo e realize um esforço físico intenso todos os dias. O resultado desse trabalho — do qual você tem tanto orgulho — é um monte de merda. Literalmente. Seu esforço é algo que o cliente vai mandar descarga abaixo depois. É como ser um monge tibetano que passa semanas trabalhando em uma mandala elaborada na areia só para desfazê-la em seguida. (Infelizmente, cozinhar não oferece nenhuma recompensa espiritual.)

Para seguir em frente, você precisa acreditar em leis que dão sentido à sua existência: *Você faz parte de um contínuo centenário que deve ser honrado e preservado a todo custo. Cada ação numa cozinha, cada trabalho, cada receita é a próxima frase de uma história que está ligada ao serviço anterior, e ao chef que costumava trabalhar na mesma estação, e a um chef do outro lado do oceano, provavelmente morto há muito tempo, que foi o primeiro a descobrir como fatiar um vegetal da maneira que agora esperam que você recrie. Cada serviço é uma oportunidade de respeitar a contribuição e a expressão prévias e de poder interpretá-las à sua própria maneira, elaborando um novo padrão para o tecido da história gastronômica.*

É isso que você precisa ter em mente ao trabalhar enquanto seus amigos se divertem, ao perder aniversários e recusar convites de casamento. Você não consegue ter muitos relacionamentos fora do trabalho. Não tem tempo para refletir, se exercitar ou ir ao médico. Talvez não tenha tempo nem de estudar para elevar a qualidade do seu trabalho.

Nos melhores casos, toda essa pressão pode levar a um bom comportamento, a profissionalismo. Em muitos outros, estimula insanidade e assédio. Todo tipo de abuso é permitido quando se trata de se certificar de que a pessoa ao seu lado joga no mesmo time que você. Há punições físicas — tarefas impossíveis, sabotagem de mise en place, socos no rim — e tortura psicológica. Chefs ardilosos listam todas as inseguranças que detectam em um subordinado, para poder explorá-las depois. Com uma voz calma e inofensiva, eles dizem: "Ei, não entendo o que está acontecendo com você. Já vi pessoas com muito menos talento se saírem melhor nesta estação". Ou, mais diretamente: "Não diga a ninguém que trabalha pra mim".

Eles atingem seu coração e sua mente, e se você perguntar depois por que o fizeram vão dizer que foi para seu próprio bem. Que estavam te destruindo para depois reconstruir. Porque se preocupam com você. Porque foi assim que aprenderam. Pensamento crítico, comunicação tranquila, racionalidade e equilíbrio: isso nunca foi tradicionalmente valorizado na cozinha. Ou talvez tenha sido, mas ninguém estava prestando atenção. Não é muito diferente do que acontece num vestiário, onde a violência e a raiva são glamorizados como parte de uma cultura dos vencedores.

Pessoalmente, não sei se esse comportamento de fato leva as pessoas a dar seu melhor ou se é apenas a válvula de escape de um sistema corrompido. Todo o estresse, o medo e a negatividade precisam ir para algum lugar.

De uma forma ou de outra, como cozinheiro, você absorve isso. "Dê um jeito" é a ordem constante, e "Sim, chef" é a única resposta.

Para aqueles que conseguem lidar com a tortura emocional — ou que simplesmente não conseguem arranjar outro emprego —, o ambiente pode acabar se tornando suportável. Você aprende essa linguagem e as coisas dão certo. Foi assim comigo.

De certa forma, duas décadas levando bronca e ouvindo gritos dos meus pais, de professores e de técnicos me prepararam para a vida na cozinha. Mas, se você é jovem e se impressiona com facilidade, como a maior parte dos que se iniciam na profissão, talvez passe cinco ou dez anos trabalhando num lugar que mais parece um porão por acreditar que há honra e dignidade nisso, mas, no fim das contas, descobre que está estagnado profissionalmente e bem longe do sucesso que pensou que encontraria.

Então vou perguntar de novo: por que alguém ficaria tão bravo por causa de comida?

Porque *é* só comida. E se seus colegas de trabalho são preguiçosos, arrogantes ou parecem não se importar tanto quanto você — por exemplo, ao tratar comida *só* como comida —, toda a sua visão de mundo é posta à prova. Eles fazem com que você se sinta tolo por acreditar nas coisas em que acredita.

Quando você era jovem, se envolvia profundamente com um trabalho, um projeto, uma pessoa, um escritor, uma banda, um time? Alguém já chegou a rir da sua cara e dizer que aquilo que você amava era idiota? *É só um jogo, por que você leva tão a sério?* Você quis dar um soco na cara da pessoa, não foi? A sensação é mais ou menos essa, multiplicada por mil.

Estou aqui expondo a minha verdade, mas isso não explica totalmente quem sou.

Vim de uma família estruturada e tive o privilégio de fazer faculdade. Na maior parte do tempo, fui orientado por pessoas equilibradas, generosas e que investiram no meu desenvolvimento. Além disso, logo cedo escolhi fazer algo que contrariava a tradição. No entanto, ao longo da minha carreira, sempre tive raiva. Depois que abri meu próprio restaurante, qualquer erro ou falta de cuidado de um cozinheiro podia me deixar revoltado ou furioso. O único jeito de dar um fim aos meus chiliques era socar uma parede ou uma bancada de aço, qualquer coisa que me causasse algum tipo de dor física.

Fico tentado a culpar o *han*. Ao longo deste livro, vou argumentar contra os valores de inúmeras crenças culturais, mas no *han* eu acredito. Não há equivalente em outras línguas para essa emoção coreana, que designa uma combinação de discórdia ou desconforto, tristeza e ressentimento. Nascida de inúmeras injustiças históricas e atrocidades sofridas pelo nosso povo, a palavra passou a ser usada no século xx, depois da ocupação japonesa da Coreia, e descreve uma mágoa e uma amargura características dos coreanos, onde quer que estejam.* O *han* é transmitido de geração a geração e define muito da arte, da literatura e do cinema que provêm da cultura coreana.

Não vou negar que há benefícios em fazer parte do que muitas vezes é descrito como uma minoria "modelo", que tem acesso a alguns dos privilégios dos brancos. Mas o lado negativo é que, como muitas crianças asiáticas acabam se tornando bons médicos ou advogados, as nuances da experiência dos descendentes de asiáticos nos Estados Unidos se perdem. Agora, se me permite um pouco de discriminação racial autodirigida, sou o que neste país chamam de *twinkie*: amarelo por fora, branco por dentro.** Há várias divisões dentro da população ásio-americana, e definitivamente estou no grupo dos que parecem asiáticos, mas vivem como brancos. Quando visitei a Coreia como parte de um programa para estudantes vindos de diversas faculdades, me vi excluído das panelinhas que se formaram entre aqueles que haviam nascido na Coreia, falavam coreano ou, de modo geral, eram mais co-

---

* Foi quase perfeito demais quando a Marvel anunciou em 2015 que um coreano-americano chamado Amadeus Cho ia suceder a Bruce Banner como o Hulk.
** Twinkie é uma marca americana de bolinhos com massa de pão de ló e recheio de creme. (N. E.)

reanos. Depois, assim que chegamos a Seul, os locais sabiam imediatamente que eu era *gyopo*, um coreano nascido no exterior, por causa do meu tamanho, então me uni aos outros *twinkies*. Toda essa rejeição da cultura coreana mais ampla só aprofundou minha experiência com o *han*.

Tudo isso me faz questionar se foram os hábitos da cozinha que criaram minha marca pessoal de fúria. Acho que esse trabalho — o medo, o estresse, as manias que adquiri, a cultura — libertou algo que eu já vinha alimentando dentro de mim.

Abrir o Momofuku Noodle Bar foi uma última tentativa de encontrar meu lugar no mundo antes de ceder a impulsos mais sombrios. Mas eu não havia levado em conta o que faria se tudo desse certo. O restaurante se tornou um sucesso. Eu me sentia um daqueles lunáticos que preveem o apocalipse e depois acompanham, decepcionados, o fatídico dia chegar sem que nada aconteça. Com filas se formando diariamente do lado de fora do número 163 da Primeira Avenida, a pressão crescia para abrir o segundo restaurante, um fac-símile, mas eu não estava convencido daquilo. Ainda me enxergava em uma via de mão única, como se só me restasse a opção de dirigir cada vez mais rápido e de forma mais irresponsável.

Consegui um empréstimo de 1 milhão de dólares para abrir um restaurante com outro conceito, dando o Momofuku e tudo o que eu tinha como garantia.

Entre o empréstimo e o aluguel do novo espaço, eu tinha uma dívida mensal de 47 mil dólares. Não sou um gênio das finanças, por isso sempre que abro um restaurante tento me ater a uma regra geral: se o faturamento do jantar em uma segunda ou terça-feira típicas é suficiente para cobrir os empréstimos e os aluguéis, vai ficar tudo bem. Mas era *impossível* arcar com os 47 mil dólares. Íamos quebrar antes mesmo de abrir as portas.

Hoje posso dizer com absoluta certeza que eu estava tentando sabotar minha própria carreira. Todos os dias eu me perguntava: *Como posso acabar com tudo isso?* Ao mesmo tempo, também posso dizer que queria muito que o novo restaurante funcionasse. Queria que fosse lucrativo e queria ter certeza de que não arrastaria ninguém da minha família comigo para a crise financeira. Sei que esses dois objetivos parecem incompatíveis, mas eram ambos muito honestos. A única solução para essa contradição era me deixar encurralar. Eu não teria escolha a não ser trabalhar tanto quanto humanamente possível para sair daquela situação impossível.

No dia em que fui assinar a papelada do empréstimo, notei uma discrepância. A dívida mensal havia caído para 14 mil dólares. Perguntei ao agente de crédito — parceiro comercial do meu pai — por que o valor havia baixado mais de 30 mil. Ele me disse que meu pai havia hipotecado seus próprios negócios para diminuir o valor da minha parcela. Meu pai tinha feito aquele sacrifício sem nem falar comigo.

E como eu planejava retribuir? Com uma ideia de restaurante que posso descrever em duas palavras: o Chipotle asiático.

Nunca tive interesse em fazer nada refinado. Até o Momofuku Noodle Bar estava perigosamente perto de ser requintado demais para o meu gosto. O que Steve Ells, o fundador do Chipotle, estava fazendo para levar comida de melhor qualidade para o grande público era quase mais impressionante para mim do que as inovações de Ferran Adrià no El Bulli. Um estabelecimento como o Chipotle atinge muito mais pessoas do que um restaurantezinho à beira de um penhasco na Catalunha (e dá muito mais lucro). Eu venerava Ferran, só que nunca seria igual a ele. Mas se um cara como Ells podia mudar os hábitos alimentares das pessoas no mundo todo ao fazer comida mexicana para gente branca, eu também queria tentar. Tipo, eu literalmente queria servir burritos.

Sempre digo a amigos que o Momofuku Ssäm Bar é o restaurante mais maluco da história a dar certo. Eles não acreditam e você certamente não vai acreditar também, mas eis um exemplo de quão improvável seu sucesso era. Depois de assinar o contrato do imóvel na Segunda Avenida, número 207, descobri que o prédio não tinha habite-se comercial. A prefeitura me disse que não havia nenhum registro, ou seja, que para a cidade de Nova York a localização do nosso restaurante era ilegal. O imóvel tinha sido construído no fim do século XIX como uma garagem de carruagens. Em sua encarnação mais recente, abrigara um delivery de comida chinesa e um bordel no porão. O inquilino anterior não respondia a meus muitos e-mails sobre as permissões dele nem atendia às minhas ligações.

Fui até o Departamento de Edificações e encontrei a seção certa, num espaço empoeirado e em tons de marrom que me lembrava aquelas salas com armários onde são guardadas as evidências de um crime. Atrás de uma mesa havia uma mulher mais velha que parecia simpática, mas não era.

"Se não conseguir essa permissão, não vou poder abrir o restaurante", expliquei. "Se não abrir o restaurante, vou perder todo o meu dinheiro. Tem muita gente contando comigo."

Não era exagero. O dinheiro já havia sido gasto. Eu vinha pagando o pessoal da cozinha e a reforma estava em andamento. E aquilo não era nada comparado a tudo pelo que meu pai tinha trabalhado na vida.* A mulher apontou para uma sequência infi-

---

* Estou dando uma olhada em um monte de e-mails antigos agora — com documentos do empréstimo e extratos bancários — e é sufocante. Sinto como se estivesse olhando para outro cara, e quero muito dizer para ele que vai ficar tudo bem, que a vida vai continuar mesmo se aquilo não der certo. O que mais me incomoda, no entanto, é que não sei se acredito mesmo nisso. Hoje tenho mais ferramentas para lidar com toda a dor de cabeça envolvida em abrir um restaurante, mas ainda me pego arriscando demais com frequência demais.

nita de arquivos de aço. Em algum lugar na bagunça daquela papelada imponente podia estar minha salvação. Ou não.

"Não consigo encontrar nos registros", ela disse. "Pode estar aqui, mas como é que eu vou achar?"

Fui embora, mas voltei na manhã seguinte.

Era a mesma mulher atrás da mesa, e ela me dispensou imediatamente. Tive um flashback típico de transtorno do estresse pós-traumático em que os irmãos da Canton Noodle Corporation me mandavam embora sempre que eu ia ao escritório deles procurando por *kansui*, como se eu fosse um gorila rabugento.

Voltei no dia seguinte também, e não foi muito diferente.

Quando entrei na sala pelo quarto dia seguido, foi porque eu não tinha outro lugar onde estar nem outra coisa para fazer. Sentia um tipo diferente de desânimo. Tinha uma minúscula esperança de que a mulher não estaria ali, tendo sido substituída por um rosto novo, alguém que teria ideia de como me ajudar. Ou, melhor ainda, por um catálogo digital contendo todos os registros de imóveis da história de Nova York.

Mas ali estava ela. Antes que eu pudesse dizer algo, a mulher foi até um arquivo e, irritada, pegou uma folha de papel aleatória.

"O que você quer que eu faça? Que ache do nada?"

Ela me entregou o papel, e eu o virei. Fiquei estupefato. Ela ficou estupefata.

Era o habite-se comercial do imóvel.

6. O momento mágico

Ssäm quer dizer "enrolado" em coreano. Há inúmeras variações desse prato, mas se você já foi a um restaurante de churrasco coreano entende o conceito básico: pegue uma folha de alface ou *perilla* (parente do shissô), coloque carne, vegetais e talvez arroz dentro, cubra com *ssämjang* (literalmente, "molho de *ssäm*") e enrole. A ideia é essa. Conceitualmente, é quase idêntico a uma tortilha recheada de carne, feijão, arroz e molho.

Nosso cardápio de abertura do Ssäm Bar tinha influência tanto das tradições coreana e mexicana quanto do meu hábito de comer alguma coisa de madrugada. Sempre que eu pedia comida chinesa, incluía porco *mushu*, e usava as panquequinhas que vêm nele para enrolar de tudo — macarrão, arroz, carne e legumes refogados. Quem não gosta de enrolar comida em mais comida?

ssäm (wrap em coreano)

Passo 1: Escolha entre ssäm ou bowl

1. Ssäm com panqueca de trigo — $9
2. Ssäm com alface (com bowl de arroz) — $12
3. Ssäm com nori tostada (com bowl de arroz) — $11
4. Bowl de arroz — $9
5. Bowl de chap chae — $9

Passo 2: Escolha a proteína

- Porco Berkshire
- Frango orgânico
- Peito bovino Angus
- Tofu na chapa

Passo 3: Escolha os extras

- Feijão-preto com bacon
- Feijão-azuki
- Coleslaw japonês
- Purê de kimchi vermelho
- Purê de kimchi branco
- Cebola grelhada
- Shiitake em conserva
- Edamame
- Broto de feijão
- Creme de tofu

    A ideia de autenticidade é bastante citada no universo gastronômico, tanto como um ideal quanto como uma crítica. Nesse tipo de conversa, costuma haver mais perguntas que respostas. O que torna algo autêntico? É sempre melhor ser autêntico? A autenticidade é inimiga da inovação? Sinceramente, ouvi essas perguntas à exaustão, e esse assunto me entedia. Não porque não seja importante. Sei que é. Mas sempre que alguém começa a falar em autenticidade e apropriação cultural minha mente começa a divagar. Pergunto a mim mesmo: *E se meus ancestrais tivessem trocado de lugar e de despensa com os seus? Como seria a comida coreana moderna se uma geração de Changs, Kims e Parks tivesse chegado ao México quinhentos anos atrás? E como seria a comida mexicana?* Imagino que ambas as cozinhas seriam ainda mais deliciosas, e aposto que as pessoas até hoje enrolariam carne e vegetais em tortilhas e folhas. Nós, humanos, temos um paladar mais homogêneo do que pensamos. Mesmo com ferramentas e ingredientes muito diferentes, estamos fadados a chegar às mesmas conclusões.

Sei que essa não é uma visão incontestável, politicamente falando, porque pode ser encarada como uma brecha para fazer qualquer coisa sem levar o produto inicial em consideração. Mas, como chef asiático, tendo a me safar desse tipo de acusação com mais facilidade do que se eu fosse um cara branco explicando por que seu sanduíche de frango frito no donut na verdade é uma homenagem aos cozinheiros negros. É o tal do privilégio amarelo, cara! Uma das poucas compensações ao fato de nós, asiáticos, sermos chamados de "pele amarela".

De qualquer modo, como uma ferramenta criativa na cozinha, trata-se de um exercício mental poderoso.*

O Ssäm tinha a mesma organização do Chipotle: os clientes viam todas as opções à sua frente e montavam seu prato conforme iam avançando na direção do caixa. As pessoas, antes de voltar para o trabalho, eram servidas por chefs de verdade, se sentavam num salão agradável e ouviam música boa enquanto desfrutavam de uma refeição acessível e cuidadosamente preparada.

Como isso poderia dar errado?

Foi um fracasso. Os clientes não estavam prontos para a nossa incursão no fast-food. Eles aparentemente ainda queriam comer fora para se sentir especiais. Não consegui convencê-los de que aquela não era só uma tentativa descarada de ganhar dinheiro, mas de fazer comida de qualidade em todos os níveis.

Chegávamos a ter filas colossais na porta de vez em quando, mas na maior parte do tempo limpávamos a cozinha mais de uma

---

* Fantasio frequentemente com um computador que poderia elencar todas as possibilidades de combinações e substituições de ingredientes e testá-las em relação ao que sabemos sobre o paladar humano. Seria impessoal demais?

vez por dia, só para ter o que fazer. Para todos os efeitos, estávamos fodidos. A ideia de alimentar as massas tinha ido por água abaixo — mal podíamos contar com clientes assíduos do Noodle Bar aparecendo uma vez por semana. Por sorte, não recebemos nenhum crítico importante. Por que alguém viria? Provavelmente estaríamos fechados antes que a crítica fosse publicada.

"Espere e com sorte as pessoas virão" era minha versão pouco inspirada do mantra de Kevin Costner em *O campo dos sonhos*. Por mais confuso que o Ssäm Bar fosse para os clientes, conseguia ser igualmente desanimador para os meus chefs. Graças à atenção da imprensa ao Noodle Bar, mais cozinheiros de boa reputação haviam se juntado a nós. Eles tinham vindo porque queriam criar algo empolgante, mas acabavam só servindo carne de porco desfiada.

Eu havia prometido a eles que entrar no universo Momofuku significava o fim dos sistemas ou das hierarquias. Eles poderiam furar a fila, como eu tinha feito. Eu costumava dizer: "Nossos cargos não têm nomes aqui, porque se você não sabe o que deveria estar fazendo, não pertence a este lugar". É o tipo de fala confuciana genérica que disfarçava a minha própria falta de clareza. Eu de fato acredito que dar tanta importância aos cargos e criar organogramas pode sufocar uma empresa. Ao mesmo tempo, nem todo mundo se dá bem em um ambiente sem estrutura, direção ou uma cadeia clara de comando.

Os cozinheiros do Ssäm não tinham tantas coisas para fazer, e não havia mais espaço no Noodle Bar para acomodar mais ninguém. Um dos nomes de destaque na equipe subutilizada do Ssäm era Tien Ho, que eu havia conhecido no Café Boulud. Ele era um cozinheiro muito melhor que eu, e ainda assim concordou em se juntar ao Ssäm. O Momofuku atraía sujeitos que se consideravam azarões, por assim dizer — o tipo de gente que acha graça quando alguém diz que trabalhar conosco é o mesmo que dar adeus à carreira profissional. Tien era assim, com toda a certeza. Essa também seria uma descrição apropriada para Cory Lane, que, contrariando meu comentário anterior quanto a não dar nome aos cargos, foi a primeira pessoa a ocupar a posição de "gerente" no Momofuku. Todo restaurante de fast-food precisa de um gerente, certo?

Tien, Peter Serpico, Tim Maslow — esses caras eram muito bons. Eu tinha avisado a eles que seria a maior correria. E havia comprado dois Alto-Shaams — um tipo de forno a vapor combinado usado em cruzeiros, capaz de aguentar o tranco de alimentar milhares de pessoas todas as noites.

Na minha cabeça, o caminho para o sucesso era óbvio: se eu abrisse um restaurante de fast-food que servisse comida de boa qualidade, seria reconhecido pelas pessoas. Por todo o país haveria filas na porta. Com o tempo, ninguém mais perceberia o choque cultural de um burrito coreano. Pareceria tão normal quanto um hambúrguer.

Mas a prova contrária estava nas panquecas de trigo amanhecendo nas prateleiras. Estava no rosto entediado de todo mundo. Por sorte, a equipe não era tão apegada quanto eu à ideia de um restaurante de fast-food. Sem nada a perder e nada melhor para fazer, eles me fizeram encarar a realidade. Tínhamos talento e um espaço amplo e agradável. Não estávamos fazendo nada de significativo com aquilo. Sem admitir a derrota e mudar de rumo, eu estava desperdiçando o tempo de todo mundo e colocando os dois restaurantes em risco. Meu contador me disse que nos restavam sessenta dias de capital de giro.

Então voltamos a cozinhar e demos um jeito nas coisas. Eventualmente paguei meu pai e conquistei minha independência. O Ssäm Bar se tornou uma empresa solvente. Simples assim. Sei que nem precisava dizer isso, mas a reviravolta do Ssäm Bar é mais ou menos idêntica à história que você já leu sobre o Noodle Bar. Resumindo, começamos a servir até bem tarde da noite pratos que sabíamos que os chefs iam querer comer depois do trabalho. Pode revirar os olhos o quanto quiser. Eu sei que parece clichê. Mas naquela época a maior parte dos chefs dos Estados Unidos oferecia aos clientes uma comida diferente daquela que eles mesmos comiam. O que comíamos depois do trabalho era mais feio, mais condimentado, mais pungente. Algo que dava para devorar acompanhado de uma cerveja ou um vinho com os amigos. Aquilo que ninguém mais queria; as porções secretas que você reservava para si mesmo como recompensa por ter dado duro em uma cozinha abafada durante dezesseis horas. O tipo de coisa que não achávamos que o público ia pedir ou compreender: bolinhos crocantes feitos de cabeça de porco e acompanhados de cereja em conserva; fatias finas de presunto à Virginia* com maionese com infusão de café inspirada no molho *red eye* do sul do país. Minha criação preferida não entrou no livro de receitas: creme de tofu com tapioca, coberto por uma porção generosa de *uni*. Tão fresco, frio, simples e fora da nossa zona de conforto. Havia inúmeras ideias no cardápio que nunca tínhamos visto ou experimentado. A única coisa que as unia era que todo prato que servíamos nos deixava tensos.

Como eu disse, foi essencialmente a mesma filosofia que nos salvou no Noodle Bar, embora com um patamar a mais de cuidado e refinamento. O ponto mais importante é: nenhuma ideia era ruim o bastante para não ser experimentada. Se alguém da equipe se animava com alguma coisa, éramos todos ouvidos. Tínhamos que ser.

---

* Dave Arnold, chef, inventor e cientista maluco, merece crédito por ter ajudado a dar vida nova ao presunto à Virginia. Foi ele quem sugeriu que o puséssemos no cardápio do Momofuku, quando poucas pessoas sabiam o que era. Os americanos só tinham olhos para o presunto de Parma quando começamos a servir fatias de porco defumado finíssimas como papel feitas em Tennessee, Kentucky e Virginia por fornecedores como Benton's, Broadbent, Colonel Newsom's e Edwards.

Começamos a cobrar pelo couvert, porque o pão e a manteiga que servíamos eram melhores do que em muitos outros lugares. E essa foi uma decisão que não apenas contrariava o senso comum nos restaurantes, como chegava a ser ilegal em algumas regiões da França.

Outra ideia aparentemente boba que abraçamos foi não fazer comida demais. A base dessa ideia surgiu na época em que eu trabalhava para Jonathan Benno no Craft. Eu era responsável por fazer o amuse-bouche dos clientes VIP — ostras e outros frutos do mar crus pomposos, servidos em grandes tachos de cobre cheios de gelo. Sempre que me pediam para fazer isso, eu morria de preocupação, porque, assim que aquela mariscada desfilava pelo salão, todas as cabeças no restaurante se viravam para olhar, e eu sabia que ia ter que fazer outros dez.

É o efeito da exclusividade. Se alguma coisa parece especial, ninguém quer se sentir excluído daquilo. Tentamos trazer esse sentimento para o Ssäm Bar. Nossos burritos coreanos desapareceram do cardápio, mas a paleta de porco com que os recheávamos era gostosa demais para que desapegássemos dela. Nessa nova encarnação, em vez de desfiá-la, nós a servíamos inteira com diversos acompanhamentos em um wrap individual: arroz, alface, *kimchi*, molhos e ostras frescas. Era um *bo ssäm* coreano com a nossa assinatura. A princípio, só servíamos para amigos. Bem no meio da correria do jantar, levávamos essa monstruosidade para uma mesa no meio do salão.

De repente, começamos a ouvir exatamente a pergunta que eu esperava: *Posso pedir isso?*

"Ah, precisa reservar, e só é servido às cinco e meia ou às dez e meia."

E foi assim que o restaurante passou a ficar lotado fora do horário de pico.*

---

* A vantagem adicional dessa ideia sagaz foi poder apresentar minha interpretação do *bo ssäm* coreano antes que a maior parte dos americanos conhecesse melhor o

Não era nada disso que eu tinha em mente para o Ssäm Bar, mas não posso reclamar do empreendimento estável e empolgante que surgiu daí. Surfei na onda, embora, como sempre, constantemente oscilasse entre a confiança extrema e a insegurança paralisante. Fui reconfortado pela descoberta de que enfrentar o fracasso de cabeça erguida era uma ferramenta motivacional poderosa. Significa que você já encarou o pior cenário. Também significa que você tem mais informações do que as demais pessoas, ficando livre para assumir riscos que outros não assumiriam. Ao confrontar o fracasso, o medo cai fora da equação. Você perde a vergonha de testar ideias só porque não parece que elas vão funcionar. Você começa a se perguntar se uma ideia é "ruim" porque é ruim mesmo ou porque o senso comum diz que é. Começa a prosperar, contrariando o que esperam de você. Para isso só é preciso lidar bem com a instabilidade, a mudança e uma boa dose de estresse.

Eis o que eu diria para meus cozinheiros: podemos passar 23 horas por dia pilhados falando sobre possíveis receitas novas. Nesse meio-tempo, tomaremos muitas decisões arbitrárias e imprudentes, a ponto de minar nossa motivação a uma nova tentativa na manhã seguinte. Mas, no instante de maior necessidade, no último segundo, vamos saber o que fazer para dar certo.

Não estou falando metaforicamente. Descobri que o melhor momento para começar a trabalhar em um novo prato é uma hora antes de as portas se abrirem, assim que toda a equipe come alguma coisa depressa e conclui seu mise en place, quando as dis-

---

prato. Quando você pede *bo ssäm* em um restaurante coreano tradicional, tem 99% de chance de receber uma dúzia de ostras e uma travessa com fatias grossas de barriga de porco cozida. Nossa versão não era nada autêntica. Sinto uma satisfação enorme ao pensar em todas as pessoas que foram a um restaurante coreano depois de comer no Momofuku esperando uma paleta de porco crocante e caramelada e receberam barriga de porco em temperatura ambiente e borrachuda.

trações começam a aparecer. Na teoria, é a pior hora possível para tentar ser criativo, mas por essa mesma razão você acaba não tendo escolha a não ser tomar decisões e se ater a elas. O cardápio com a descrição do prato acabou de ser impresso, então é preciso fazer aquilo funcionar. Você pode até aprimorar sua criação depois, mas o único modo de se desvencilhar de todas as dúvidas desnecessárias é estabelecer um prazo, e cinco e meia da tarde é um horário tão bom quanto qualquer outro.

Eu achava que tinha descoberto o grande segredo, e agora estava arregando. Não havia como ignorar as vozes novas dentro da nossa empresa e todo o barulho lá fora. Precisávamos tomar nota e analisar o que dava certo. Pelo menos é como eu definiria agora. Foi assim que expliquei para a minha equipe em maio de 2007:

Oi, gente.

A partir de hoje, no fim de cada serviço dos dois restaurantes, um gerente de cozinha deve mandar um e-mail para esta lista de contatos. Ele deve incluir tudo o que aconteceu no serviço ou no pré-preparo, e, além da lista de pré-preparo para a cozinha, vamos usar isso como um modo de fazer comentários sobre os pratos, coisas relacionadas a comida etc. *******DE NOVO: ISSO VAI ACONTECER TODO DIA, DEPOIS DE TODO SERVIÇO, ALGUÉM VAI MANDAR A PORRA DE UM E-MAIL!!!!

Todo mundo tem acesso a e-mail agora, então não tem desculpa para não estarmos todos atualizados sobre o que está acontecendo no restaurante. Há muitos rostos diferentes e ideias diferentes, precisamos fazer isso para sermos mais eficientes na comunicação interna, então por favor verifiquem os e-mails toda manhã e toda noite.

***Aqueles de vocês que quiserem um blackberry ou coisa do tipo, estamos mais do que dispostos a arcar com todos os custos do aparelho, incluindo os gastos mensais. Não vou forçar ninguém a fazer isso, mas recomendo fortemente. Então, se você não começar a olhar seus e-mails todos os dias, vai à merda.

***Falando sério. Liguei pro Jon do Baldor e ele não estava sabendo das ervilhas-tortas, mas prometeu conseguir petit-pois, tem um pedido de duas caixas às terças e quintas, isso sempre muda.

Exemplos de e-mails, escrevam mais ou menos assim:

Noodle Bar, domingo, 13 de maio, meia-noite
O serviço do jantar foi sensacional hoje, Ace Frehley, do Kiss, veio, e Tim Maslow mandou uma travessa de picles pra ele. Quino trabalhou em um prato novo e ficou ótimo, usamos folhas de alho-poró e fizemos um molho. Scott, se certifique de que as coxas e sobrecoxas de frango estejam desossadas logo cedo amanhã para que possamos colocar na salmoura e defumar para o frango com ovo, só temos para quatro. Deve ser suficiente para o almoço, mas você precisa fazer isso antes de qualquer coisa pra que a gente tenha para o jantar.

Noodle Bar, segunda, 14 de maio, 16:56
O almoço foi tranquilo, mas a chama piloto do fogão da direita ficava desligando. Chamamos a KRS e eles consertaram durante o serviço. O Alemão mandou muito bem, mas o Jeffery estava viajando. O maracujá do Baldor estava uma porcaria de novo!!! Falei com o Kevin e o Quino e decidimos que por enquanto vamos mudar para kiwi até que o Baldor resolva essa merda.

> Falei com Dave sobre o problema e ele me deu o número
> do Jon, que é o chefe.
>
> e por aí vai...

A Mesa-Redonda, como a lista de e-mails ficou conhecida, passou a incluir dez participantes e abarcar todo tipo de discussão. Além de compartilhar números de vendas e informações sobre ingredientes, fazíamos comentários detalhados dos pratos memoráveis que havíamos experimentado pela cidade ou falávamos de cozinheiros que talvez quiséssemos tentar trazer para nossos restaurantes. Menções a ressacas eram frequentes. Quino e eu fazíamos questão de ser tão abertos quanto possível sobre quaisquer oportunidades que prevíssemos. Eu lançava minhas ideias malucas e colocava em votação. Por exemplo:

> Sei que servir tamales seria um absurdo, mas também é tão
> maluco que pode funcionar. Fora que no fundo é um ssäm.

Esse conselho digital não era nada em comparação com os sistemas hierárquicos que existiam na maioria dos lugares, em que no geral só as pessoas em quem o líder confiava ficavam a par do que realmente estava acontecendo. Os e-mails nos permitiam fazer uma pausa ao fim de uma noite corrida e dar o reset para o dia seguinte, munidos de novas metas. As infinitas respostas — se você dormisse até mais tarde, teria pelo menos cinquenta mensagens para ler — exemplificavam a filosofia que mencionei anteriormente, de que nenhuma ideia era tão ruim que não devesse ser considerada. Tudo eram dados que podíamos utilizar. Talvez para a maioria das pessoas aquilo fosse excesso de informação, mas não para mim.*

---

* Os novos colegas demoram um tempo para se acostumar com essa ideia, mas não é exagero quando digo que quero receber todas as informações. As pessoas têm

A equipe estava fazendo de tudo para melhorar, para tornar o Momofuku melhor. Eu me sentia em dívida com eles. Desenvolvi o que esperava que fosse uma alternativa ao sistema de brigadas de cozinha, uma estrutura que eliminava as besteiras e a cultura de pregar peças nos novatos, com linhas claras de comunicação que nos permitiriam crescer sem muito sofrimento. Propus dividir a empresa em dois subgrupos, com sete equipes de cerca de quatro pessoas cada um, consistindo em um líder, um veterano, um novato e um cozinheiro responsável pelo pré-preparo:

- Todo grupo deve tentar se reunir uma vez por semana ou sair pra tomar uma cerveja etc. Discutam o que está acontecendo no restaurante e maneiras de melhorar as coisas. Os funcionários basicamente terão feedbacks instantâneos. Boas e más notícias devem ser compartilhadas. Com sorte isso vai fazer com que as pessoas se encaixem com mais facilidade e não se sintam tão perdidas no restaurante conforme crescemos em tamanho.

- Acho que o aspecto mais importante dessa organização é o treinamento cruzado. Todo mundo vai poder demonstrar e explicar ou pelo menos ter uma compreensão melhor do que os outros fazem no restaurante. Alguns grupos vão ter membros que não falam inglês fluentemente... por favor, tirem algo de positivo da situação.

---

uma tendência a filtrar as coisas para me "poupar" do incômodo de muitos e-mails ou detalhes demais. O que tenho a dizer a elas é: "Não filtrem nada. Eu decido quando for excesso de informação". Mesmo assim, continuo a ser deixado de fora de e-mails e ligações que são considerados um desperdício do meu tempo. Então eu digo de novo, mais alto: "Não filtrem *porra nenhuma*". Quando as pessoas finalmente entendem a ideia e minha caixa de entrada fica lotada de relatórios, convites para videochamadas e conversas sobre detalhes corriqueiros, respiro aliviado.

– Por último, como quase sempre acontece, provavelmente
seremos péssimos nisso, mas tenham paciência. Quino comentou
que uma ótima maneira de promover esse conceito seria uma
competição... tipo, as melhores ideias para o cardápio
ganham uma grana para gastar em bebida ou coisa do tipo.

– Por favor, expliquem isso aos membros do seu grupo.
Sei que tudo parece meio bobo e absurdo, mas acho que
vai de fato estimular o trabalho em equipe.

O Momofuku se transformou em um misto de comitê e comuna. A Mesa-Redonda era uma assembleia de pessoas gritando e cometendo erros de grafia — um equívoco frequente meu era escrever "haircoverts" em vez de *haricot verts* — na qual a opinião de todos, mais do que só bem recebida, era exigida. Talvez eu tenha contribuído mais que todo mundo, porque valorizava muito a cultura de feedback.

De: dave chang
Data: Sexta, 8 de junho de 2007, 6h58
Assunto: Comentários sobre a comida

Oi, pessoal.
obrigado por fazer um ótimo trabalho com a discussão da
mesaredonda, o volume tem sido saudável e há comunicação
constante entre os dois restaurantes, além de estar
encurtando a distância entre diferentes equipes de
trabalho. Mas acho que o que falta em nossos e-mails
é uma descrição mais detalhada de coisas relacionadas à
comida e à evolução do cardápio. Então reservem mais cinco
minutinhos para focar na comida e em ideias que tenham
a ver com ela.

percebam certos padrões. o poularde nunca saiu muito,
e é por isso que estamos sempre mudando o prato. tentem
ajudar, precisamos das suas contribuições:

no momento, queremos salada de milho e purê de nori de
acompanhamento. Tien fez um recheio foda para um ballotine
de frango. O que me preocupa no prato é que o recheio tem
um aspecto verde-acinzentado, mas ficou uma delícia cmo nori.

Tem que desossar o frango, acho que o tien usou um
processador de alimentos para a carne da coxa e da sobrecoxa
e junto o purê de nori que vínhamos usando. Faz um rolo e
vai pro vapor no forno combinado a 75, mas eu acho que a
gente devia deixar em 70, ou vocês acham que é muito baixo?
Tien quer servir empanado com farinha panko, mas acho que
se a gente temperar bastante o frango e cozinhar um pouco
pode ser servido frio, e vocês? preciso de opiniões, porque
acho que temos um possível vencedor em mãos.

Aliás, o prato com barriga de cordeiro está delícia
com acelga e limão-siciliano.

O prato de lula versão 2.2: acho que é um prato foda,
lula cozida e tostada como antigamente. Inspirada pela
comida do Grand Sichuan. Tien fez com espaguete de aipo
e resfriou na água gelada. Ele usou o descascador de
legumes para criar umas tiras que enrolaram na água fria.
Podemos fazer uma conçessão e usar rabanete, Tien gosta
dessas cores natalinas e quer vermelho e verde, se eu vir
rabanete fatiado de guarnição em qualquer outro prato vou
ficar maluco. Mistura a lula com o aipo e molho de pimenta
(dedo-de-moça seca amassada, pimenta-chinesa tostada, óleo
de semente de uva e sal). Fiz um óleo semana passada e tá
picante pra caralho. Precisamos encontrar a proporção certa

para essa pasta/molho. Emprata em uma tigela oval pequena
com isso, o aipo e a lula. Folhas de aipo e um pouco de
pimenta-calabrsa de guarnição. É apimentado pra caralho,
mas achamos que funciona bem, Julie e eu gostamos muito
O aipo faz um puta trabalho equilibrando o picante. É muito
importante colocar a pimenta-chinesa, porque a desgaçada
adormece tanto a língua que você aguenta comer um troço
tão picante. Minha preocupação é que os clientes comam algo
qeu não aguentem e isso acabe com o paladar deles pelo
resto da refeição... mas meio que não tô nem aí. Os garçons
vão ter que avisar que o tempero é forte, ideias?

Prato de escalope versão 2.0: vamos manter o lance do
abacaxi até pensar em uma alternativa legal. Serpico
mencionou que o prato talvez fique bom com sumo de ervilha
e shissô etc. Depois de falar com Tien e Julie, um consomê
(estilo do WD-50) foi feito pra ser despejado por cima do
escalope fatiado e coberto por chips de nori e ervilha-torta
picada. Talvez o consomê possa levar infusão de shissô.
Depois fiquei pensando em fazer purê de ervilha com dashi,
comi um prato interessante em Tóquio com ervilha fresca
cozida em um dashi leve, na verdade era bom pra caralho.
Serpico queria passar as ervilhas na centrífuga, mas acho
que Tien usou o Vita Prep, porque vai gelatina. Alguma
ideia, pessoal? Serpico?

Tive uma conversa boa com Tien e Julie sobre umeboshi...
Pra quem não sabe... odeio essa merda. Ele tem seu valor na
culinária japonesa. Mas é forte demais para combinar com a
comida. Tudo bem com bebida ou como doce/aperitivo, mas com
a comida acho que fica péssimo. Sério, quando foi a última
vez que vocês comeram frutos do mar, sushi ou peixe com
umeboshi? nunca, exatamente. Sou totalmente a favor de
novas combinações de sabores. Mas se for pra misturar

peixe e ameixa, vamos esperar até julho e usar ameixas locais. Acho que pode funcionar com escalopes, umas ameixas escuras bonitas, azedas e doces ao mesmo tempo.

Todo dia tentamos melhorar um pouco, meus queridos.

dc

Queria conseguir me lembrar de pelo menos metade das piadas internas que existem nesses e-mails. De qualquer modo, fico muito feliz ao relê-los. Um do Pemoulie:

Acabei de falar com dois dos meus melhores amigos de nj. Aparentemente, bourbon, brandy e conhaque estão com tudo. E tapetes de silicone para forno são aceitáveis. Este ano eu e meu bigode vamos nos divertir muito no Natal. Desejo a todos vocês boas festas, dignas de um bigodinho. Ouçam o disco de Natal do neil diamond e usem um bong (Q e scotty), depois peçam comida chinesa (pete) e se encham de rolinhos primavera. Fodam-se todos vocês, a gente se vê amanhã.

Foi meu bigode quem escreveu isso, não eu.

Kp

Ninguém sabia quando o trabalho terminava ou começava. Éramos parte de algo que só fomos capazes de valorizar depois de muito tempo. Juntos, estávamos construindo um mundo, e, embora a tarefa pudesse parecer muito grande, hoje me dou conta de que era um privilégio poder focar toda a nossa atenção nela. Conforme fico mais velho, mais distrações aparecem — vou me afastando do fogão e daquilo que faço de melhor. Até hoje, sempre que encontro Quino para botar a conversa em dia durante um jantar ou tomando uma cerveja, sempre dizemos que o começo do Momofuku foi a melhor época de nossas vidas. Nostalgia é uma coisa engraçada mesmo. Não quero colocar palavras na boca de ninguém, mas espero que, ao olhar para trás, todos pensem nesse período com tanto carinho quanto eu.

Estávamos nos virando. Em janeiro tínhamos descartado o plano original para o Ssäm e recebido uma reanálise do *New York Times*, que publicou uma crítica nos dando duas estrelas menos de dois meses depois. (No ano seguinte, o mesmo crítico, Frank Bruni, concedeu uma terceira estrela ao Ssäm, colocando-o lado a lado com restaurantes como o Gramercy Tavern e... o Café Boulud.) Aquela primeira resenha salvou nosso empreendimento e nos lançou para a estratosfera. Acordei uma manhã de março e descobri que tínhamos sido indicados a dois prêmios James Beard: de melhor chef em ascensão (eu, pela segunda vez) e melhor novo restaurante (Ssäm).

Apesar de todo o alvoroço, eu estava me cagando de medo. Escrever aqui sobre os acontecimentos da minha vida dá a entender que tudo teve uma progressão lógica — isso aconteceu depois daquilo; devagarinho aprendi isso e quando a hora chegou eu estava pronto. Mas, entre cada triunfo ou epifania que descrevi neste livro, houve quinhentos momentos de incerteza. Houve constrangimentos e erros, pessoas que irritei ou decepcionei, oportunidades desperdiçadas. Houve pratos horríveis e serviços que me fizeram querer arrancar os olhos das órbitas. Fora a toada constante da depressão dentro da minha cabeça.

Parecia que os elogios brotavam do nada. Sempre levei jeito para estimular os outros a darem o seu melhor, mas demorei anos para valorizar essa habilidade. Então eu sentia que estava ficando com todo o crédito do que era um esforço coletivo. Quando Dana Cowin ligou para informar que eu estava entre os melhores novos chefs da *Food & Wine*, fiz de tudo para recusar. Pergunte a ela, se não acredita em mim. Eu vivia esperando alguém virar uma chavinha no meu cérebro que me fizesse pensar: *Você merece isso, Dave. Você é um dos melhores. Esquece todo o resto.* Mas isso nunca aconteceu.

    Se houve um momento em que isso deveria ter rolado, foi com a indicação ao Beard. Concorrer a um prêmio desses era um sinal de que eu havia conseguido, mas me deixou ainda mais ansioso. Eu me sentia como se estivesse escondendo um segredo vergonhoso, sentia que não merecia estar na companhia dos meus mentores, alguns dos quais tinham sido ignorados por anos pelo prêmio. A única estratégia de enfrentamento que eu tinha no meu repertório era dar risada. Ou, como sugeri à equipe, devíamos simplesmente ficar bêbados demais para nos importar com uma vitória ou uma derrota. Todos pareceram estar de acordo.

    Ao longo dos últimos trinta anos, não houve evento mais importante para os restaurantes americanos que o prêmio James Beard. Para uma grande indústria que não tem nada a ver com alta-costura, tapete vermelho ou comportamento refinado, a cerimônia anual era uma boa oportunidade de brincar de se arrumar e ser levado a sério. É um evento black-tie, e por um bom tempo foi realizado no Marriott Marquis de Nova York, e depois no Avery Fisher Hall, onde a Filarmônica toca. É um evento inspirador e bastante cerimonioso, por uma boa razão: o Beard é a maior honra a que se pode almejar como chef ou restaurateur; estar entre os vencedores ou mesmo entre os indicados pode transformar sua carreira.

    As pessoas o levam muito a sério. Eu respeitava profundamente o prêmio, mas não respeitava muito a mim mesmo, o que dificultava ainda mais me imaginar de smoking, passando por aquelas belas fontes da Lincoln Center Plaza para entrar no lugar onde Simon & Garfunkel, Miles Davis e Leonard Bernstein tocaram — sem mencionar os milhares de músicos clássicos extremamente talentosos. Eu não estava tão animado para ficar de papo furado com meus respeitadíssimos colegas do país inteiro. Todo mundo vai ao Beard.

Mas não ir seria ainda pior, então canalizei minha ansiedade no planejamento de uma noite que a equipe não esqueceria tão cedo. A maior parte das pessoas que vêm à cidade para comparecer ao Beard procura passar nos restaurantes do momento para demonstrar seu respeito pelos chefs locais de sucesso. É uma das partes mais legais da tradição. Também tem um monte de festas antes e depois do evento, realizadas por grupos de restaurantes, empresas de bebida e revistas. Nosso objetivo seria minimizar nossa exposição à conversa-fiada. Haveria uma série de atividades pensadas para nos proteger da situação.

Aluguei um ônibus-balada, com globo de discoteca, máquina de fumaça e bancos de couro vagabundos. Também tinha um mastro de pole dance, o que foi uma surpresa para mim. Provavelmente era a primeira vez que o veículo era usado para transportar alguém além de solteiros cheios de tesão. Ah, e era mais barato do que qualquer limusine. Eu nunca tinha ido a um baile de formatura, mas imaginava que aquilo não devia ser muito diferente.

Naquela noite de maio, a turma toda e alguns acompanhantes se produziram e embarcaram no Momobus, cujo destino era o noroeste da cidade. Eu tinha alugado o espaço de churrasco Daisy May's, de Adam Perry Lang, em Hell's Kitchen. Íamos comer carne defumada. Quando chegamos, colocamos aventais de plástico e luvas de borracha e embrulhamos nossos braços em saco de lixo para evitar sujar as roupas. Tomamos cerveja e destilados em copos de plástico vermelhos. Nos servimos de travessas de alumínios cheias de porco desfiado, costelinha, torradas e coleslaw.

Nosso bom humor perdurou por todo o evento, que passou voando. O Ssäm não foi premiado, mas eu fui, o que me fez querer pirar ainda mais durante o passeio pela cidade que demos mais tarde. As fotos do restante da noite sugerem que fomos muito bem-sucedidos nesse propósito.

Posteriormente, ouvi alguns comentários que me deram a impressão de que outras pessoas acharam nosso comportamento desrespeitoso. É um jeito de ver as coisas. Mas a verdade é que foi uma das coisas mais legais que já fizemos juntos, como se fôssemos uma família.

7. Água quente

Em minha versão tradicional da história, vencer o prêmio James Beard marcou o momento em que decidimos amadurecer enquanto grupo de restaurantes. Íamos transferir o Noodle Bar para um espaço maior no mesmo quarteirão. No lugar dele ficaria um restaurante de menu degustação chamado Ko (que significa "filho de" em japonês). Abrindo o Ko, estávamos sugerindo que nos comparassem com os melhores restaurantes do país. Quando conto assim, parece um plano bem pensado.

O que em geral não menciono é a enorme influência criativa exercida pelo Departamento de Saúde e Higiene Mental da cidade de Nova York.

As coisas estavam *muito* fora do nosso no controle. A infraestrutura do Noodle Bar havia começado a nos deixar na mão anos antes. Estávamos craques em acompanhar a incansável sucessão de maus funcionamentos e pequenas emergências apresentados pelos canos, pela ventilação, pelo sistema de drenagem e pela anatomia geral do imóvel no número 163 da Primeira Avenida, e o espaço físico não suportava mais o número de pessoas que comiam e trabalhavam ali. Quino me mandava mensagens dizendo que o encanador havia passado lá de novo porque tinha "água da privada" saindo por uma das pias. Havia problemas pequenos o tempo todo, e problemas maiores com mais frequência do que um proprietário de um negócio com certa reputação podia aceitar.

Eis um e-mail de Quino para a Mesa-Redonda naquela época:

> Hoje foi mais o encanamento, com um pouco de eltricidade. A base do dreno da primeira pia estourou e precisamos trocar algumas peças (nathan correu para a ljoa pra mim às seis), depois a pia dos pratos começou a entupir porque uma tampa de plástico dobrada tinha se enfiado pelo ralo (dedos entraram em ação às sete), aí a pia de baixo quis copiar a pia de cima e começou a espirrar água nos compressores (uns apertos e fita adesiva às dez). pra completar, a geladeira grande de cima encrencou três vezes durante o serviço por causa do plugue solto (troquei a tomada e enrolei a porra toda em plástico).

Na maior parte do tempo, levávamos na boa. Tentávamos não surtar por causa da falta de dinheiro, espaço e infraestrutura. Se fôssemos pessimistas, essas complicações todas seriam encaradas como um atraso muito grande, mas elas também inspiravam nossa criatividade. Por exemplo, eu queria servir asinhas de frango no Noodle Bar, mas, sem fritadeira, precisávamos arranjar outro jeito de fazê-las. *Talvez desse pra grelhar*, pensei. *Mas não dá pra botar na grelha direto. A gente podia tentar defumar, depois fazer um confit. Mas e toda a gordura necessária? Bom, a barriga de porco solta uma porrada de gordura, por que não usar? Hum, o processo de confitar gera um líquido gelatinoso com gosto de carne defumada. Vai ser perfeito pra colocar no tarê do lámen.*

Olhando para nosso cardápio, você talvez achasse erroneamente que estávamos fazendo algo corajoso e visionário, quando na verdade quase tudo surgia por pura necessidade. Essa dinâmica se estendia para mais além da criação do menu. O problema de estrutura mais significativo no Noodle Bar se devia ao fato de que, no fim de 2006, o restaurante tinha se tornado tão popular que muitas vezes faltava energia para os aquecedores de água. A empresa de energia não atendia a nossos pedidos de mais força, porque não acreditava que um restaurante do tamanho do nosso podia servir tantas pessoas quanto servia. A solução óbvia teria sido um aquecedor a gás. Mas não ia caber ali de jeito nenhum, e não havia como levar os canos de gás necessários para o nosso lado do prédio. Em consequência, e da maneira menos científica possível, aprendemos exatamente quando ligar e desligar certos aparelhos para garantir que teríamos energia suficiente para passar o dia. Éramos como uma família se escondendo em uma casa abandonada durante um apocalipse zumbi, sempre consciente do gerador de emergência.

Nós nos viramos assim por meses, enfrentando uma força muito pior que zumbis. É difícil expressar quão frustrante é lidar com o Departamento de Saúde. Eis como uma inspeção funciona: um funcionário chega sem ser anunciado — de preferência, no meio de um serviço lotado, com uma fila de gente do lado de fora esperando mesa — e sem dar a mínima para o fato de ser um momento conveniente ou não. A pessoa da equipe que tirou o certificado de segurança alimentar precisa largar tudo o que está fazendo para acompanhar o inspetor enquanto ele verifica todos os cantos do restaurante. O cara não aceita nenhuma desculpa. No fim da visita, abre um notebook no meio do salão para fazer um relatório.

Qualquer violação conta "pontos" contra você. Não acho que seja exagero dizer que a maior parte dos restaurateurs fica perplexa com a natureza arbitrária do sistema de pontos e com o fato de que aquilo depende apenas do entendimento do inspetor.

Um porta-papel-toalha vazio ao lado da pia para lavar as mãos implica perda de dez pontos, mas cocô de rato só cinco. (E o que se enquadra como cocô de rato, aliás, depende totalmente da boa vontade do inspetor.)

As regulamentações específicas quanto à água quente são expostas assim em seu código bizantino: "A água quente usada para higiene deve ser esquentada e mantida em ou acima de 76,6°C. Um termômetro graduado, de ponteiro ou digital e com uma margem de erro de 1,1°C para mais ou para menos, deve ser usado para medir a temperatura da água. Os itens devem ser imersos por completo por pelo menos trinta segundos para destruir agentes patogênicos na superfície".

Sem água quente, não dá para lavar os pratos ou as mãos da maneira adequada ou matar agentes patogênicos. Não discordo disso. Não ter água quente foi o principal motivo pelo qual me deixei ser roubado pelo dono do restaurante da Primeira Avenida, número 171, para que nos passasse o ponto e pudéssemos mudar o Noodle Bar para algumas poucas portas adiante. (É um saco negociar quando você precisa de algo, e eu estava praticamente implorando. Ele se aproveitou bem disso.) Também foi por isso que decidimos não transformar o nº 163 em um restaurante mexicano, com destaque para a comida de Quino. Cogitamos a ideia por um tempo, mas não tínhamos como resolver o problema da água. Qualquer restaurante que se propusesse a atender tantas pessoas quanto o Noodle Bar enfrentaria o mesmo problema.

Então, por mais legal que essa história possa parecer, nossa decisão de abrir o Ko não foi para desafiar o conceito de menu degustação nos Estados Unidos. Fizemos isso porque tínhamos sido encurralados pela burocracia e precisávamos arranjar um jeito de ganhar dinheiro servindo menos pessoas todas as noites. O Momofuku Ko não foi um lance de grande ambição ou genialidade empresarial. Foi a única opção.

***

Enquanto esperávamos que nossa nova casa ficasse pronta, o Noodle Bar teria que se esquivar da ira do Departamento de Saúde por alguns meses. Qualquer fiapo de confiança que eu tinha nas nossas chances de sair incólumes se devia a um único fator: Christina Tosi. Mas, para chegar a Tosi, primeiro preciso falar de Wylie.

No fim dos anos 1990, Wylie Dufresne fez algo de que ninguém nunca tinha ouvido falar: abriu um restaurante sério no Lower East Side em um período na história da cidade em que você literalmente precisava desviar dos vidros quebrados e de outros detritos indesejados na calçada para comer por ali. Ainda mais radical que abrir um restaurante no Lower East Side antes de ser recuperado era a criatividade visionária e sem arrependimentos da comida de Wylie. Ele não estava preocupado em agradar a ninguém, uma forma de coragem ausente quase por completo das cozinhas de Nova York da época. O nome do restaurante dele era 71 Clinton Fresh Food, e as vezes que comi ali enquanto estava estudando gastronomia mudaram meu modo de pensar a comida. Era meu restaurante preferido em Nova York.

Wylie passou dois ou três anos lá antes de ir embora para abrir um projeto mais refinado. Ele não saiu do quarteirão. Seu restaurante seguinte, o wd~50, foi outro lugar que tirou o chão de muitas pessoas que achavam que sabiam do que estavam falando. Wylie ficou ali por mais de uma década, inventando inúmeras técnicas e servindo pratos ao mesmo tempo deliciosos e brilhantes. Você lia a descrição e avaliava: *Parece bizarro.* Então comia e imediatamente pensava: *Onde foi que isso esteve a minha vida toda?* Fico arrepiado só de pensar nos ovos beneditinos fritos em imersão, no canelone de camarão (a massa é que era de camarão, e não o recheio) com manjericão tailandês e patê de chouriço, foie gras aerado com geleia de beterraba em conserva e sobremesas reveladoras de chefs confeiteiros como Sam Mason e Alex Stupak. É agonizante que eu não possa mais comer lá.

Wylie nunca abriu mão de sua visão em nome de publicidade ou mesmo do negócio. Sua persistência lhe rendeu elogios, mas não manteve o negócio funcionando por tanto tempo quanto deveria. Ele é o Prometeu da gastronomia nova-iorquina. Se as pessoas — estou falando com vocês, críticos gastronômicos — tivessem se dado ao trabalho de compreender o que ele estava fazendo, Nova York seria um lugar completamente diferente onde comer.

Antes de conhecê-lo, Wylie já era uma inspiração para mim, me ensinando à distância a não ter medo de desafiar as convenções. Ao longo dos anos, desenvolvemos uma amizade próxima, a qual me rendeu muitos presentes. Nenhum foi mais bem-vindo ou necessário do que o fato de que ele me apresentou Christina Sylvia Tosi.

Conforme Wylie e eu nos conhecíamos melhor, eu reclamava com ele das dores de cabeça estruturais que tiravam nosso foco do propósito de fazer comida gostosa. Entupimentos, vazamentos, incêndios e inspeções — além da nossa ignorância quanto a como lidar com essas várias catástrofes — estavam consumindo quase toda a nossa energia. Contei a Wylie que alguns dias antes o Departamento de Saúde tinha vindo e descoberto que estávamos guardando comida em embalagens fechadas a vácuo. Eu tinha organizado toda a despensa e embalado tudo, de conservas a barriga de porco crua a enormes estoques de presunto e bacon que tinham acabado de chegar de Allan Benton — provavelmente uns 10 mil dólares dos melhores produtos de porco defumado que havia. Eu estava muito orgulhoso de como tudo parecia arrumado e limpo.

O inspetor via aquilo de modo muito diferente. Aparentemente, qualquer estabelecimento que usa embalagens a vácuo precisa desenvolver, implementar e manter um conjunto de planos detalhados para quaisquer fases problemáticas da produção de comida. O nome disso é Análise de Perigos e Pontos Críticos de Controle (APPCC), e não tínhamos um.

O inspetor abriu todas as embalagens e me fez despejar alvejante em tudo, independentemente de ser comida que pudesse ser armazenada em temperatura ambiente. A sensação foi de que ele estava me mandando atirar nos meus próprios filhos. Eu o chamei de nazista.

Wylie me disse que uma de suas chefs confeiteiras de maior talento tinha feito um ótimo trabalho montando planos APPCC para ele e para vários outros restaurantes, e sugeriu que eu a contratasse. Tosi começou a trabalhar na mesma hora em nosso refúgio de bufões. Tornou-se valiosa instantaneamente, consertando muito mais coisas do que o modo como documentávamos nosso estoque de barriga de porco. Ela montou nosso primeiro escritório. Me ajudou a organizar aulas de inglês para os membros da equipe que não falavam a língua. (Reduzir a distância entre os cozinheiros hispânicos e latinos do Momofuku foi fundamental para estabelecer a cultura e os valores da empresa.) Tosi identificava problemas em potencial em quase todos os aspectos da operação muito antes que qualquer outra pessoa, e nunca tinha vergonha de apontá-los. Uma vez, ela comprou telefones novos para o Noodle Bar, que foram entregues com a seguinte mensagem: "Vocês precisam cuidar melhor desses telefones novos do que cuidam de si próprios".

Tosi era um excelente ativo para uma equipe composta de pessoas que se davam melhor na prática que no planejamento. E eu não tinha como esquecer que também era uma das melhores chefs confeiteiras do mundo.

Eu estava lidando com dois restaurantes, e tinha um terceiro a caminho. O problema era que minha fórmula mágica da vitória se baseava em uma lógica simples, mas um tanto desoladora de ouvir: se nada faz sentido, não temos nada a perder; sem nada a perder, somos livres para arriscar tudo o tempo todo. Eu atribuía meu próprio sucesso a essa abordagem. Triplicaria a aposta colocando tudo em risco de novo pelo Ko.

Fiquei ainda mais neurótico. Tinha ataques de pânico no trabalho e fazia de tudo para esconder da equipe. Sofri com o pesadelo da herpes-zóster e um monte de outras merdas psicossomáticas. As atividades que sempre tinham me tranquilizado — principalmente fazer massagem e cortar o cabelo — começaram a ser o gatilho de episódios de uma ansiedade incapacitante. Sempre que eu tinha que ficar parado no lugar, incluindo minhas sessões de terapia, sentia um aperto no peito. Parecia que não conseguia oxigênio suficiente, não importava quão profundamente inspirasse.

"Tudo está muito insano" era o que eu começava falando para o dr. Eliot, com quem eu tinha voltado a me consultar. "Estou falando sério dessa vez, está tudo insano pra caralho, você tem que acreditar em mim, acho que não vou aguentar." Ele me prescreveu clonazepam para quando me sentisse ansioso e propranolol para quando estivesse mais calmo. O propranolol não fazia muita diferença, porque eu não sentia que me relaxava, mas tomava mesmo assim. E preferia o clonazepam, pelo menos no começo.

Na teoria, eu sabia como me tratar sem medicação. É quase óbvio: ajustar a dieta, fazer atividade física, se cercar de boas companhias, diminuir o ritmo, não beber mais bourbon que água. (E eu tentei. Comecei a fazer ioga, por exemplo, mas ainda estava enchendo a cara.) Eu poderia ter feito um balanço de quanta coisa havia mudado em três anos. Eu tinha mais dados para me tranquilizar que qualquer outra pessoa deveria precisar na vida. *Olha pra tudo o que aconteceu. Era uma chance em 1 bilhão.* Mas não é assim que funciona. O Momofuku era minha identidade e nascera da minha depressão. Eu não conseguia separar um fracasso na cozinha, não importava quão mínimo, de um fracasso pessoal. Na verdade, dependia da instabilidade emocional e psicológica. Eu não estava derrotando a doença mental: na verdade, não estava nem tentando fazer isso. Eu a tinha subjugado ao direcionar a energia que provinha dela para a produtividade. Éramos indissociáveis como dois adversários no judô. Ela estava sempre ali, esperando que minha pegada aliviasse para poder me derrubar e me imobilizar no chão.

Por isso eu nunca aliviava. Talvez abrir um restaurante com menu degustação não fosse o sonho da minha vida, mas assim que decidi abrir o Ko eu sabia que aquilo ia me consumir. E o Noodle Bar e o Ssäm não perderiam nem um pouco da minha atenção. Eu só precisaria dormir menos. O crescimento envolvia mais tensão, sem parar.

Doía pra caralho, mas comecei a não ver muita diferença entre essa dor e a sensação que se tem depois de malhar. Era uma dor que fazia bem.

Quando comecei a explorar minhas opções para financiar e construir o Ko, no começo de 2007, escrevi para um de meus contatos no banco com uma explicação de como achava que o restaurante deveria ser. Eu o descrevi como "de alto padrão, servindo comida europeia contemporânea".

Eu não tinha nenhum plano mais completo, e essa era a maneira mais sucinta de comunicar a visão para uma pessoa que não se importava com comida. Nunca fui capaz de rotular a comida do Momofuku, mas, sempre que sou encurralado e me pedem uma resposta, recorro a "americana" como o melhor adjetivo para o que fazemos. A segunda opção é "asiática". A contragosto. Nunca rejeitei a Europa. Sim, para abrir o Momofuku, dei as costas para restaurantes que descendiam de uma linhagem europeia, mas no fundo sou um classicista. Não tive a chance de trabalhar em uma cozinha europeia e tinha obsessão por ela. Eu costumava esbravejar sobre como todo chef sério, independentemente da culinária em que pretendesse focar, precisava ter uma base francesa clássica. Falava longamente sobre Marc Veyrat, Alain Passard, Michel Bras e Marco Pierre White. Tínhamos fotos dessas lendas nas paredes de ambas as cozinhas, para que na eventualidade improvável de que aparecessem pudéssemos reconhecê-los e assim contrariar nossa política de não enviar cortesias oferecendo tudo de graça para eles.

No Ko, estávamos adotando um formato que a maioria das pessoas associaria com a alta gastronomia — o menu degustação — e planejando trabalhar com foie gras, caviar e mais manteiga do que você poderia encontrar em qualquer restaurante dito asiático. Como antes, cozinharíamos na frente dos clientes, mas daquelas vezes eles veriam muito menos caldeirões borbulhando e movimentos frenéticos. Também incorporaríamos ideias de chefs pioneiros como Heston Blumenthal, os Adrià e Wylie. Ninguém poderia dizer que fazíamos "macarrão elástico".

Mas eu queria que as pessoas comessem no Ko e detectassem o casamento coerente e explosivo de influências que só podia acontecer no Momofuku. Se você fosse ao Ko e pedisse um prato que pudesse encontrar no Jean-Georges, no Per Se ou em qualquer outro lugar no mundo, teríamos fracassado. A comida precisava prosseguir com o que tínhamos começado no Noodle Bar e no Ssäm. Mais daquele *je ne sais quoi*, e ainda mais impressionante.

A pessoa que selecionei para ser chef do Ko estava à altura da tarefa. Peter Serpico tinha trabalhado com David Bouley, o chef de TriBeCa conhecido pelo casamento de influências francesas com japonesas. Serpico e eu começamos a definir nossa abordagem. No Ssäm e no Noodle Bar, os clientes escolhiam aleatoriamente entre categorias que não seguiam a divisão típica de entradas, pratos principais e sobremesas. Pediam uma mistura de coisas sem muita direção, e a comida ia para a mesa quando ficava pronta; se eles tivessem feito um bom pedido e nós por acaso estivéssemos fazendo nosso trabalho direito, a refeição faria sentido. No Ko, teríamos que orquestrar uma progressão mais deliberada. Teríamos que considerar o fluxo. Levaríamos o cliente em uma viagem e ditaríamos as pausas, alternando momentos tranquilos com outros mais vigorosos. Aquilo não podia se arrastar, como muitos dos menus especiais que acabam parecendo mais uma avaliação que uma celebração. Cada passo tinha que contar. Cada prato precisava ser um sucesso por si só, mas trabalhar a serviço de um objetivo maior: oferecer uma experiência contínua na qual os prazeres se misturam e o cliente não se recorda de pontos específicos, mas do todo, como um bom setlist em um show.

Nosso empreiteiro e nosso decorador, Swee Phuah e Hiromi Tsuruta, precisariam transformar uma casa de lámen casual em um salão apropriado a uma experiência mais refinada, mas as banquetas e a falta de ornamentos em geral teriam que permanecer. De jeito nenhum que teríamos um lustre grandioso naquele imóvel. Defini o visual que estávamos buscando como "caixa de madeira". Nossa abordagem focada no chef permaneceria, de modo que usaríamos o menor número de garçons possível e colocaríamos a maior parte do ônus de explicar os pratos e servi-los nos cozinheiros. (A princípio, eu não queria nenhum garçom, mas depois me dei conta de que era uma ideia tão idiota quanto impraticável.) Como os cozinheiros trabalhariam a centímetros dos clientes, não seriam os únicos sentindo o calor do fogo. Os clientes também sentiriam, talvez em um nível desconfortável. Como sempre, não haveria um código de vestimenta para entrar no restaurante.

Íamos eliminar todas as merdas desnecessárias para que pudéssemos ganhar em valor e fazer uma declaração: não estamos nos escondendo atrás de nada aqui.

Mais adiante, tivemos que lidar com duas intercorrências significativas. O novo Noodle Bar ia atrasar, e o Departamento de Saúde e o Departamento de Proteção Ambiental estavam ativamente atrás de nós. Finalmente recebemos uma notificação oficial de violação crítica em virtude da falta de água quente. Se encontrassem o mesmo problema da próxima vez que viessem, poderiam nos fechar.

De: dave chang
Data: Quarta-feira, 15 de agosto de 2007, 17h35
Assunto: URGENTE DEPARTAMENTO DE SAÚDE

Para o Noodle Bar:

O mais importante para a inspeção do Noodle Bar é ter água quente nas torneiras das pias de cima. Precisamos conservar toda a água quente até a inspeção. Cozinheiros de linha e de pré-preparo, por favor, não usem água quente. Os tanques precisam estar cheios para que a gente tenha água quente.
POR FAVOR, PEÇAM AO PESSOAL QUE NÃO USEM ÁGUA QUENTE PARA LAVAR LOUÇA.

**Se formos pegos de novo sem água quente VÃO NOS FECHAR.
Já recebemos uma notificação oficial por falta de água quente nas torneiras. Uma violação crítica que vai fazer o departamento de saúde fechar o restaurante.

por favor me ajudem a não me matar.

A paranoia tinha tomado conta de mim. Eu estava convencido de que já era. Sabendo que os inspetores voltariam em breve, decidi fazer uma última grande aposta antes de me mandar.

De acordo com as normas de saúde, água quente precisa sair das torneiras das pias por pelo menos trinta segundos. O mais seguro seria fazer com que a cozinha economizasse água quente, mas eu queria que o inspetor abrisse a torneira e testemunhasse um dilúvio como nunca tinha visto. Eu tinha um palpite quanto a qual pia ele ia testar, então disse a Swee para contratar alguém que direcionasse toda a água quente para lá. E fui embora.

Reservei um quarto em um cassino de Atlantic City. Quino talvez estivesse comigo. Sinceramente, não lembro. Sei que você deve estar pensando que isso parece incrivelmente irresponsável. Como posso ter abandonado o restaurante num momento tão crucial?

Bem, eu já havia feito minha jogada. Íamos apostar tudo em uma única torneira. Não havia mais nada a fazer, de modo que, com nosso destino nas mãos da Fortuna, decidi encará-la de cabeça erguida nas mesas de jogo.

Eu nem tinha chegado a Nova Jersey quando recebi uma ligação de Tosi.

"*Como foi?*"

"Foi tipo um gêiser", ela disse.

O inspetor tinha escolhido a torneira certa. A água tinha fluído com força e escaldante. Até onde ele sabia, a água do Momofuku Noodle Bar correria quente sem parar por semanas. Cheguei a Atlantic City e passei o dia bebendo e jogando vinte e um, depois encurtei minha viagem para voltar para casa e trabalhar no planejamento do restaurante.

Se o inspetor tivesse escolhido outra torneira, o Departamento de Saúde teria fechado o Noodle Bar. E precisávamos dele para financiar a construção do novo espaço. Se desse tudo errado, perderíamos o Ko. Eu teria que mandar um monte de gente embora. O Ssäm Bar teria que ser transformado em uma máquina de dinheiro — e, mesmo assim, os empréstimos precisariam ser pagos. Eu precisava de que tudo se encaixasse para que desse certo. Meu apartamento estava em jogo, assim como os negócios do meu pai. Fora que o mundo ia pensar que éramos nojentos e pouco profissionais.

Eu tinha pedido mais uma carta com dezesseis, e a banca mostrará um ás, porque era a única coisa que podia fazer. As probabilidades indicavam que eu colocasse todas as expectativas naquela pia. E a banca se deu mal.

Esse tipo de momento deus ex machina já deve estar soando familiar a essa altura. Muitas vezes tenho dificuldade em distinguir quanto da história do Momofuku realmente aconteceu como me lembro. Como as coisas simplesmente se resolviam com tanta frequência? Esses truques de desaparecimento parecem improváveis demais para ser um lance de sorte, mas blasfemo demais para merecer intervenção divina. E, quando conto a história, a sensação é de que é certinha demais para ser verdadeira. Parece realismo mágico.

Muitas vezes me pergunto, em conversas com amigos, se estou vivendo em uma simulação de computador ou em um reality show cósmico. Isso parece mais lógico que a inacreditável onda de sorte que venho tendo. Talvez minha memória esteja editando alguns momentos da minha vida para ficar mais fácil de digerir. Ou talvez eu seja o maior mentiroso.

8. O sucesso do Ko

"Cuidado com os blogueiros."

Esse era o sentimento geral entre os veteranos da indústria. A princípio, a internet tinha sido uma curiosidade para a maior parte dos chefs, que se sentiam lisonjeados pelo interesse desse novo público, ultra-apaixonado. Mas, assim que os blogueiros começaram a assumir um ponto de vista crítico, a lisonja se transformou em uma desconfiança extrema. Chefs que vinham fazendo o jogo do marketing havia anos não confiavam nem um pouco nos blogs. De acordo com eles, os únicos dignos de respeito eram os veículos impressos maiores, organizações com uma história e integridade jornalística. Esses chefs tinham aparecido quando o *New York Times*, a *New York Magazine*, a *Gourmet* e a *Food & Wine* detinham todo o poder na gastronomia. Ser mencionado, quanto mais elogiado, nas páginas de uma dessas publicações impressas mudava tudo.

A terça-feira à noite era sagrada na comunidade de restaurantes de Nova York. Era quando se ia ao prédio do *New York Times* para pegar a seção de gastronomia semanal deles. Quando eu estava no Craft e no Café Boulud, o mundo gastronômico se movia conforme o ritmo que o jornal ditava todas as semanas. Se você queria saber quem importava e o que viria a seguir, a resposta estava bem ali. Na primeira noite depois que a primeira crítica do Noodle Bar no *New York Times* saiu, jantei na Casa Mono. Liz Chapman (agora Benno), que na época era chef dali, disse: "Sua vida está prestes a mudar". Não interessava se a crítica havia sido na coluna "$25 ou menos" de Peter Meehan, a seção em que aparecem os lugares baratos onde encontrar comida étnica. Ainda assim era o *New York Times*.

Do outro lado do espectro estavam os sites que a maior parte dos chefs das antigas detestava. Conforme a internet tomava conta da consciência global, mais e mais vozes se juntavam à discussão. Comunidades foram formadas para avaliar restaurantes em cantos primordiais da web onde nenhum detalhe era pequeno ou bobo demais para ser discutido à exaustão. Seus membros tinham a paixão e a obsessão de *cosplayers* e frequentadores da Comic-Con.*

Havia diferentes setores nessa nova mídia: blogs de notícias e fofocas, como o Eater; sites independentes de uma só pessoa apaixonada por comida que gastava seu tempo e seu dinheiro viajando para ir a restaurantes em todo o mundo; e fóruns como eGullet, Mouthfuls e Opinionated About Dining, em que fãs comparavam seus comentários sobre chefs e pratos.

Embora os chefs da geração anterior não curtissem muito dessas novidades, eu estava adorando. Ser um chef curioso sempre havia sido uma enorme inconveniência. Para reunir infor-

---

* E os chefs se tornaram celebridades da mesma estirpe que, vamos dizer, as estrelas do filme *Serenity: A luta pelo amanhã*: incrivelmente populares para alguns e completamente desconhecidos para a maioria. Falando sério, você sabe quem é Nathan Fillion? Bom, ele tem 3,5 milhões de seguidores no Twitter.

mações sobre a arte gastronômica fora de Nova York, era preciso investir em conversas com pessoas que haviam trabalhado fora, ou que pelo menos tinham viajado para lugares aonde você não tinha ido. Eu pedia a amigos que faziam estágio na Espanha ou na França que me mandassem cartas descrevendo sua experiência. Algumas pessoas veem com certo romantismo o fim da última era totalmente analógica. Você realmente tinha que querer a informação para consegui-la. Mas também era muito frustrante ficar tão para trás. Livros de receita eram a melhor fonte para um cozinheiro americano que queria saber o que estava acontecendo na Europa. (E boa sorte se você estivesse interessado na Ásia, na África ou na América do Sul.) Infelizmente, posso afirmar com segurança que livros de receita são incapazes de retratar o quadro geral.

De repente, eu podia estar de cueca navegando no blog de um cara que havia tirado fotos de todos os pratos do último cardápio do Pierre Gagnaire, em Paris. Nem todos os blogueiros sabiam do que estavam falando, mas alguns deles tinham ainda mais conhecimentos que o pessoal que trabalhava na bolha de Nova York. "Mas os textos são muito ruins" era uma reclamação comum. Desde que houvesse fotos de pratos, para mim não fazia diferença.* Era um enorme salto adiante.

O eGullet era simplesmente incrível. Eu passava horas nos fóruns, lendo sobre as experiências alheias em restaurantes fora da alçada do *New York Times*. Lia opiniões de diferentes pessoas e em diferentes linhas, procurava ideias para receitas, dava uma olhada nos comentários sobre aparelhos de cozinha — tudo em um só lugar, organizado em categorias.

---

* E eu não era o único. Tom Colicchio também entrou cedo na onda. Ele cozinhava para blogueiros quando ninguém estava disposto nem a lhe dizer que horas eram.

Quando os blogueiros começaram a comer no Momofuku, não me importei nem um pouco.* Aquelas pessoas estavam demonstrando um intenso interesse em algo que era considerado frívolo pela maioria. Ainda posso acessar o eGullet e ver todos os posts sobre o Noodle Bar, o Ssäm Bar e o Ko. É um artefato muito estranho. Eis um post publicado um mês depois que abrimos o Noodle Bar, escrito pelo usuário snausages2000:

> A comida do Momofuku é feita debaixo do seu nariz. Todos os detalhes da operação da cozinha podem ser facilmente apreciados. Ontem à noite, isso me pareceu muito inapropriado. O culpado foi o dono do lugar, David Chang.
>
> Cerca de dois minutos depois de ter me sentado numa banqueta, me distraí em meio à leitura do cardápio porque o sr. Chang estava dando bronca num lavador de pratos. Ele ordenava que o funcionário se anunciasse ao atravessar a cozinha, dizendo mais alto "Passando!". Me senti mal pelo lavador de pratos, cujo inglês não era bom e que não tinha muita confiança ao falar, quanto mais falar alto. Mas é claro que em uma cozinha apertada a equipe precisa falar para evitar o risco de colisão.
>
> Depois que fizemos o pedido, o único cozinheiro na preparação começou a fazer nosso lámen. Quase imediatamente o sr. Chang, um cara grande e fisicamente intimidador, começou a repreender o cozinheiro, se inclinando sobre o ombro dele e cobrando que estivesse mais no controle e fosse mais eficiente. O proprietário praticamente disse

---

* Embora, para ser justo, eu tenha criado algumas inimizades com o passar do tempo.

a ele que estava fazendo tudo errado. Chang não gritava,
mas em um espaço tão pequeno cada palavra era audível.
Incomodado com a humilhação pública, o cozinheiro pareceu
ir se encolhendo cada vez mais. Quanto mais o fazia,
mais Chang montava nele. Independentemente de as críticas
serem válidas ou não (não tínhamos notado nada de errado
no que o cozinheiro vinha fazendo e nossa comida foi
servida menos de cinco minutos depois do pedido), Chang
deixou o funcionário à beira das lágrimas e disse que ele
ia ser demitido, de modo que eu e minha namorada fomos
incapazes de ficar confortáveis e aproveitar a comida, com
cuja qualidade, ironicamente, Chang estava tão preocupado.

Respeito a obsessão dele por seu produto, e sua passagem
pelo Culinary Institute of America e pelo Craft ficou
evidente na atenção que tem aos detalhes e na filosofia
que defendia de estar sempre preparado para qualquer
coisa, mas Chang demonstrou completa ignorância quanto
a um aspecto da gastronomia: a experiência do cliente.

Repreender um cozinheiro abaixo do padrão pode ser
necessário na cozinha, mas, quando os clientes estão a
um passo de distância, e o proprietário, sem se dar conta
disso, não pede nem desculpa a eles pelo constrangimento,
demonstra total falta de respeito por todo mundo que está
comendo ali. Fomos embora um tanto traumatizados, e fiquei
bravo comigo mesmo por não ter dito nada a Chang, então
concluí que era melhor passar a informação para potenciais
clientes.

Não me lembro de essa pessoa ter estado no restaurante, e, só para deixar claro, estudei no French Culinary Institute, e não no Culinary Institute of America. De resto, estou certo de que o relato dele ou dela é preciso e poderia ter sido escrito em qualquer outra noite em que eu estivesse no restaurante.

Não tínhamos feito nenhuma separação entre a cozinha e o salão no número 163 da Primeira Avenida — a casa original do Noodle Bar e onde logo começaria a reforma para o Ko. Tudo o que fazíamos ficava a plena vista de qualquer um que entrasse pela porta. Com o megafone da internet, qualquer erro se tornava público.

Nos primórdios do Momofuku, eu me orgulhava da nossa atitude estilo "foda-se" em relação às pessoas que não se encaixavam nos moldes de nosso cliente ideal. Me gabei e fui celebrado por isso. Rejeitei a crítica de snausages por anos. O que aquela gente sabia da pressão que eu sofria ou do que os restaurantes significavam para mim?

Recentemente, comecei a ver esse incidente em particular como a lição que de fato era. Eu podia pôr a culpa na minha insegurança, na depressão, na bipolaridade ou no que quer que fosse, mas o fato era que eu contradizia minha própria crença de que a única coisa que importa é como os clientes estão se sentindo quando vão embora. Como o espaço era reduzido, quando a pessoa entrava no Momofuku era como se fosse jantar comigo. E ninguém quer jantar com um babaca.

A não ser pelo Deathwatch,* eu gostava do Eater. Eles eram muito minuciosos e falavam da indústria como se fosse seu esporte favorito — e, como a maior parte dos fãs de esporte, não se importavam de cutucar seus heróis. A imprensa os odiava tanto

---

* Deatwatch era uma seção do Eater em seus primórdios que incomodava muita gente da indústria: sempre que eles identificavam um restaurante que parecia estar prestes a fechar, colocavam-no nessa lista e acompanhavam minuto a minuto seu colapso. As pessoas viam seus sonhos e seu sustento serem motivo de chacota enquanto estavam na pior.

como a maioria dos chefs, o que era uma bela conquista. Alegando que lidava com rumores, o Eater podia compartilhar notícias que ainda não haviam sido anunciadas. Se estivesse completamente errado, não havia problema. No dia seguinte, o texto estaria enterrado sob outros vinte posts. Mas se a informação estivesse correta, significava que eles tinham furado o *New York Times* e uma matéria que vinha sendo trabalhada havia semanas, assim como todos os investidores e assessores de imprensa que vinham orquestrando um anúncio grandioso.

Por um tempo, cheguei a escrever uma coluna para eles. Bom, não tanto eu, mas Meehan. Depois de publicar uma crítica do nosso restaurante no *New York Times*, Meehan continuou frequentando o Noodle Bar e, com o tempo, se tornou um participante ativo em tudo o que se relacionava ao Momofuku. Ele ouvia minhas divagações e entendia exatamente o que eu estava querendo dizer. (Às vezes, precisava explicar para mim.) Praticamente todos os textos entre 2008 e 2016 com minha assinatura deviam sua existência a Peter. Não sou ruim em contar histórias, mas escrever é um desafio. Tendo a pular de um pensamento a outro, e depois sofrer para dar um jeito de conectá-los. Mas a prosa de Peter era cheia de caprichos e conteúdo; ler suas críticas de alguma forma me recordava de ouvir a música lo-fi que ambos amávamos. Ele contribuiu com todas as colunas ou artigos de opinião que assinei. Afinava os comentários que eu ia enviar a jornalistas e dava uma olhada em comunicados que eu queria compartilhar com a equipe. Ele me deu uma voz que era mais lúcida e consistente do que a da minha versão real. Ele me deu bazófia. "David Chang" era nosso Tony Clifton culinário. Quando seu nome aparecia impresso, não dava para saber se era Andy Kaufman ou Bob Zmuda por trás.*

---

* O único colaborador de texto que considerei para o livro de receitas do Momofuku foi Peter. Eu tinha certeza de que seríamos capazes de fazer algo for-

Como faziam na abertura de muitos restaurantes, a tática que o Eater implementou na cobertura do Ko foi postar tudo e qualquer coisa relacionada ao restaurante: um texto sobre nossa reunião de conselho, uma galeria de fotos da fachada completamente envolta em papel kraft, como uma instalação deprimente de Christo e Jeanne-Claude, rumores sobre o cardápio.

Eu dizia sim aos pedidos da imprensa principalmente porque tinha medo do que aconteceria com o restaurante se eu dissesse não. Não tinha assessor de imprensa, não tinha ninguém cuidando de redes sociais, não tinha nenhuma outra maneira de convencer as pessoas a gastar dinheiro no Momofuku. Eu gostaria de pensar que a comida em si era nossa melhor propaganda, mas, desde que as pessoas continuassem interessadas em mim, eu ia tentar tirar o máximo daquilo.

No verão de 2008, Larissa MacFarquhar fez um perfil meu para a *New Yorker*. Era um retrato detalhado do trabalho que Serpico e eu estávamos fazendo nos bastidores enquanto nos preparávamos para abrir o Ko, como planejávamos cada prato e discutíamos todas as opções. Na época, ainda era uma anomalia um perfil de um chef figurar na *New Yorker*.

O Eater o repostou, e alguém comentou:

---

midável e novo juntos. Brigávamos aos gritos com nossos editores da Clarkson Potter, sempre mandando os caras se foderem antes de ir embora do escritório dramaticamente. Eles queriam uma foto de capa em que eu aparecesse segurando animais mortos, no estilo predominante da época; a gente só queria madeira compensada e Momofuku escrito. Eles queriam notas engraçadinhas e receitas para fazer em casa; nós queríamos variar livremente entre as unidades de medida inglesas e o sistema métrico, além de quebrar o recorde do maior número de palavrões impressos em um livro de receitas. Acho que ganhamos, porque a Clarkson Potter é a editora deste livro também.

Isso é mais do que ridículo, venerar um cara que serve umas centenas de pratos por dia. Que tal a imprensa sossegar por alguns meses enquanto as pessoas têm a chance de ir ao restaurante e julgá-lo por seus próprios méritos, e não com base nesse culto à personalidade construído pela mídia?

No começo, a seção de comentários do Eater era o paraíso para quem achava que as seções de comentários de outros sites eram civilizadas demais. Você podia escrever anonimamente qualquer coisa que não fosse uma ameaça de morte e ela permaneceria ali, intocada. Aprendi rápido que qualquer atualização sobre o Momofuku inevitavelmente iniciaria um breve referendo sobre a minha pessoa.

Hum, Eater, tem um pouco de baba escorrendo pelo
seu queixo, é melhor secar.

acho que o dc se esqueceu de avisar: "eater.com vai fazer
a assessoria de imprensa e ser sócio do momofuku"

Tenho que dizer que o #29 é bem gay. O comentário sobre
D-Chang ser o melhor chefe da cidade, colocar o cara
na mesma catagoria do Adria e do Gargniere é maluquice.

Parecia haver uma percepção cada vez maior de que a imprensa estava no bolso do Momofuku. *Então tá*, eu pensei, *vamos tornar comer no Ko tão igualitário quanto humanamente possível.*
O Ko tinha apenas 24 lugares — em dois turnos de doze — disponíveis todas as noites. Com toda a atenção em nós, certamente começaríamos com milhares de pedidos de reserva acima do que poderíamos lidar, para clientes em geral, amigos, família e imprensa. Se demonstrássemos qualquer favoritismo, alimentaríamos aquela visão de que éramos elitistas ou nepotistas.

Decidi logo no começo que faríamos a central de reservas para o Ko no site do Momofuku. Todo dia, às dez da manhã, abriam as reservas para dali a uma semana. Quando os clientes entravam, viam uma tabela simples com sinais verdes marcando mesas livres e um X vermelho marcando as ocupadas. Não haveria pedidos especiais ou outras formas de acesso. As pessoas que se virassem.

E haveria o benefício de racionalizar o processo de reserva, com todas as suas ambiguidades sem sentido. Sempre me pareceu ilógico que restaurantes tivessem que pagar alguém só para fazer isso. Eu havia sentido na pele como aquilo era ineficiente. Talvez você se lembre de que meu primeiro trabalho no Craft era atender ao telefone. Imagino que seja legal falar com uma pessoa de verdade, mas em um restaurante sempre cheio o trabalho da pessoa é basicamente dizer: "Não, sinto muito". Também me incomodava os malabarismos que as pessoas tinham que fazer para todas as noites manter mesas disponíveis para convidados VIPS que pudessem aparecer. (Quando você ouve de um restaurante "Desculpe, não temos mais mesas para hoje à noite", isso significa que, embora tecnicamente haja lugares disponíveis, não são para você.) No Ko, se não havia mesas disponíveis, não havia o que fazer. Não adiantava insistir, não havia tratamento especial — só um X vermelho.

O Eater anunciou o novo sistema de reservas com um KO-BOOM em letras maiúsculas. Eles mencionaram o fato de que o site caiu por causa do elevado número de acessos, e as mesas que apareciam e sumiam de repente, as pessoas revendendo reservas, duas mulheres que tinham reservado uma mesa de quatro lugares e colocado um anúncio na Craigslist atrás de dois pretendentes para se juntar a elas em um encontro às cegas.

A magia do Momofuku sempre tinha se baseado na promessa despretensiosa seguida por uma entrega de alto nível. Corríamos o risco de que as expectativas para o Ko fossem muito elevadas.

Era tão difícil conseguir uma mesa que os clientes que davam sorte só poderiam se decepcionar, ou pior, se convencer de que a experiência fora melhor do que de fato havia sido. Quando você investe um bom dinheiro em alguma coisa ou faz um esforço prolongado para obtê-la, costuma realizar certa ginástica mental para se convencer de que aquilo valeu a pena. De outra forma, o remorso talvez bata e você não vai poder se gabar a respeito para os amigos.

Em vez de falar sobre o cardápio, os críticos escreviam sobre como precisavam destacar legiões de estagiários para conseguir uma mesa, e ainda assim não tinham sucesso. Nenhum plano de ataque funcionava. O risco era de que, se os críticos tivessem dificuldade de ir ao Ko, talvez não conseguissem fazer uma avaliação justa do restaurante. A regra geral da crítica gastronômica era comer em um restaurante três vezes antes de avaliá-lo.

Adam Platt, o crítico ranzinza da *New York Magazine*, quebrou o protocolo e escreveu uma crítica depois de uma única visita. Bruni conseguiu ir três vezes.

Eles adoraram.

O comitê do prêmio James Beard indicou o Ko a melhor novo restaurante, e ganhamos.

Você já avançou bastante na leitura deste livro. Não sou muito de me vangloriar, sou? Acho até que pareço um pouco com a Debbie Downer, personagem do *Saturday Night Live*, quando se trata das minhas próprias conquistas. Bem, não tenho medo de contar do orgulho que senti ao ver que tinha acertado. Não necessariamente por causa das críticas ou dos prêmios, mas por toda a rebeldia envolvida. Adoro o fato de que, quando as pessoas decidiram que éramos os queridinhos da mídia, conseguimos reverter essa narrativa a nosso favor.

O único benefício de relacionar sua identidade, sua felicidade, seu bem-estar e seu valor ao seu trabalho é que você nunca para de pensar a respeito e de se preocupar com o que espera ao virar a esquina. Se fui ligeiro em me adaptar às mudanças no cenário de restaurantes, foi porque vi isso literalmente como uma questão de sobrevivência. Nunca me permiti ir com a maré ou acreditar que, com o sucesso, merecia que a vida ficasse mais fácil. É daí que vem a arrogância. Minha pior versão foi a pré--adolescente, que achava que tinha o que era necessário para ser um golfista profissional. Acreditei na badalação em torno de mim mesmo, agi como um merdinha convencido. A humilhação e a dor de ver tudo escapando por entre os dedos é algo que prefiro nunca mais sentir. Por isso, prefiro não ouvir elogios e não me regozijar com o feedback positivo. Em vez disso, passo todo dia imaginando as muitas maneiras como tudo pode dar errado. Este livro mesmo é uma fonte de preocupação quase constante. Tenho medo de que as pessoas, os restaurantes e as conquistas que celebro por escrito tenham todos desaparecido na altura da publicação. Se apegar demais ao que você tem só faz doer mais quando for embora, e desde muito novo senti um medo esmagador de que tudo podia ser tirado de mim. Em toda esquina, há uma ameaça.

9. Tomando rasteiras

Falando em ameaças, o Bilionário foi a primeira pessoa do mundo dos poderosos a se arrastar até a Primeira Avenida para comer no Noodle Bar.

Imaginei que ele não estivesse vindo pela comida — caras como o Bilionário estão sempre em busca de oportunidades de investimento. Tive a sensação de que ele estava me fazendo um favor só de ter vindo dar uma olhada, então, no fim do almoço, eu disse a ele que era por conta da casa.

"Filho, isso não é jeito de administrar um negócio", ele disse, então deixou cem dólares na bancada e foi embora.

Eu sempre procurara manter a ideia de um grande investidor como uma perspectiva distante, mas ela surgia de novo e de novo conforme o Momofuku crescia. Até então, eu havia dito não a qualquer pessoa que batesse à minha porta, por medo de ser sacaneado. Até mesmo um bom negócio pode vir com complicações imprevistas. Então eu continuava fazendo o melhor que podia com o investimento do meu pai e com um contador em Long Island. Lidava com os números eu mesmo, em uma mistura pouco convincente de preocupação constante e laissez-faire. Não hesitei em tornar Quino sócio do Momofuku ou dar a muitos dos chefs uma fatia dos restaurantes em que trabalhavam — não que a participação deles fosse significativa. Todo dólar de lucro era investido imediatamente nos restaurantes.

Isso não quer dizer que eu não estava interessado em ganhar dinheiro. Dinheiro implicaria poder fazer planos a longo prazo, abrir mais restaurantes, cuidar melhor das pessoas. Eu não estava pronto para me render aos executivos de Nova York, mas um caminho que eu havia visto outros chefs fazerem com certo grau de sucesso me parecia bastante atraente: Las Vegas.

A cidade parecia estranhamente pura. Ninguém disfarçava seus motivos: *Quero dinheiro e prazer, depois vou ir embora.* Seria um desafio interessante oferecer uma experiência gastronômica atrativa em um lugar onde ninguém esperava encontrar uma. Também seria um alívio bem-vindo da labuta em Nova York. *Não pedi nada disso*, costumava choramingar sozinho. Eu podia ser feliz no deserto, fazendo apostas esportivas, jogando pôquer todo dia. Podia ser como Michael Corleone e levar os negócios da família para Nevada.

Quino e eu viajamos para Las Vegas algumas vezes para ouvir propostas, na Strip ou fora dela. Como sempre nos divertíamos quando estávamos por lá, aceitávamos considerar as ofertas, mas nunca levávamos nada muito a sério.

Então o Dono de Cassino entrou em contato.

O Dono de Cassino tinha feito mais para atrair as pessoas a Las Vegas que Wayne Newton, Siegfried, Roy e todos os seus tigres brancos juntos. Ele queria falar conosco sobre seu novo resort. Dada a estatura e o legado do homem, dei à oferta mais atenção que a todas as outras.

O Dono de Cassino nos enviou passagens de avião e demonstrou toda a hospitalidade exacerbada que tínhamos passado a esperar. (Mas, sinceramente, se você viu uma suíte gigante com janelas do chão ao teto e TVs embutidas em espelhos, viu todas.) Um funcionário nos acompanhava aonde quer que fôssemos. Quando vi, estava me segurando para não fazer xixi porque tinha certeza de que haveria alguém olhando no banheiro. Todo mundo que encontrávamos falava incessantemente sobre o Dono de Cassino e como ele trabalhava.

Em determinado ponto, vi o Dono de Cassino em si e ergui a mão para acenar, mas um de seus subordinados me levou imediatamente para um tour da coleção de Ferraris dele.

Ao longo do fim de semana, tivemos alguns almoços e jantares com as principais cabeças dos negócios do Dono de Cassino e ouvimos sua proposta de abrir um Noodle Bar em Las Vegas. Na conversa, todos falaram animadamente sobre suas corporações e seus empreendimentos no passado, como se estivessem falando de si mesmos. Tive a distinta sensação de que era uma vaca sendo engordada para o abate.

Outro chef que havia trabalhado com o Dono de Cassino serviu como um dos nossos embaixadores no fim de semana. Em Las Vegas, ouvi rumores sobre esse chef e as circunstâncias em que concordara em abrir um restaurante na cidade. Os rumores eram de que ele estava a bordo de um avião privado quando ouvira a proposta de negócios. O avião aterrissara, mas só permitiram que ele descesse depois de assinar a papelada.

Eu tinha pensado que, indo a Las Vegas, evitava entrar na água com os tubarões, mas no fim percebi que tinha nadado direto para o maior predador de que se tinha notícias.

Na última noite da viagem, o Dono de Cassino fechou metade de uma casa noturna para nós. Era absolutamente desnecessário, mas aceitei o exagero daquilo.

Eu estava sentado num sofá, sozinho, quando o chef que fazia as vezes de embaixador se aproximou. O cara sussurrou algo no meu ouvido. Por causa da música, não entendi direito o que ele havia dito, mas a mensagem ressoava muito claramente na minha cabeça:

"Não aceite a proposta."

Em determinado ponto, quase vendi o Momofuku para uma rede gigante de fast-food. Farei o meu melhor para contar essa história dentro dos limites do acordo de confidencialidade.

Era uma empresa grande. Nós éramos uma empresa pequena querendo crescer. Eu fiquei muito feliz. Por alguns motivos, não deu certo. Eu ▮▮▮▮▮▮▮▮▮▮▮ aquela empresa.

Eis outra proposta que quase me convenceu.

Jantei com o Incorporador em um restaurante japonês pomposo. Durante a refeição, três mulheres diferentes se juntaram a nós em diferentes momentos. Elas pediam uma bebida e saíam sem comer e sem encontrar as outras.

"Desculpe as interrupções", disse o Incorporador. "Estou comendo as três."

Ele me disse que tinha passado anos atormentado pela culpa — não em consequência dos casos extraconjugais, mas do fato de que as viagens todas o impediam de ver os filhos.

"É um dos motivos pelos quais acho que nunca serei um bom pai", eu disse a ele, tentando estabelecer alguma ligação entre nós. "Sou casado com o trabalho."

"Sabe o que fiz, Dave? Sabe o que aconteceu?"

Ele prolongou o silêncio em nome de um efeito dramático.

"Um dia, decidi que não ia mais me sentir culpado. E quer saber? Minha vida nunca foi melhor."

Eu já desconfiava que o cara era um sociopata antes de nos conhecermos. Agora tinha certeza.

O Incorporador queria que eu ficasse com um espacinho em uma propriedade exclusiva em um dos mercados mais quentes dos Estados Unidos.

"Pra mim tanto faz o que você vai fazer, Dave. Confio em você. Só garanta que haja hambúrguer e ovos beneditinos no cardápio", ele disse. "E sirva ambos em qualquer horário. É o que as pessoas querem comer depois de trepar."

Apesar de minhas ressalvas quanto a seu caráter, o Incorporador tinha um histórico de excelência e uma habilidade sobrenatural de criar espaços atraentes. Concordei em me unir a ele e recrutei um casal de chefs que conhecia e admirava para subir a bordo. Eles agarraram na hora a chance de comandar um restaurante intimista que atenderia ricos e famosos do mundo todo. As negociações com o Incorporador se arrastaram por meses. Naquele meio-tempo, fiz uma viagem ao norte da Califórnia para realizar algumas atividades no campus de Greystone do Culinary Institute of America. Eu estava hospedado na casa de um amigo, o dr. Larry Turley, proprietário da Turley Wine Cellars, médico de pronto-socorro aposentado e pai da primeira sommelier do Ko, Christina Turley. Sempre que eu encontrava Larry, ele insistia que eu tirasse uma folga e visitasse o vinhedo. Finalmente eu estava fazendo aquilo.

Quando estava do lado de fora uma manhã, olhando do alto para a extensão verde do vale de Napa, recebi uma ligação do advogado.

"Querem acrescentar uma cláusula sobre a outra propriedade."

Como parte do acordo, eu tinha concordado em assumir a operação de comida e bebida de outro ponto do Incorporador. Era um espaço incrível, mas onde pouco havia sido feito desde o final da década de 1990. O imóvel cheirava a vestiário de piscina. Mesmo assim, eu havia concordado com aquilo.

O advogado explicou que tinham feito uma alteração no último minuto que quase lhe passara despercebida: "Caso haja qualquer dano à estrutura relacionada ao restaurante, você vai ter que assumir a responsabilidade".

Em circunstâncias normais, eu não me importaria em ser responsabilizado se minha negligência destruísse o imóvel de outra pessoa. Mas eu tinha sérias dúvidas de que o espaço do restaurante estava de acordo com os padrões. Eu havia visto vigas de madeira expostas no teto que gritavam "risco de incêndio". Era como se eu herdasse um castelo de cartas de baralho e me dissessem que se caísse a culpa seria minha. O Incorporador também estava tentando me ferrar. Fugi do negócio o mais rápido que pude.

Não acho que eu estivesse sendo paranoico. Hoje, falo com chefs mais novos a esse respeito o tempo todo. É só pensar um pouco. Onde estavam todas essas pessoas antes do seu sucesso? Por que de repente estariam tão dispostas a fazer negócio com você? Elas estão tentando te explorar, te confundir, te fazer fechar contratos que você não compreende. Sei disso por experiência própria.

10. Obrigado, senhor, posso repetir?

No outono de 2008, combinei de cozinhar em um evento de arrecadação de fundos para a campanha de Obama. Ia ser intimista, um jantar a preços altíssimos no loft de alguém no SoHo. O próprio Obama não estaria presente, mas ainda assim fiquei muito animado. Caso tenha esquecido, a primeira eleição foi linda de ver. A mera ideia de que Obama ia se candidatar me tornava a pessoa mais feliz do quarteirão.

Nossa política estava alinhada em termos de liberdades civis, meio ambiente e uma responsabilidade geral com o mundo, mas o que de fato me tocava em Obama era a promessa que ele representava. Não apenas a promessa de reduzir os impostos que a classe média pagava, ou de reforma das campanhas eleitorais, ou de um sistema de saúde para todos — a promessa de um propósito. Implícita nos slogans de ESPERANÇA e MUDANÇA estava a noção de que as coisas *podiam* melhorar, desde que arregaçássemos as mangas e trabalhássemos por isso. Eu tinha minhas dúvidas se ovos perfeitos com caviar e molho soubise —

o carro-chefe do Ko — fariam diferença na urna eleitoral, mas era o que eu tinha a oferecer.*

Em meio a todo o fervor relacionado à proximidade das eleições, havia outra disputa no horizonte, muito menos significativa. Chatter estava selecionando quem ia receber estrelas Michelin naquele ano. O Guia Michelin tinha começado a avaliar restaurantes em Nova York poucos anos antes, mas a imprensa local não dava muita atenção a ele, sob o argumento de que não acompanhava o ritmo da cultura gastronômica e lhe faltava transparência. Ninguém sabia quem eram os inspetores anônimos ou quais protocolos eram seguidos. Aqueles que criticavam o guia diziam que suas falhas se refletiam na seleção aleatória: alguns restaurantes com boas avaliações do *New York Times* e afins eram totalmente ignorados pelo Michelin, enquanto outros que não faziam parte do burburinho local eram contemplados com uma ou até duas estrelas. Para quase todos os críticos gastronômicos de Nova York, a empresa de pneus era uma intrusa que não vinha fazendo um bom trabalho em reconhecer a qualidade legítima.

Eu admirava demais a história do guia para ignorá-lo. Apesar de seus equívocos e de sua volubilidade, a organização e suas estrelas vinham sendo o padrão de excelência das cozinhas europeias desde o começo do século xx. Estrelas Michelin estão entre os pri-

---

* Uma década depois, chefs ainda tentam descobrir qual é a melhor forma de apoiar causas em que acreditam. Isso é complicado, porque ser um lugar onde as pessoas se reúnem talvez seja, entre todas as maneiras como os restaurantes podem servir ao bem maior, a mais importante. Meu sonho para o Momofuku sempre foi reproduzir a experiência que tive na Ásia de fazer uma refeição sem nenhuma distinção de classe, em que, se você quer comer fora, é preciso se sentir confortável com os cotovelos roçando nos de pessoas de todo tipo. Como restaurateur, meu objetivo é alimentar as pessoas, mesmo aquelas com quem discuto. Dentro dos limites do razoável, é claro.

meiros prêmios que se aprende a respeito e a almejar como chef — ou mesmo como cliente. Eu estaria mentindo descaradamente se dissesse que receber uma estrela não era uma enorme honra.

Isso, no entanto, não significa que eu achava que estávamos na competição. Os restaurantes Momofuku eram candidatos exemplares ao Bib Gourmand — o reconhecimento que o Michelin confere a "estabelecimentos simpáticos que servem boa comida a preços acessíveis" e garante em seu site que "definitivamente não é um prêmio de consolação".* Restaurantes Bib Gourmand estão entre o "lugares baratos" e "restaurantes étnicos refinados". Eu não estava reclamando. Os restaurantes com que sinto maior afinidade são os Bib Gourmand. O Ssäm havia sido citado na categoria no ano anterior e tinha sido ótimo.

Fazia menos de sete meses que havíamos aberto o Ko. Eu achava que o Michelin não ia ser capaz de ignorar o salão reduzido e a falta de refinamento da experiência que oferecíamos, ainda que afirmasse categoricamente que seus inspetores só se preocupavam com a comida. Se tivéssemos sorte, talvez em alguns anos recebêssemos uma estrela. Conforme a data do anúncio se aproximava, chefs e amigos me perguntavam se eu estava ansioso. Na verdade, estava bastante zen.

Tudo correu bem no jantar da campanha do Obama. Os convidados estavam felizes de experimentar um pouco do que vínhamos servindo no nosso restaurante, onde ainda era irritantemente difícil conseguir fazer uma reserva. Fiquei amigo de

---

* Se tudo o que você sabe do Guia Michelin vem do filme *Pegando fogo*, eis uma cartilha básica: ele foi originalmente desenvolvido como uma ferramenta para pessoas que viajavam de carro pelo interior da França (motivo pelo qual uma empresa que fabrica pneus está envolvida com a gastronomia). As diretrizes oficiais descrevem um restaurante com uma estrela como tendo comida "de alto padrão, digna de uma parada". Duas estrelas representam "uma excelente comida, digna de um desvio". E três representam "comida excepcional, que vale a viagem".

algumas pessoas que trabalham muito pelos outros. Foi um bom intervalo da insularidade do mundo da gastronomia — uma insularidade que podia ser resumida pelas centenas de horas que as pessoas gastavam especulando sobre um guia que depois todos concordariam que era péssimo.

Os cozinheiros estavam arrumando tudo no fim da noite quando entrei em um depósito espaçoso, sentei sobre um balde de ponta-cabeça e li meus e-mails. Deparei com uma mensagem de Ben Leventhal, cofundador do Eater.

Cara, você recebeu duas, ele escreveu.
Do que está falando?
Do Michelin. Vi uma prova. Parabéns.

O Ko estava entre os sete restaurantes na cidade que haviam recebido duas estrelas. Só quatro estabelecimentos — Per Se, Masa, Jean-Georges e Le Bernardin — tinham recebido três.

Fiquei sentado ali por alguns minutos, sem saber muito bem como descrever a sensação que se acumulava no meu estômago.

Em retrospectiva, sei bem o que é.

Medo.

"Sabe, nunca demos duas estrelas a um restaurante ao qual não fui pessoalmente."

"É surreal. E uma enorme honra."

"Tampouco para um restaurante com menos de um ano de vida."

Jean-Luc Naret, diretor do Michelin na época, tinha ido dar uma olhada no Ko pessoalmente. Foi alguns meses depois do anúncio, e estávamos prontos para sua visita. Ele não usou nenhum pseudônimo. Seu trabalho era ser o rosto do Michelin e de seu pelotão anônimo. Embora eu tivesse ouvido de chefs europeus que estabeleciam um relacionamento com diretores locais, almoçavam junto com eles e pediam feedback, não me sentia confortável em ir além de uma troca de gentilezas.

"Preciso perguntar, chef", ele começou. "Você quer a terceira estrela?"

Gaguejei algo sobre não saber como responder àquilo e estarmos muito animados com o que tínhamos. Depois me recolhi à cozinha.

De lá, olhava para Naret e sua companhia durante a refeição sempre que podia. Percebi que ambos só remexiam a comida. Pareciam satisfeitos, não eufóricos. Não estavam exatamente devorando o prato de macarrão rasgado à mão com recheio de frango e escargot, ervas finas, manteiga e pele de frango crocante por cima — um prato clássico de Serpico. Como poderíamos ser um restaurante duas estrelas se não conseguíamos fazer o diretor do Michelin limpar o prato?

Era um prato excelente, e eu queria muito que Naret gostasse dele. Eu estava chateado, não porque nossa cozinha tivesse falhado, mas por causa do quanto a aprovação dele significava para mim. Esse é o poder de organizações como o Guia Michelin e a World's 50 Best Restaurants, e o motivo pelo qual os chefs os desprezam e amaldiçoam a portas fechadas.

Muitos dos chefs que recebem uma estrela Michelin dizem algo como "É uma enorme honra, mas tentamos não tornar prêmios nossa motivação". Eles dizem isso porque estão preocupados com a possibilidade de perder suas estrelas e com medo do poder que esses prêmios possuem. Não é só o fato de que o Guia Michelin pode tornar seu restaurante um sucesso ou um fracasso — é o controle que tem sobre como você aborda o trabalho ou mesmo quanto desfruta dele.

Quero uma terceira estrela? Com certeza. Quero que minha equipe sinta a alegria de chegar ao topo do mundo gastronômico? É claro que sim.

Mas também tenho medo disso.

Temo a inevitável queda do topo. Mais que isso, temo o que significa as pessoas pensarem que chegaram ao ápice da profissão. O que acontece com a motivação de um chef quando seu trabalho se torna uma questão de manutenção, e não de aperfeiçoamento? Com uma terceira estrela, você faz tudo o que pode para evitar perturbar o delicado equilíbrio que criou. Não há evolução. Não há atrito. Você é vítima de sua própria autoconfiança, tem medo de abandonar o que já sabe que funciona.

Sei que nem todo mundo se beneficia desse tipo de ênfase na batalha constante, mas é o caso de muita gente na culinária. Sabe por que o Noma continua sendo o melhor restaurante do mundo? Tenho certeza de que é porque nunca recebeu três estrelas. Para mim, isso na verdade é uma bênção.

Para ser bem-sucedido nesse negócio, precisamos da promessa de um propósito, de um motivo para encarar a lista de pré-preparo todas as manhãs e se forçar a fazer algo novo e extraordinário.

Precisamos de esperança.

11. Os europeus

Os dinamarqueses passaram a maior parte do fim de semana coletando conchas nas costas congelantes da Normandia.

"Que porra eles estão fazendo, Tosi?"

"Por que não vai lá perguntar?"

"Sei lá, não quero interromper o processo deles. Se eu tropeçar em um pedra, vou cair e esmagar os caras e suas conchas tão preciosas."

Em fevereiro de 2008, Tosi e eu viajamos para a cidade costeira de Deauville, na França, para um evento chamado Omnivore, no qual chefs apresentavam novos pratos e falavam sobre suas ideias. Aquele tipo de reunião tinha se tornado comum após a ascensão surpreendente do El Bulli.

O restaurante só ficava aberto metade do ano. No resto do tempo, tratava-se de um programa de pesquisa e desenvolvimento e um laboratório gastronômico. Os irmãos por trás do El Bulli, Ferran e Albert Adrià, fechavam as portas seis meses por ano e se mudavam para uma oficina em Barcelona para criar um cardápio completamente novo para a estação seguinte. Muitas vezes se resumia o que El Bulli fazia ao termo "gastronomia molecular", o que na minha opinião era uma bobageira de marketing que pintava a abordagem deles injustamente como algo antinatural. A definição tampouco dava conta do que eles faziam: no El Bulli, Ferran e Albert questionavam todas as suposições relativas à gastronomia. Enquanto outros chefs estavam mais ou menos convencidos de que tudo já havia sido feito, os Adrià criaram ano após ano maneiras surpreendentes de cozinhar e servir comida. Toda a ciência era apenas um meio de chegar a um fim artístico muito maior.

O carisma dos Adrià fez com que todo chef daquela época sentisse que precisava de um palco onde pudesse atuar diante de um público. Logo, havia todo um circuito de festivais, parecido com uma semana da moda, só que para os fãs de gastronomia.* Se quisessem, os chefs podiam passar o ano todo longe de seus restaurantes, só frequentando esses encontros e participando de jantares colaborativos, em geral à custa do Ministério do Turismo local. Na Espanha, havia o Madrid Fusión e o Gastronomika. Na Itália, o Identità Golose. Na França, o Omnivore. Muitos desses eventos estavam relacionados a ganhar dinheiro por meio de patrocínio corporativo. Conforme os chefs iam se acostumando

---

* Essas coisas podem dar trabalho. Eis minha abordagem patenteada de eventos gastronômicos: mire nos 70%. Minha filosofia é baseada em uma história apócrifa que ouvi sobre como uma grande empresa de serviços financeiros escolhia seus analistas. Eles não contratavam pessoas que tinham acertado tudo no exame de admissão da categoria. Preferiam aquelas que acertavam 70%, porque isso significava que elas conheciam o assunto tão a fundo que tinham certeza de que passariam sem se esforçar. É esse o ponto a se atingir ao cozinhar em eventos. Você não pode ser o pior nem o melhor. Tentar impressionar, seja em uma demonstração, seja em um jantar colaborativo, é para os tolos. Você ou vai falhar terrivelmente ou vai ser bem-sucedido, e nesse caso as pessoas só vão passar a esperar mais. Seja esperto e não se mate por causa de encontros isolados.

com o esquema, delegavam a responsabilidade sobre a comida a seus assistentes. A qualidade foi decaindo. Os chefs pediam algo menor e mais útil. Surgiram eventos mais intimistas, como Cook it Raw, MAD e Gelinaz! Hoje, todo mundo só quer uma série na Netflix. Se pareço cansado, é porque estou.

Mas na época era tudo novidade para mim, e a Europa ainda me parecia um enigma. Tudo de mais legal acontecia ali. Os chefs tinham um ar impenetrável de intelectualismo desinteressado. Eu os imaginava discutindo Descartes depois do serviço, com um cigarro aceso numa mão e uma taça de *vin jaune* turvo na outra.

Os dois homens na praia eram René Redzepi e seu sous-chef, Christian Puglisi, do Noma, que vinha subindo na lista World's 50 Best. Seu restaurante em Copenhagen tinha sido aberto no mesmo ano do Noodle Bar, e a fama de Redzepi havia chegado a Nova York. Tínhamos nos conhecido brevemente quando ele passara no Ssäm Bar, mas eu me baseava principalmente em rumores. Redzepi vinha cozinhando desde o fim da adolescência e fora o principal pupilo do French Laundry e do El Bulli. Eu tinha ouvido falar da comida que ele vinha fazendo e tinha o primeiro livro de receitas dele, *Noma: Time and Place in Nordic Cuisine*. Pelo que eu entendia, o lance do Noma era a "coleta" — comer coisas do solo.

Fiel a seu propósito, Redzepi mastigava uma folha enquanto varria a praia. Ele pegava uma concha, erguia-a contra a luz e a virava como se procurasse por manchas em uma taça de champanhe.

No dia seguinte, fiz *kimchi* no palco. Não é preciso dizer que demonstrações ao vivo não são meu forte, mas me saí razoavelmente bem. Falei de história e de como a simplicidade pode ser enganosa. Falei da minha formação multicultural, de morar e trabalhar nos Estados Unidos, da minha perspectiva única.

Com a tarefa cumprida, me juntei à multidão para desfrutar do restante da programação. Feliz, concentrei minha atenção em

Pierre Gagnaire, Michael Bras, Jean-François Piège, Andoni Luis Aduriz e outros chefs que eram meus heróis, mas que eu nunca havia visto em carne e osso.

Redzepi e Puglisi entraram no palco segurando uma grande caixa de isopor preta. Eles apagaram as luzes e passaram um vídeo que começava com cenas da fria baía de Copenhagen e do armazém secular onde ficava seu restaurante, à beira-mar. O evento era patrocinado por um produtor de vinhos, um daqueles brancos que oxidavam rapidamente cujo aroma alguém descreveria orgulhosamente. "Jack-Ass", do Beck, era a música de fundo da apresentação de Redzepi.

"E se toda a inspiração de que precisamos estiver bem no nosso quintal?", começou a narração ao vivo de Redzepi, que reconstituo para vocês de memória.

Ele falava com delicadeza e confiança.

"Quando abrimos o Noma, a maior parte das pessoas não compreendia nossa abordagem. Éramos chamados de 'comedores de focas'."

No vídeo, Redzepi viajava até um castelo nos arredores da cidade para encontrar um fazendeiro e arrancava produtos maravilhosos diretamente do solo.

"Esse é Søren Wiuff. Ele produz a maior cenoura que se pode imaginar. Pedimos que ele envelhecesse algumas para nós. Vocês ficariam chocados com o sabor. Com manteiga, fica melhor que qualquer carne."

Na tela, Redzepi nota conchas estilhaçadas enterradas no mesmo solo onde os vegetais crescem. A câmera se afasta, revelando a costa à distância.

"A regra não dita em Copenhagen era de que um restaurante tinha que servir caviar, foie gras e vinhos de Bordeaux para ser levado a sério. Mas por que oferecer aos clientes algo a que poderiam ter acesso com uma curta viagem de avião, e que certamente seria melhor?"

Acompanhamos os produtos sendo entregues à cozinha do Noma, onde os colocavam em uma grande caixa de isopor preto. Quando Redzepi chegou ao fim de seu discurso planejado, essa era a imagem que passava na tela.

"No Noma, nossa missão é escavar mais fundo que nunca, descobrir o que nosso solo tem a oferecer. Posso dizer que por enquanto apenas arranhamos a superfície."

Com aquilo, ouvimos o som de um burro zurrando. As luzes do auditório foram acesas. A imagem na tela passou a uma transmissão ao vivo da bancada, do fogão e da caixa de isopor vistos de cima. Puglisi a abriu. Lá dentro estavam os mesmos vegetais que haviam aparecido no vídeo, dispostos exatamente como os tínhamos visto antes. Aqueles dois não brincavam em serviço.

Eles começaram a cozinhar. Puglisi preparou a pilha de vegetais e Redzepi fez a beurre monté. Puglisi pegou o balde de conchas coletadas na praia. Ele as pulverizou em levas e foi entregando a Redzepi, que acrescentou tudo à manteiga e depois coou a mistura.

Redzepi fez cinco pratos de vegetais diferentes usando a manteiga coada. A apresentação foi concluída no tempo exato previsto: quinze minutos. Eles foram os únicos aplaudidos de pé naquele fim de semana.

"Que bom que não tive que me apresentar depois deles", eu disse a Tosi enquanto aplaudíamos.

"Não se menospreze", ela brincou. "Ensinar todo mundo a abrir um vidro de *kimchi* foi bem legal também."

Na festa de encerramento, quase derrubei duas pessoas ao investir contra a multidão para apertar a mão de Redzepi.

"Oi, René, sou Dave, do Momofuku de Nova York, você comeu no meu restaurante ano passado. Só queria dizer que o que você fez hoje foi uma das coisas mais incríveis que já vi."

"Sei quem você é, chef", ele disse, rindo. "Quando vai nos visitar em Copenhagen? É maravilhoso no verão."

"Ah, é?"

Essa foi a última pergunta que consegui fazer a ele. Redzepi passou o resto da nossa conversa me perguntando casualmente sobre restaurantes, minha criação, Nova York e minha vida amorosa. René pode parecer muito descontraído, mas dava para ver que ele estava absorvendo e processando tudo o que eu dizia. Jornalistas inocentes com frequência se perguntavam como alguém que parecia o estereótipo da calma e da alegria podia ter feito sucesso na gastronomia, mas dava para ver que ele não era como os outros dinamarqueses. Na verdade, Redzepi tinha nascido na antiga Iugoslávia e sua família fugira da guerra. Em Copenhagen, seu pai encontrara trabalho como motorista de táxi e sua mãe como faxineira. Os outros meninos zombavam de René quando ele era criança por não ser alto ou escandinavo o bastante. Ele começara a trabalhar numa cozinha aos quinze anos e nunca parara.

"O que vai fazer mais tarde?", René perguntou.

Diminuí a importância dos meus planos para o jantar.

"Por que não aparece para comer alguma coisa umas onze e meia? Peça para alguém da organização te mostrar onde fica a cozinha dos fundos."

Tirei um cochilo e voltei ao salão, onde estavam quase acabando de desmontar o palco. Perguntei a um voluntário se podia me indicar a direção da cozinha.

"O festival acabou, senhor."

"Ah. René Redzepi me disse para encontrá-lo aqui."

"Ah, o senhor está com os chefs? Mas é claro!"

Ele me acompanhou até a cozinha no andar de baixo. Redzepi me viu descendo a escada e veio até a porta.

Apertei sua mão por tempo demais, distraído com o que via atrás dele: Michel Bras, o humilde mestre artesão, usando jeans e cortando cenouras tourné com seu canivete Laguiole; Franck

Cerutti, havia muito o braço direito de Alain Ducasse, cortando um peixe em filés; e um homem grandalhão com cabelo preto vasto que se não fosse pelo avental pareceria pronto para o happy hour, com sapatos finos, camisa azul pristina e um cachecol. Ele parecia agitado e dava a maior pinta de italiano.

"Esse é o Fulvio, como você deve saber. Ele está um pouco chateado. Perderam sua rúcula."

Eu não conhecia Fulvio Pierangelini, mas gostei dele na mesma hora. Ele estava pirando por causa de um jantar entre amigos, o que o tornava uma lenda no meu conceito.

"Como posso ajudar, René?"

"Não se preocupe, chef. Pegue uma taça de vinho."

Mais tarde alguns dos melhores chefs do mundo se sentaram em volta de uma mesa metálica de preparo e jantaram juntos. Não falo francês nem italiano, e não havia legendas. Me lembro de risoto, salada, vinho e queijo. Jean-Yves Bordier, o produtor de manteiga da Bretanha, estava lá, com suas bochechas rosadas e quase dez quilos de produtos seus. Nunca comi tanta manteiga na vida.

Tentei passar despercebido e absorver aquela sensação.

Fui a Copenhagen um ano depois. René falou de mim e fui convidado a participar do Cook it Raw, algo entre uma *jam session* gastronômica e um retiro de escoteiros. A ideia era que todo ano cerca de dez chefs visitassem uma região diferente do mundo juntos para se inspirar, conversar e cozinhar. A viagem culminava em um jantar colaborativo inspirado pelo local. Em suas primeiras edições, o Cook it Raw era uma das reuniões de chefs mais puras que havia.

A lista de chefs em Copenhagen era impressionante. Para começar, eles tinham convidado Albert Adrià, que, além de ser um dos confeiteiros mais inovadores de todos os tempos, comandava a área de pesquisa e desenvolvimento do El Bulli. Ele e o irmão,

Ferran, tinham fechado o restaurante pouco antes, e Albert estava deixando a semiaposentadoria para se juntar a nós. Também estariam presentes Pascal Barbot, cujo l'Astrance de Paris tinha influenciado diretamente o Ko, Massimo Bottura, que balançava o establishment da gastronomia de seu país mexendo com a cozinha italiana clássica, e muitos outros, incluindo René, nosso anfitrião.

Ficamos todos no Admiral, um hotel de tema náutico à beira-mar. Na manhã do jantar, fui de bicicleta para o Noma. Era primavera. A cidade parecia perfeita. Todo mundo na Dinamarca era lindo e estava feliz.

Dentro do Noma, nem tanto.

O tema do jantar estava ligado a uma cúpula climática em andamento, e nossa tarefa era cozinhar usando o mínimo de eletricidade. Eu era um dos poucos chefs que tinham aderido à proposta. Meu prato era uma panacota de leitelho desandado e acompanhada de dashi de maçã e ervas. Eu estava bem orgulhoso dele, até que vi o que os outros estavam fazendo.

Meus olhos estavam fixos em Barbot, que eu idolatrava. Ele era ao mesmo tempo um dos chefs mais refinados do mundo e um grande improvisador. Ele arriscava suas três estrelas do Michelin toda noite no l'Astrance, criando novos pratos na hora. Ali, no Noma, estava sobrepondo camadas de cavalinha marinada, enguia, licor Frangelico e purê de cogumelos em uma xícara de café elegante.

Enquanto isso, René andava de um lado para o outro, fazendo a mesma pergunta a todos.

"Cadê o Iñaki, porra? Alguém teve notícias dele?"

Iñaki Aizpitarte não tinha um restaurante fino. Não havia estudado gastronomia. Não tinha treinado em nenhum palácio da alta culinária premiado com estrelas Michelin. Ele tinha sido um lavador de pratos que aprendera a cozinhar sozinho. Tinha um bistrô em Paris e estava conquistando toda a Europa.

"É sempre a mesma merda." René suspirou. "Toda vez a mesma merda."

A última vez em que haviam tido notícias de Iñaki fora na noite anterior. Tínhamos tomado uns drinques na cidade depois de ter passado o dia coletando nos arredores. Por volta de uma da manhã, todo mundo voltou ao hotel para descansar um pouco. Iñaki tinha ficado para terminar a segunda garrafa magnum de vinho.

"Não fique bravo comigo, René. Eu te amo", Iñaki disse quando finalmente apareceu, dando um beijo em cada bochecha de Redzepi. "Ah, David Chang? É um prazer ver você de novo. Copenhagen é muito bonita, não?"

Iñaki se pôs a trabalhar ao lado de Barbot. Perguntei a ele o que ia fazer.

"Vou decidir agora."

Iñaki começou a tirar ingredientes do lixo de Barbot. De uma pilha de aparas de cogumelos e enguia, fez consomê, depois colocou numa embalagem plástica com pedaços de lagosta crua e o passou pela seladora a vácuo inúmeras vezes, para forçar o sabor a penetrar a carne. Ele ralou pistache e misturou com raspas de laranja e um punhado de sal marinho para produzir o que parecia ser um furikake psicodélico. Depois fez purê de fígado de pombo e fatiou a lagosta em medalhões finos, espremeu um limão-siciliano no consomê e misturou tudo.

Foi um dos pratos mais escandalosamente bons que eu já havia provado, e eu poderia apostar quase qualquer coisa que, se você lhe perguntasse hoje, Iñaki não teria nenhuma ideia do que fez aquela noite. Às vezes as pessoas perguntam se a pessoa já nasce um grande chef. Se Iñaki não existisse, minha resposta seria não, mas o cara é um gênio da gastronomia.

Depois que o último prato foi levado, um trenzinho improvisado tomou conta do salão. Todo mundo estava animado. Fomos comemorar em um bar que Nadine, esposa de René, havia reservado para nós. Era para ser uma reuniãozinha entre os chefs, mas todo mundo que estivera presente no jantar foi junto. Todo mundo que ficara sabendo também. Vi Massimo preparar drinques usando o cartão de crédito como colher. Iñaki foi o centro das atenções. Até mesmo René, o rei da saída à francesa, ficou a maior parte da noite.

O sol já brilhava quando voltei ao Admiral. Na minha lembrança, corpos se alinhavam no caminho — os maiores críticos gastronômicos e chefs do mundo dormiam nas calçadas —, mas não pode ser verdade. O que sem dúvida vi, no entanto, foi Iñaki dormindo no elevador. Ou melhor: na porta do elevador. Seu tronco tinha conseguido chegar, mas suas pernas estavam para fora. A cada tantos segundos a porta se fechava sobre o corpo dele, fazendo com que se mexesse por um momento. Nem a sensação de ser apertado nem o som do apito do elevador conseguiam despertá-lo.

Foi o melhor fim de semana que um chefe poderia imaginar, e a cada três ou quatro meses nos anos seguintes eu encontrava diferentes formações daquele time. Novos membros se juntaram a nós. Quique Dacosta. Magnus Nilsson. Alex Atala. Pessoas de dentro e de fora da comunidade de restaurantes com frequência me perguntavam com uma mistura de maravilhamento e ressentimento como era estar no clube dos chefs descolados. A resposta sempre era que aquilo não existia.

Mas a verdade é que *havia* um clube.* E, sim, por anos, éramos um clube do bolinha. Não adianta negar isso. Não olháva-

---

* Algumas cenas do Cook it Raw em Lapland: circuladores de imersão cozinhando língua de rena na banheira de Bottura; Yoshihiro Narisawa e sua esposa, Yoko, que usava quimono, destrinchando um urso inteiro; eu fazendo dashi de leite de rena para acompanhar o peixe que cozinhava lentamente em uma sauna seca e descobrindo meu chef e sócio Davide Scabin e a esposa deitados nus sob um cobertor de pele de urso quando fui buscá-los. A sauna tinha se transformado em um verdadeiro inferno, e o peixe estava literalmente pegando fogo. Foi um desastre.

mos em volta e nos perguntávamos onde estavam as mulheres. Hoje os motivos pelos quais as pessoas viam nosso grupinho com incômodo me parece muito claro. Olhando para trás, eu também vejo. Era mais um em uma longa fileira de pontos de inflexão centrados nos homens na história do chef moderno. Além do mais, muito do que apresentávamos nessas reuniões era bobagem. No novo milênio, os chefs tinham começado a se ver como evangelistas. As pessoas faziam perguntas e oferecíamos nossa perspectiva em assuntos como ciência, criatividade, meio ambiente, política e arte. Ao mesmo tempo, não era ruim que alguém que tivesse abandonado o ensino médio tivesse a chance de ouvir Harold McGee falar, ou que um estudante de gastronomia visse que seu trabalho não seria necessariamente dispensado como uma forma menor de cultura, ou que um chef do Peru encontrasse um irmão espiritual na porção mais ao norte da Suécia.

Em nossos cantos separados do mundo, todos lidávamos com a mesma questão. Ninguém mais compreendia como eram assombrosas as oportunidades que se apresentavam diante de nós. Fomos a última geração a viver uma época antes de tudo isso e ao mesmo tempo a última geração a se beneficiar disso. Na década seguinte, a comida ia se tornar mais democrática. Haveria mais restaurantes, mais conhecimento, menos limiares de atenção mais curtos. Seria mais difícil para um chef se destacar como uma figura singular.

É claro que talvez isso seja apenas o que digo a mim mesmo porque não sei onde acontecem as festinhas agora.

PARTE DOIS
Descendo e voltando a subir

Abandonando a linearidade cronológica da história para explorar assuntos que ainda preciso processar totalmente com o dr. Eliot; mania; um pouco de filosofia de meia-tigela e comparações artísticas vergonhosas; os limites da raiva; frango racista; a alegria de voltar a empurrar a pedra montanha acima.

12. Figos num prato

Tenho bastante prática em contar as histórias da primeira metade deste livro. Mas minha experiência não é tão vasta quando falo do que vem a seguir.

Acho que posso continuar de onde meu último livro parou. Depois do lançamento do livro de receitas do Momofuku, Tony Bourdain me convidou para me juntar a ele em uma conversa no Festival de Vinho e Comida de Nova York. Eu odiava falar em público, mas a editora tinha insistido na importância de fazer eventos de divulgação. O nome da nossa conversa era "Isso é besteira". Os organizadores do evento queriam que reclamássemos. Era a primeira vez que Tony e eu subiríamos ao palco juntos.

Na verdade, não tenho certeza de que já nos conhecíamos ou não quando nossa agente, Kim Witherspoon, conseguiu que Tony mandasse um parágrafo para entrar na capa do *Momofuku*. Ele já estava se tornando uma figura mítica no campo da gastronomia, mas a verdade era que demorei um pouco para embarcar na dele. Quando *Cozinha confidencial* foi publicado, eu trabalhava no Craft. Cozinheiros e chefs ainda não estavam na moda, tampouco tinham sido normalizados, e sinceramente todos éramos céticos quanto a um chef de um restaurante não muito importante de Nova York revelando tudo sobre o negócio.

    Tony nunca trabalhou nos restaurantes do primeiro escalão. Esse era o motivo pelo qual muitos na indústria torciam o nariz para ele, mas também exatamente o que o tornava notável. Tony trabalhou como cozinheiro a vida toda — era o tipo de cara que não aspirava a subir na hierarquia de restaurantes refinados. Representava a maioria dos cozinheiros, e escreveu sobre nosso mundo com uma inteligência e uma empatia extraordinárias.

    Quando Tony visitou o French Laundry no programa *A Cook's Tour*, todo o peso da genialidade dele me atingiu. Talvez Tony não fosse capaz de acompanhar um chef como Thomas Keller na cozinha, mas ele compreendia o que tornava Keller especial e era capaz de comunicar isso ao público de maneira magistral. Ele era um cara com quem todo mundo queria passar o tempo, porque, em primeiro lugar e principalmente, era fã de comida e de restaurantes. Muitas das histórias que figuraram em sua escrita e em seus programas de TV tratavam daquilo com que os chefs mais se importavam: camaradagem, honestidade, criatividade e os cozinheiros latino-americanos que sustentam todo o negócio. A pessoa que mais fez por legitimar nossa profissão foi aquela que originalmente achávamos que não tinha o que era preciso.

    Quanto mais tempo eu passava com Tony, mais o adorava. Tínhamos muito em comum, mas também preenchíamos as lacunas na perspectiva um do outro. Sei que isso soa vago, mas é impossível apontar todas as maneiras como ele impactou minha vida. É como tentar explicar por que se ama um irmão. Tudo o que posso dizer é que ele estava sempre ali.

    Quando estávamos nos bastidores, antes da nossa conversa, ele mal tocou a cerveja que abriu. Já eu virei todas as latinhas que tinha no balde de gelo e então passei para bourbon.

"Tem certeza de que não quer?", perguntei.
"Não, mas, por favor, fica à vontade."
O palco tinha sido montado para parecer um ambiente de sala de estar em uma loja da Ikea, e havia mais cervejas esperando por nós quando aparecemos.

Tony começou pegando leve.

"O que você acha de toda essa badalação em cima do Momofuku?"

Falei sobre como estávamos sendo supervalorizados, e a autoflagelação correu bem. Conforme a noite avançou, focamos em nossos objetos de escárnio mútuos. O cabelo de Guy Fieri. Cupcakes. Paula Deen. Alvos fáceis. Também falamos de coisas que adorávamos: food trucks de taco e chefs que não tinham o devido reconhecimento, como Gray Kunz e Christian Delouvrier. Tópicos tranquilos também.

Entramos em águas mais turbulentas quando Tony se referiu a Alice Waters como "Pol Pot de vestido havaiano". Eu não concordava com ele. Admirava Alice e o que ela havia criado no Chez Panisse. Amava jantar lá. Além disso, nas poucas vezes em que havíamos nos encontrado, ela tinha sido simpática e generosa, e me tratara como um dos seus. Eu não achava que ela tinha sido escolhida por Deus ou coisa do tipo, tampouco me parecia que merecia nossa ira.

"Ela é bem-intencionada", eu disse, me esquivando.

Dava para sentir que o público estava louco para ver sangue. Sem querer decepcionar o pessoal ou Tony, ofereci um prêmio de consolação: "Mas sabe o que eu acho besteira? San Francisco".

"Tá. E qual é o problema com San Francisco?"

"Só uns poucos restaurantes lá chegam a manipular a comida."

"Como assim?"

"Qualquer porra de restaurante lá serve figos num prato sem absolutamente nada. Tipo, *faz alguma coisa* com a comida."

A região da baía de San Francisco tem os melhores hortifrútis do país, o que deu origem a uma abordagem culinária que prioriza os ingredientes acima de tudo. O único trabalho do chef de San Francisco era amplificar a qualidade do que encontrava no mercado ou cultivava no jardim. Isso é ótimo, mas por favor... está ficando ridículo. Os fanáticos da noção de direto do pomar para a mesa estavam acabando com os restaurantes da região. Passar uma água de repente estava valendo como cozinhar. Uma vez pedi um caqui de sobremesa em San Francisco e foi exatamente o que recebi: um prato com um caqui inteiro, nem mesmo fatiado. Sem mel, sem sal, sem nada. Aqueles hippies não sabiam o que significava cozinhar de verdade. Na minha opinião, os únicos restaurantes no norte da Califórnia com um ponto de vista diferente eram os comandados por chefs vindos de Nova York.

Era em Nova York que a gastronomia de verdade acontecia. Podíamos ter ingredientes piores, mas compensávamos isso fazendo com que passassem por múltiplos estágios de aprimoramento antes de chegar ao prato. Todo mundo na região da baía de San Francisco usava seus produtos como uma muleta. Eu não era o único dizendo aquilo. Anos antes, Daniel Patterson — um dos únicos chefs que eu citaria como fazendo gastronomia de verdade em San Francisco — apontou a mesma coisa em um artigo de opinião no *New York Times*, e foi execrado por isso. Aquela parte do mundo que havia abraçado tantos movimentos visionários — o Verão do Amor, os beatniks, o Grateful Dead, Harvey Milk, o boom tecnológico — se acomodava quando se tratava de comida.

Tenho certeza de que expliquei meu raciocínio no palco. Contextualizei o comentário. O público pareceu satisfeito com minha opinião. Não pensei mais a respeito.

Eu ia promover o livro em San Francisco no mês seguinte. A editora havia lotado minha programação de leituras, sessões de perguntas e respostas e de autógrafos, mesas de discussão e demonstração de receitas. Ainda penso em como deve ter sido quando o departamento de marketing da editora viu meu comentário sobre os figos num prato se espalhar na internet como um fungo horrível.

Meus pares na região da baía de San Francisco não levaram meu comentário na boa. Ficaram furiosos. Eu não conseguia entender por que se importavam tanto com o que um chef de Nova York achava de sua cidade. A coisa toda só adquiriu proporções ainda maiores e mais desastrosas quando um blog local pediu que eu explicasse o que tinha querido dizer. Mordi a isca e sugeri que o pessoal de San Francisco devia simplesmente fumar mais maconha.

A Sociedade Asiática, que pretendia fazer um grande evento de promoção do livro, abortou tudo diante da reclamação de um chef local que se manteve no anonimato. A assessoria de imprensa fez a seguinte declaração: "Não foi só um comentário em uma mesa de bar. Está nos registros públicos, foi feito diante de centenas de pessoas. Reconheço o papo de bad boy, mas não se pode fazer isso em público".

Nos registros públicos. Pelo amor de Deus.

Seguimos em frente com os demais eventos. Em nossa última noite na cidade, estava planejada uma festa em um bar em North Beach. Convidei todo mundo que eu conhecia e todo mundo com quem encontrava. Não estou exagerando. Durante uma sessão de autógrafos no campus do Google, disse a absolutamente todo mundo que deveria aparecer para beber alguma coisa mais tarde. Por minha conta.

Naquela noite, peguei uma mesa de canto. O bar vendia uma cerveja que eu nunca havia visto: garrafinhas de 210 ml de Miller

High Life. Achei que eram fofas e uma ótima ideia. Com aquele tamanho, a cerveja aguada acabaria bem antes de esquentar na sua mão. Comprei todas as garrafinhas que eles tinham — 120 — e esperei que as pessoas começassem a aparecer.

Só uma apareceu: Chris Ying, que fora cozinheiro e agora era editor da editora McSweeney's. Evidentemente era o último membro do círculo gastronômico de San Francisco por quem eu não era malquisto. Se ele não só tivesse aparecido como levado três ou quatro amigos consigo, eu certamente teria acabado no pronto-socorro, sofrendo uma lavagem estomacal. Mas nosso grupinho bebeu até a última cerveja. No fim da noite, eu me reclinei na janela para pegar um pouco de ar e acabei caindo na calçada lá embaixo. Ying estava lá fora e correu para me ajudar, mas parou quando me viu pousar de cócoras, como se eu fosse uma versão coreana e aumentada de Simone Biles. De acordo com ele, comecei a amarrar o sapato como se nada tivesse acontecido.

Esse é o tipo de pessoa que eu me lembro de ser na época. Depois do tour de divulgação do livro, senti uma mudança no modo como as pessoas me viam. Havia maior escrutínio, mais atenção. Parte daquilo se devia ao sucesso dos meus restaurantes, mas a gastronomia de modo geral também ocupava cada vez mais espaço na mídia. O Eater tinha se transformado em um site de cobertura nacional. Sua estratégia para cumprir a exigência de um ciclo de notícias de 24 horas ao dia incluía publicar cada comentário casual que eu fazia na área de alcance de um de seus repórteres. Além disso, parecia que sempre que alguém na imprensa precisava de um comentário para uma história vagamente relacionada com o mundo gastronômico, ligava para mim. A pessoa podia estar pesquisando as variedades de milho peruano e então concluía: "Está faltando uma citação do David Chang neste artigo". E a história dos figos num prato não morreu. Quase um ano depois, um site publicou uma lista de restaurantes de San Francisco que serviam versões engraçadinhas daquilo — os chefs da cidade estavam capitalizando em cima da minha provocação.

Esse foi o período em que o peso da atenção pública me pareceu mais esmagador. Me irritava o número de pessoas escrevendo sobre mim e se dirigindo a mim. Eu estaria mentindo se dissesse que não gostava da atenção, mas, de modo geral, chefs estão tão preparados para lidar com a fama quanto atores mirins — ou seja, nem um pouco. Eu estava bastante estressado e questionava o que, naquilo tudo, era real. Mais tarde, perguntei ao dr. Eliot se havia alguma chance de eu ser esquizofrênico, mas ele me garantiu que não era o caso. Para mim, foi uma decepção. Aquela seria uma explicação muito mais fácil.

Houve mais reverberações. Apareci em *Treme*, de David Simon, que surgiu na sequência de *The Wire*. Comecei a participar de quadros do programa do Jimmy Fallon. Fui ao Letterman. A *Time* me escolheu para sua lista das cem pessoas mais influentes de 2010, com Barack Obama, Ben Stiller, Serena Williams, Steve Jobs, Alice Munro, Zaha Hadid e outros 93, em cuja companhia me senti uma fraude total.

Ganhei um programa de TV, depois outro. Um podcast. E me pediram para escrever *outro livro*.

A maior parte do tempo, sinto como se mal estivesse conseguindo segurar as pontas.

13. Mantendo o controle

A única moldura pendurada no Noodle Bar é de uma foto do The Band tirada em 1968 por Elliott Landy, quando eles estavam gravando *Music from Big Pink*. As pessoas que esperam uma mesa à entrada do restaurante sempre acabam esbarrando na foto ao abrir caminho para que outros clientes entrem e saiam pela porta. Tenho a mesma foto pendurada em casa. Sou louco por ela. Retrata perfeitamente a humildade vigorosa deles: nada mais que cinco caras cabeludos em uma colina enevoada em Woodstock. Sempre considerei The Band o ideal platônico de um grupo. Não se podia identificar um líder e todo mundo se alternava cantando. Eles não eram os mais bonitos e não se esforçavam para isso. Vários sabiam tocar mais de um instrumento. Havia falhas na música que produziam: algumas de suas gravações são incríveis precisamente porque parecem um trem prestes a sair dos trilhos. Até onde posso dizer, eles só se importavam com tocar e dar umas risadas. Eram simplesmente The Band.

Eu queria que o Momofuku fosse esse mesmo tipo de organismo colaborativo imperfeito. Tentava evitar colocar as pessoas em papéis muito rígidos, porque isso sugaria a energia da empresa. Cada um tinha sua base — para Quino e Pemoulie era o Noodle Bar, para Tien Ho era o Ssäm e para Serpico era o Ko —, mas esses postos não podiam existir distintamente. Quanto a mim, havia períodos em que eu cozinhava todo dia — definitivamente era o caso quando estávamos começando o Ko — e outros, em que eu não entrava na linha de produção e só me concentrava nos negócios, dando ideias de pratos para a equipe.

Por um longo tempo, acreditou-se que The Band tinha decidido se separar de maneira amistosa. Eles planejaram um último show e o filmaram. Dirigido por Martin Scorsese, *O último concerto de rock* é um dos melhores filmes do gênero já feitos. Não há um fim mais adequado que esse.

É claro que depois viria a público que a dissolução do grupo foi muito mais complicada, envolvendo sentimentos feridos e choque de egos. Términos nunca são bonitos de ver.

Na primavera de 2009, recebi uma carta do pessoal por trás da World's 50 Best Restaurants avisando que o Ssäm Bar tinha entrado para a lista daquele ano. Fui convidado para a cerimônia em Londres. Comprei passagens para a equipe principal e em abril fomos todos para a Inglaterra.

Éramos o número 31 da lista. De acordo com o peculiar eleitorado, formado por "líderes da indústria de restaurantes", nosso restaurante — e seus dois pôsteres emoldurados de John McEnroe — era melhor que Le Louis xv, o restaurante de Alain Ducasse em Mônaco (número 43 da lista). Eu poderia contar muito sobre a World's 50 Best, mas o que realmente ficou daquela viagem foi o fato de que dormimos todos no mesmo quarto de hotel — e de que Quino não estava conosco. Dali a um mês, ele abriria seu próprio restaurante.

Tínhamos decidido oficialmente que íamos nos separar apenas algumas semanas antes, embora já fizesse algum tempo que vínhamos nos distanciando.

Quino nunca tinha se empolgado muito com o Ko. Ele não estava interessado em buscar nada muito refinado, enquanto eu havia me acostumado com a ideia. Ele tinha seu estilo e seus interesses, que não envolviam fazer geleia de Riesling e pratos que dialogassem com Alain Passard. Quino estava focado em objetivos como aperfeiçoar a arte de cozinhar em fogo aberto.

O Noodle Bar havia funcionado porque os sabores de Quino complementavam naturalmente os meus, apesar do fato de estarem enraizados em diferentes tradições. Mas o equilíbrio da nossa dinâmica era imperfeito. Alan Richman escreveu um artigo em 2007 mencionando uma piada recorrente em nossa cozinha: se o Momofuku um dia abrisse o restaurante mexicano de Quino, a manchete seria: *David Chang descobre suas raízes mexicanas.*

Quino era a pessoa que o cliente via cozinhando no restaurante. Como já disse, meu maior talento é criar ambientes em que as pessoas possam crescer e ser bem-sucedidas. Adoro equipes. Isso pode não parecer sincero, mas realmente tentei combater a ideia de que tudo no Momofuku dizia respeito a mim. Ainda assim, todo mundo trabalhava à minha sombra. Tudo o que se ouvia em relação aos restaurantes era meu nome. Os clientes me visualizavam executando pessoalmente cada aspecto de sua experiência. Não importava se eu nem estava no restaurante — eu ainda roubava toda a atenção.

Provavelmente era algo difícil de engolir, mas Quino nunca tocou no assunto, ou pelo menos não publicamente. E eu não queria lidar com o que não fora dito. Então seguíamos em frente.

Quando a notícia de que ele estava saindo vazou, entrei em pânico. Não queria romper relações com alguém que havia me salvado antes mesmo que o restaurante abrisse. Ele era parte do DNA do Momofuku. Tinha ficado ao meu lado quando não havia nenhuma chance de sucesso. Quino compensava minhas falhas mais graves e era um ótimo cozinheiro. E repito: para mim, era da família.

Não lido bem com a saída das pessoas, seja por escolha delas ou minha. Grito bastante — demais —, mas sempre tenho dificuldade em demitir quem quer que seja. Gosto de saber que estão todos por perto. Anseio pela aceitação e pelo conforto de amigos e familiares. Odeio a ideia de que vão me deixar. Traz de volta todo tipo de mágoa antiga. Me sinto tolo por ter acreditado que se importavam comigo ou com o Momofuku.

Pelo menos nesse caso a separação foi amistosa. Fiz o que pude para ajudar Quino a fazer seu incrível restaurante em Williamsburg, o Brooklyn Star, virar realidade.

Ele tinha ido embora e nos convencemos de que era a evolução natural das coisas, mas eu não conseguia ignorar a sensação de que eu não o havia valorizado ou o havia usado para meu benefício. Tinha mesmo feito tudo o que podia para lhe dar o destaque que ele merecia? Por que não tínhamos aberto o restaurante de tacos? Talvez eu estivesse tentando me convencer de que era uma pessoa digna quando na verdade não tinha problema nenhum em deixar um rastro de corpos para trás enquanto trilhava meu caminho. Minha lealdade à equipe dependia de sua própria devoção a mim? Eu não queria acreditar naquilo. Achava que havia espaço para que todos nós nos déssemos bem, juntos. Mas talvez aquilo fosse mentira também.

Mais cedo ou mais tarde, todos iriam embora — alguns atrás de grama mais verde, outros por esgotamento. É difícil ter sucesso. A comunicação era ruim. Eu me esforçava ao máximo para manter a banda junta, com fita adesiva e cordas. Cada partida, para mim, era um trauma permanente, mas minha resposta visível era sempre a mesma: *Foda-se.* Vamos sair dessa melhores.*

---

* Ou, com mais frequência, "eles que se fodam".

***

"Quando você acha que eles finalmente vão aparecer para dizer que nosso tempo acabou?"

Tosi me fez essa pergunta durante uma de nossas habituais caminhadas pelo bairro antes do serviço. A ruína iminente era com frequência assunto de nossas conversas. Nenhum de nós conseguia acreditar na nossa sorte. Em alguns poucos anos, ela tinha passado de relutante chef confeiteira do Ko a líder de outro negócio florescente, o Milk Bar. De muitas maneiras, Tosi era melhor do que eu em lidar com o sucesso.

Pessoas que tinham me ignorado completamente no passado apareciam do nada. Um dia, recebi uma ligação de alguns colegas do ensino médio que prefeririam me empurrar um lance de escada abaixo na época da escola a se dignar a falar comigo. Eram os mesmos caras que diziam coisas como "Preciso tomar um banho pra limpar essa sujeira" depois de ficar com uma menina asiática. Agora ia haver um reencontro da turma e eles queriam me convidar. Esse tipo de interação mexia com a minha cabeça. Eu não tinha ficado famoso por ser bonito, atlético ou musicalmente talentoso. Era só um cozinheiro.

Por falar em aparências que enganam, na superfície, Tosi parecia uma personagem da *Família Sol-Lá-Si-Dó* que vivia tricotando cachecóis, mas por baixo era uma cozinheira extremamente criativa — talentosa, mas que nunca se levava a sério demais. Enquanto o restante de nós no Momofuku vociferava e rugia, ela era de fato uma assassina.

Sua ascensão teve início no Ko. Eu sempre tinha visto a sobremesa como algo desnecessário, um momento incongruente em que o chef confeiteiro inevitavelmente interrompia a história que você vinha tentando contar com o menu. Mas as sobremesas que Tosi desenvolveu para o Ko contribuíam enormemente para nosso esforço. O cardápio de abertura culminava com uma tortinha frita de maçã, inspirada na do McDonald's, que deixaria o Papa-Búrguer de joelhos, e uma panacota que tinha o gosto exato do leite que sobra no fundo da tigela depois que você termina o cereal. Se esse sabor parece clichê hoje, é só porque ela inventou a porra toda.

A maior parte das pessoas considerava os pratos de Tosi charmosos e astutos. Eu achava que eles estavam entre as criações mais subversivas da história dos restaurantes americanos. Tosi cresceu em uma casa de subúrbio na Virginia, alimentando sua energia ilimitada com quantidades horrendas de Dairy Queen e fast-food. Enquanto muitos outros chefs confeiteiros se dedicam a dominar os padrões europeus, Tosi não fugiu do que a havia moldado. Isso a ajudou a se destacar. Ela transformou sua fluência em cultura americana em uma alegre rebelião no Milk Bar, que começou como uma confeitaria na sala dos fundos do Ssäm Bar, vendendo bolos de aniversário trufados e cookies feitos de sobras. Não havia canelés, macarons ou mil-folhas ali. A ideia do Milk Bar era desafiar a noção de que um grande chef confeiteiro precisava ser um cara com treinamento ao estilo francês. As pessoas se deram conta do brilhantismo de Tosi rapidamente.

Enquanto voltávamos ao restaurante depois de outra de nossas frequentes caminhadas, recebemos a notícia de que um funcionário contratado havia pouco tinha ido para o hospital com dor de estômago e recebera o diagnóstico de hepatite A.

Hepatite A não envolve risco de morte para o paciente, mas para um dono de restaurante a coisa se complica. A doença é transmitida pelo consumo de bebida ou comida que entraram em contato com material fecal de uma pessoa infectada. Eu aprendi isso procurando "hepatite A" no celular. Demorei um tempo para digitar essas letras, de tanto que minhas mãos tremiam.

Meu negócio estava em perigo. E, por extensão, o negócio de Tosi também. Não tínhamos ideia de quantos funcionários e clientes podiam ter sido infectados durante o período de incubação do cozinheiro zero, quando ele ainda não sabia que estava com hepatite A. E não saberíamos, a menos que outras pessoas ficassem doentes também. Fiquei morrendo de medo, mas tinha aprendido com Tosi a ser eficiente. Alertamos o Departamento de Saúde e Higiene Mental imediatamente. Descobrimos que eles esperavam uma semana antes de fechar um estabelecimento com um caso de hepatite A. Eu não queria ficar esperando. Fechei o Ssäm Bar e mandei toda a equipe fazer o exame e tomar vacina.

Um dia depois, estávamos todos liberados.

Mas um pensamento terrível começou a me perturbar. As pessoas seriam nossa ruína. Pessoas e suas imprevisibilidades, suas doenças, seus descuidos.

14. Oportunismo

Entre as perdas na equipe, os holofotes incessantes sobre nós e minha paranoia crescente de que tudo ia ruir, retornei a meus instintos básicos e decidi que precisava correr para o mais longe possível.

Para fazer isso, finalmente assinei um acordo de parceria. O primeiro restaurante Momofuku fora de Manhattan estaria localizado em um cassino a 16 mil quilômetros de distância.

Sempre que alguém me perguntava a respeito da longa viagem até lá, eu abria o Google Maps e media a distância entre Nova York e Sidney usando o dedão e o indicador.

"Viu? Não é tão ruim."

Deixando isso de lado, a decisão não me pareceu absurda. A maior parte desses acordos é transnacional. Uma propriedade — como um hotel ou um novo shopping — paga a um chef famoso para abrir um restaurante com seu nome e seus principais pratos. O chef vai até lá para a grande abertura, perambula por entre convidados calorosos em seu dólmã branco e vai embora alguns dias depois, deixando um substituto para trás. O contrato estipula um número mínimo de aparições que o chef precisa fazer em um ano, em geral uma carga não muito pesada.

Esse tipo de acordo é o ganha-pão da muitos restaurateurs no mundo todo. Os verdadeiros mestres da expansão são capazes de engarrafar a fórmula de seu sucesso e manter uma atmosfera e um nível de qualidade consistentes por todo o seu vasto império. Com um jatinho particular, Nobu Matsuhisa pode abrir três restaurantes de sushi enormes no mesmo fim de semana. Joël Robuchon recebeu três estrelas Michelin dentro do MGM Grand, em Las Vegas.

O restaurante que nos propusemos a abrir seria parte da revitalização de um cassino de vinte anos. Eu tinha conhecido a equipe de desenvolvimento quando explorava a possibilidade de ir para Las Vegas. Agora eles estavam trabalhando em um hotel-cassino na Austrália e me prometeram que eu poderia escolher qualquer espaço da propriedade e deixá-lo como quisesse. Iam me fornecer tudo de que eu precisava — na verdade, insistiam para que eu comprasse os equipamentos de cozinha mais caros que havia. Fechei o acordo sem pensar duas vezes.

À primeira vista, o projeto estava longe de ser a oportunidade mais atraente com que já tínhamos deparado. O arquiteto original do hotel tinha chegado a descrever o empreendimento como o mais hediondo conjunto de estruturas que seu escritório já havia concebido. À luz do dia, parecem três hotéis Radisson de aeroporto fazendo sexo com um shopping. As pessoas da região odiavam a construção. Nenhum dinheiro poderia consertar o Star. Isso me atraiu pelo mesmo motivo que Las Vegas: eu adorava a ideia de oferecer algo incrível no lugar onde as pessoas menos esperavam.

Embora não estivéssemos planejando reinventar a roda no Momofuku Seiōbo, não queríamos fazer apenas uma casa de lámens e sanduíches. Eu queria inovar dentro da moldura ostensivamente limitada daquele tipo de acordo. As chances de sucesso tinham que estar totalmente contra nós. Era assim que conseguíamos nossos melhores resultados.

Com isso em mente, quando nos disseram que poderíamos abrir o restaurante em qualquer lugar do complexo, escolhi o único que nem se deram ao trabalho de me mostrar. Eu o encontrei uma noite, quando estava procurando o banheiro: uma estranha caixa preta bem longe do salão de jogos principal, em um canto perdido de um cassino desprezado, em um país que eu mal conhecia.

No ramo dos restaurantes, demonstra-se respeito pelos pares compartilhando ideias que podem ajudá-los a se aclimatar a um novo território. *Do que os clientes gostam? Quem é o melhor fornecedor de frutos do mar? Como encontro bons cozinheiros? Como são os críticos?*

A ajuda tardou a chegar a Sydney. Os australianos parecem não gostar de pessoas que se destacam, então você pode imaginar como receberam um intruso falastrão e metido a sabe-tudo vindo de Nova York. Eu evitava ir aos restaurantes dos chefs famosos da cidade e me atinha a um restaurante cantonês de frutos do mar que ficava aberto até tarde: o Golden Century, meu favorito. Passava o resto do tempo no cassino, dando ordens e perambulando pela cozinha durante o expediente, apostando no tempo livre.

A ideia de um cowboy americano caindo de paraquedas na Austrália para abrir um restaurante não tinha como terminar bem. Portanto, sem avisar ninguém em casa, tomei a decisão de me mudar de vez para o Star. Eu vinha me alternando entre Nova York e Sydney, mas agora ia parar. Os locais teriam que se acostumar com aquilo.

Nosso plano era nos voltar às riquezas do país, em vez de recair nos ideais europeus. (Ben Shewry era o pioneiro dessa abordagem em Melbourne, mas, de modo geral, os chefs australianos ainda pareciam desconfortáveis em admitir quão especial era o país.) Íamos evitar produtos de luxo do restante do mundo em favor de ingredientes locais e nativos. Íamos mostrar às pessoas como se divertir desconstruindo tudo o que consideravam ser verdade quando se tratava de comer em um restaurante fino, incluindo os tipos de pratos que são dignos de figurar em um menu degustação. A Austrália é o lar de alguns dos melhores restaurantes chineses, tailandeses, malaios e vietnamitas do mundo e tem um público bem informado o bastante para apreciá-los. Que lugar melhor para derrubar os preconceitos das pessoas em relação a restaurantes refinados? Seria uma longa e sincera carta de amor ao país, acompanhada de um breve foda-se. Meu diálogo imaginário com a cidade era mais ou menos assim: *Você acha que é australiano? Vou te mostrar o restaurante mais australiano que já existiu.*

Reunimos no Seiōbo uma das melhores equipes que vi em todo o mundo. Serpico ainda trabalhava comigo, para começar, e contávamos com três novas contratações com quem eu mal podia esperar para começar a trabalhar. Chase Lovecky tinha treinado no Jean-Georges e era chef de estação do Ko; Serpico achava que ele tinha grande potencial. Clayton Wells, o único australiano, tinha trabalhado com a lenda local Tetsuya Wakuda. Eu havia conhecido Ben Greeno quando ele ainda estava no Noma. Nós o contratamos como chef executivo.

Tínhamos uma bela equipe, uma cozinha brilhando de nova, ingredientes interessantes com os quais trabalhar e apoio total do hotel. Estávamos preparados para arrasar do ponto de vista gastronômico, mas... não nos saímos muito bem.

Todos os restaurantes precisam de tempo. A princípio, as coisas não estavam se encaixando na cozinha. E, embora Greeno tenha acabado pegando o jeito, o que nos manteve naqueles primeiros meses foi o salão.

No começo deste livro, mencionei que originalmente eu não queria ter nenhum garçom no Ko. Sempre achei que havia um enorme desequilíbrio no fato de garçons receberem gorjeta e cozinheiros não. Na minha opinião, a única contribuição realmente essencial era a da cozinha. Cartas de vinho e garçons eram frescuras ocidentais. Eu acreditava de verdade que um restaurante com comida boa o bastante poderia se dar bem sem aquela tralha toda.

Em Sydney, eu só tinha estrelas no atendimento. O britânico Richard Hargreave havia recebido vários prêmios de melhor sommelier trabalhando em restaurantes renomados de Sydney. Eu ainda não entendia o que um sommelier fazia, mas eu o via conversando com os clientes, que inevitavelmente acabavam pedindo o que ele sugerisse, e pensava: *Como foi que ele fez isso?* Charles Leong ajudou a montar nosso cardápio de vinhos e era como o Buda encarnado. Sua calma e serenidade se espalhavam por onde quer que passasse.

Su Wong Ruiz era originalmente de Sydney, mas havia cozinhado em muitos restaurantes de Nova York antes de passar ao salão. Serpico a conhecia da época em que trabalhava em um restaurante chamado Sumile. Ela concordara em voltar para a Austrália e embarcar no projeto. Eu já havia trabalhado com muitos funcionários de salão talentosos, mas ninguém como Su, com sua reserva de teimosia aparentemente infinita.

Ela logo se deu bem com a cozinha. Todas as manhãs, Su e Greeno tomavam café juntos, analisavam o dia anterior e faziam um brainstorm. Sua harmonia inspirou a cozinha e o salão a formar o tipo de vínculo que é raro em restaurantes, onde às vezes pode parecer que há duas equipes adversárias competindo pelo mesmo objetivo. No Seiōbo, a cozinha podia confiar no salão para transmitir as histórias por trás da comida. E se mostrava mais disposta a se relacionar com os clientes e se conectar com os colegas do outro lado.

Com Su no comando, o Seiōbo — um restaurante de cassino aberto como parte de um acordo que os críticos desconfiavam que tinha sido feito de olho no dinheiro — levou para casa o prêmio de melhor restaurante da Austrália do guia gastronômico de maior prestígio do país.*

    O tempo que passei na Austrália, pouco mais de um ano, foi extremamente conturbado, mas não deixou de oferecer revelações. Compreender a importância de um forte relacionamento entre a cozinha e o salão — e como eu havia sido tolo antes por descartar a importância da hospitalidade — foi a mais importante delas.

    Como mencionei, Greeno acabou corrigindo os rumos da cozinha. Ele e sua equipe faziam comida que se podia comer com a mão, sempre produzida de maneira muito técnica, sem por isso abrir mão do sabor. Por exemplo, nos inspiramos em um prato clássico de Joël Robuchon de lagostim envolto em massa e recheamos cilindros delicados de malsouka com enguia defumada e purê de maçã, então cobrimos com maçã liofilizada. O cardápio era cheio de surpresas. Tirávamos pratos e ingredientes subvalorizados de contexto e os usávamos de maneiras novas e deliciosas.

    Na verdade, tudo o que servíamos no menu degustação do Seiōbo acabou sendo completamente novo, com exceção de dois pratos. Primeiro, tivemos que dar às pessoas os *buns* de porco.

---

* O que Su plantou em Sydney foi tão forte que perdurou por outra geração. Anos mais tarde, depois que ela e o resto da equipe de abertura seguiram em frente, Kylie Javier Ashton assumiu o salão e Paul Carmichael, a cozinha. Paul e Kylie conseguiram o prêmio de melhor restaurante uma segunda vez, com um cardápio e uma visão do serviço completamente novos, mas compartilhando da mesma conexão profunda. Sinceramente, acho que é ainda mais divertido comer lá agora — e provavelmente o mais perto que já chegamos da minha visão ideal do que um restaurante deveria ser.

Todo artigo sobre o restaurante os mencionava. O segundo foi o bo ssäm. Já tínhamos aprendido a utilizar o apelo hipnótico da paleta de porco inteira no Ssäm Bar. No Seiōbo, demos um toque diferente a ela.

Meu único trabalho durante o serviço era cuidar do bo ssäm. O porco ficava no forno combinado (que combinava vapor e convecção), onde eu o cobria de açúcar mascavo e seus próprios sucos a cada cinco ou dez minutos. Com a mistura certa de gordura, temperatura, açúcar e atenção, uma paleta de porco assada pode ganhar mais brilho que um pato à Pequim perfeitamente laqueado. A dois terços do caminho do menu, enquanto o prato de peixe era servido, eu passava o porco para uma bancada que estivesse a plena vista do salão. A iluminação direta de cima fazia com que parecesse um artigo de museu implorando para ser roubado.

"O que é *aquilo*?", perguntavam quase todos os clientes sentados no balcão do chef.

Os garçons evitavam a pergunta. "Ah, é a comida dos funcionários. Um porco para depois."

Vinha a sobremesa. Os clientes pediam a conta.

"Temos mais um prato, na verdade. Espero que não se importem."

Àquela altura, a paleta de porco estava tenra e com uma crosta doce. Tirávamos pedaços com uma pinça e a servíamos assim. Sem condimento ou acompanhamento.

"O chef recomenda comer com as mãos." Os garçons sorriam. "Se quiserem mais, é só dizer."

Todas as noites, quando acabava o serviço, recolhíamos a gordura acumulada na assadeira do porco e a transformávamos em pequenos caramelos. Eles eram servidos ao fim da refeição na Maison Seiōbo.

Muito do que fazíamos no Momofuku foi descrito como rebelde ou como algum tipo de contraponto à rigidez e ao refinamento do establishment da alta gastronomia. Na minha opinião, é um pouco mais complexo que isso.

Eu definitivamente não estava pensando a respeito na época, mas um livro que li na faculdade me ajudou a compreender o Momofuku. Vou tentar te poupar da minha análise filosófica amadora, mas eis o que Friedrich Nietzsche diz de mais importante em *O nascimento da tragédia*: toda grande arte é baseada na relação entre o apolíneo e o dionisíaco. O apolíneo representa ordem, beleza, verdade, perfeição. Em termos culinários, é um cardápio saboroso. O dionisíaco é o imprevisível, o incontrolável, os extremos do êxtase e do sofrimento — que está mais para um porco assado ou um lagostim fervido. Não se pode aproveitar plenamente um sem o outro. Se a ordem encanta é por causa do caos subjacente no mundo. Do mesmo modo, obras de natureza selvagem e inesperada inspiram admiração, são trágicas ou comoventes porque desafiam nossa noção de ordem. Um momento de alegria comendo porco com os dedos como o que o Seiōbo oferecia só era significativo porque acontecia ao fim de um menu degustação linear em um restaurante de cassino. Tentamos mostrar a você o apolíneo e o dionisíaco ao mesmo tempo.*

É claro que nenhuma das críticas do Seiōbo explicou o restaurante assim, mas de qualquer maneira fiquei feliz com a recepção que tivemos. Pat Nourse, o mais importante crítico gastronômico da Austrália, amou o restaurante. Em sua crítica, ele escreveu exatamente o que eu queria que escrevesse: que o Seiōbo era a última coisa que alguém esperaria encontrar em um cassino. Como eu disse, fomos considerados pelo *Good Food Guide*, o maior guia anual do país, o melhor novo restaurante do ano. Eles

---

* Pessoas que estudam Nietzsche de verdade provavelmente vão revirar os olhos para minha aplicação do mecanismo apolíneo/dionisíaco à comida, porque ele em geral é discutido em relação à música ou às artes visuais.

distribuíam de um a três chapéus em sua pontuação. Antes de chegarmos, nenhum restaurante na Austrália havia recebido três chapéus em seu primeiro ano.

Nos meses que levei para colocar o Seiōbo para funcionar, perdi o contato com a vida nos Estados Unidos. Voltava para lá o mínimo possível, e ainda assim vivia com uma sensação constante de jet lag. Estavam todos certos. Era longe demais. E ali, do outro lado do mundo, longe da vista de todos que eu conhecia, eu podia ceder aos meus piores impulsos.

15. Trinta e cinco

Em algum momento durante o primeiro ano do Seiōbo, fiz 35 anos, uma idade que marcou uma onda incrível e ininterrupta de crises pessoais e profissionais que despertaram o pior em mim. Olho para essa época com tristeza, arrependimento e horror. Achei que não haveria problema em revisitar esse período para escrever este livro, mas acabei ficando puto por ter que reviver isso. Não tenho saída. Vou parecer insensível se compartilhar o que realmente estava pensando na época, mas serei revisionista se mudar a história. O que eu mais quero é editar esse período da minha vida — não só para você, mas para mim mesmo. Eu queria poder ter visto e vivido tudo de um jeito diferente. Eu ~~queria~~ *vou* reescrever este capítulo inteiro.

Conforme a data de abertura do Momofuku Seiōbo se aproximava, precisávamos de mais um bom cozinheiro. O primeiro candidato que recebemos para o teste perguntou quase imediatamente que horas poderia ir embora. ~~Eu disse a ele que poderíamos encerrar a conversa ali mesmo. Uma das primeiras coisas que outro candidato mencionou foi que, se trabalhasse conosco, seus horários não poderiam atrapalhar o surfe. Ele precisaria das segundas e das sextas de folga. Eu disse que ele podia ter tantos dias de folga quanto queria, porque não ia trabalhar conosco.~~ *As necessidades pessoais não importavam para mim. Quaisquer necessidades eram um indicativo de fragilidade, e eu era da opinião de que não havia lugar para fraqueza na nossa empresa. Me convenci de que as necessidades humanas básicas eram egoístas; portanto, se alguém precisasse de algo além do trabalho, era uma má pessoa. Eu estava confundindo meu próprio egoísmo com abnegação. Era terrível trabalhar comigo.*

O terceiro candidato já estava esperando por nós quando chegamos. Ele acabou fazendo um dos melhores testes que já vi na vida. Tinha um fluxo ótimo e mantinha tudo limpo. Observava tudo atentamente, perguntava as coisas certas e fazia anotações. Suas facas estavam afiadas. Por volta das duas da manhã, quando eu estava me preparando para ir embora, ele ainda estava limpando uma das bancadas. Ofereci o emprego ao cara.

Ele me disse que agradecia, mas que não achava que ia dar certo. Tinha se casado recentemente e queria uma vida mais equilibrada. Recusou a oferta educadamente.

Dei as costas e fui embora.

"~~Ele que se foda~~", "*Odeio quando fazem isso. Sinto essas rejeições como se fossem um ataque físico. Sei que parece irracional. Passei anos tentando compreender. Na verdade, não me ressinto do fato de que ele quer ver a família. Não tenho nenhum motivo para odiar o cara. Só estou com inveja*", eu disse ao nosso chef, jogando o avental no cesto.

O cara da manutenção perambulava pelo restaurante de novo, assoviando como se fosse a porra do Bilbo Bolseiro, interrompendo a ~~seriedade~~ presunção do nosso mundo com sua alegria ~~e falta de noção. Fui para cima dele como um sargentão.~~ Não me lembro bem do que veio a seguir. Literalmente perdi a cabeça. A equipe disse que gritei com o homem. Que o ameacei. Disseram que eu estava picando alguma coisa na tábua e passara a gesticular vigorosamente com a faca. Disseram que aquilo poderia facilmente ter sido interpretado como uma arma. Não estou tentando me desculpar. Só não consigo mesmo lembrar. Não importa. O cara se sentiu ameaçado. Eu não deveria ter lhe dado motivo para se assustar.

O relatório do RH que se seguiu quase me fez ser deportado da Austrália. Não me ajudou em nada o fato de o cara da manutenção ser o funcionário mais popular e amado de todo o cassino. Escrevi um pedido de desculpas, mas ~~não era sincero~~ eu não sabia como me desculpar. Ninguém levou aquilo na boa. Fui punido severamente, *mas, de novo, não importa. Eu já tinha perdido o controle inúmeras vezes e havia assustado pessoas demais ao longo dos anos. Nunca vou ser capaz de explicar o quanto odeio isso, a espiral pela qual desço sempre que acontece, ou quão desesperadamente me esforço para mudar.*

Em Sydney, enfiado em um canto escondido de um hotel, distante do mundo real, do Momofuku e do dr. Eliot, eu estava livre para ser terrível. Quando não estava no trabalho, bebia, apostava e ~~me entretinha e relacionava com~~ *me distraía na companhia de* famosos que visitavam o cassino.

O local preferido deles era uma casa noturna dentro do hotel que tocava a pior música que eu já havia ouvido. Eu bebia até o esquecimento toda vez que ia para lá.

"Isso é doido pra caralho", gritei para um ex-galã transformado em celebridade por cima do *tum-tum-tum*. "Você tem a minha idade e já estou cansado só de olhar para você. Como vai trabalhar amanhã de manhã? Não está cansado?"
Não sei bem o quanto o cara ouviu, mas ele se virou para mim, exalando uma espiral de fumaça de cigarro.
"Como eu poderia me cansar disso?"
Na manhã seguinte, acordei no armário da limpeza de um restaurante em Bondi. Poderia muito bem ter sido numa lixeira.

Com o sucesso dos restaurantes, o interesse das mulheres ~~em mim~~ no *chef* celebridade David Chang aumentou. *Eu era uma péssima companhia para qualquer uma delas.* ~~De repente~~ eu era ~~desejável~~ *imaturo, egoísta, narcisista e indigno.*
Na maior parte do tempo, eu evitava casos. No fundo, queria companhia e gravitava em torno de mulheres inteligentes, sociáveis e muito ambiciosas. Mas nenhum dos meus relacionamentos ultrapassou a barreira dos seis meses. Não porque eu não quisesse — eu só não conseguia crescer a ponto de poder estar com alguém.
Um romance fracassado em particular partiu meu coração. Sem pensar direito, mergulhei de cabeça em um relacionamento com a mulher com quem comecei a sair em seguida. ~~Ficamos noivos.~~ *Pedi-la em casamento teria sido um enorme erro — egoísta e injusto com ela. Eu sabia que não éramos a pessoa certa uma para a outra. Eu sabia que a faria passar por muita dor pensando apenas no meu bem, mas eu funcionava no piloto automático.*
Nos piores momentos, nosso breve relacionamento foi inacreditavelmente doloroso, dramático, desastroso e até aterrorizante. E também terminou.

Eu estava num avião quando abri um e-mail do meu irmão. Minha mãe tinha ido fazer seu check-up anual e descobrira que tinha um tumor no cérebro. Ela já tinha enfrentado câncer nos ossos e de mama.

Naquele mesmo dia, o médico disse que meu pai tinha um câncer no fígado.

Naquele mês, meu amigo Alex Calderwood, fundador do Ace Hotel, morreu de overdose.

Então minha amiga Peggy morreu durante o parto, na Filadélfia.

A família central do Momofuku começou a ir embora. A empresa precisava da minha atenção, mas eu ainda não suportaria estar em Nova York. Não suportaria nada daquilo.

O cozinheiro tinha dezessete anos quando seus pais o deixaram à minha porta, como um órfão. *Na minha cabeça, ele era como um órfão, mas aquilo não era verdade*. Em certos restaurantes, a estrutura hierárquica e os espaços reduzidos — além do fato de que cozinheiros são tradicionalmente um bando de párias sociais atrás de algum tipo de aceitação — podem provocar a sensação de que se está em família. Os jovens chegam à cozinha precisando de orientação e estrutura, e os chefs ficam muito felizes em assumir o papel de pais substitutos. Naquele caso, aproveitei a oportunidade. Ele era muito inteligente.

Eu o coloquei sob minha asa e tinha grandes planos para ele. Queria que assumisse a cozinha do Noodle Bar.

Me envolvi com ele porque logo de início pude ver que era promissor não só por suas habilidades, mas por sua atitude. Ele nunca vinha com desculpas. Se importava muito — às vezes para seu próprio prejuízo. Ele era divertido, esperto e leal.

Eu lhe arranjei um estágio com Sean Brock, no McCrady's de Charleston, que era o restaurante da moda no sul. Consegui que ele passasse uma temporada inteira trabalhando com Andoni Luis Aduriz, no Mugaritz, para que pudesse ver a comida mais interessante do mundo de perto. Ele voltava de todas essas experiências energizado e cheio de gratidão.

Eu não entendia por nada no mundo a sucessão de reclamações por parte da equipe que comecei a receber então. Ele não era mais a mesma pessoa. Ninguém entendia o motivo. Eu o estava preparando, e todos sabiam o que ele significava para mim. Dava para ver que eles se ressentiam do tratamento preferencial que eu vinha demonstrando.

Eu estava em Toronto quando recebi uma ligação informando do episódio mais recente em que ele havia se envolvido. Liguei para lhe dar uma bronca e disse que conversaríamos cara a cara quando eu voltasse a Nova York. No fim da semana, recebi outra ligação. A polícia o havia encontrado morto em seu apartamento.

Os pais dele chegaram de avião no sábado. Nos encontramos no escritório do Má Pêche, nosso restaurante em Midtown. Falar com eles sobre como o filho havia morrido — sobre como havíamos falhado com ele — foi sem dúvida a coisa mais difícil que fiz na vida.

A mãe disse que ele amava trabalhar para mim. Que ele me amava.

E eu o amava de todo coração, respondi. ~~Disse a eles que me dedicaria a tornar o Momofuku uma homenagem a seu filho e o que ele significava para mim.~~ *Agora sou pai. Sei que qualquer coisa que eu possa ter dito foi inútil.*

Sempre fui bom em notar quando os cozinheiros passavam por dificuldades na vida pessoal. Era capaz de farejar quando alguém estava usando drogas — o que não era um problema. Eu não demitia ninguém por causa disso. Só queria saber o que as pessoas estavam fazendo, para poder me certificar de que *elas* sabiam o que estavam fazendo.

Ele morreu de overdose acidental.* Por um tempo, coloquei a culpa na equipe do Momofuku. Fiquei muito puto com eles. Deveriam cuidar uns dos outros, ir a fundo quando sentiam que havia algo de errado com um irmão. ~~Éramos uma empresa zelosa, do tipo que deveria ser capaz de reconhecer quando um colega de trabalho passava por necessidades. Mas não foi o bastante.~~ *Na verdade, ele morreu sob a minha guarda.*

Eu tinha passado toda a minha carreira obcecado com minha própria mortalidade e de que modo pensamentos suicidas tinham me levado à revelação, na forma do Momofuku. Eu falava constantemente no negócio como uma questão de vida ou morte. Estava completamente alheio ao que se passava ao meu redor.

Não vou comentar mais nada sobre a morte dele. É um desrespeito a sua memória. Eu daria tudo para em vez disso estar escrevendo sobre suas grandes conquistas conosco.

Nos meses que se seguiram, ganhei mais de vinte quilos. Parei de beber e de fumar maconha, mas pedia pizza às três da manhã e comia uma inteira sozinho. Só conseguia dormir com o estômago doendo, e não podia me exercitar por causa de um problema nas costas. Estava imobilizado.

Antes da morte dele, minhas sessões de terapia eram em sua maior parte uma válvula de escape. Agora, eu procurava freneticamente por uma maneira de endireitar as coisas. Dedicávamos todo o nosso tempo a discutir a morte dele.

---

* Fico feliz em ver que a bebida é um problema cada vez menor nas cozinhas, mas o fato de que ela está sendo substituída por comprimidos me aterroriza.

Era uma sequência clara na minha mente. Eu era a pessoa mais importante na vida dele e havia lhe dito que ele tinha falhado comigo.

Por anos, o dr. Eliot tentou me convencer de que aquela era uma perspectiva egocêntrica. Ele me disse que a maneira como tratei meu protegido tinha sido desagradável, agressiva e nada construtiva, mas que não fora a causa de sua morte. Pensar que eu tivera o poder de matá-lo significava que também tivera o poder de salvá-lo, o que tampouco era verdade. Ele não morrera por minha causa, tampouco morrera *por* mim. E merecia mais do que ser definido por nosso relacionamento. Ele significava muito mais para o mundo do que significava para mim.

Não devo me culpar, mas nem um único dia se passa sem que eu pense nele ou me pergunte como teria sido se eu tivesse pegado um avião e aparecido antes na porta dele.

Se alguém tinha que morrer, devia ser eu. Quando assinei o contrato de dez anos do aluguel do espaço do primeiro restaurante, tinha 26 anos. Meu corretor havia oferecido uma opção de mais cinco anos pelo mesmo valor, mas recusei. Tinha certeza de que àquela altura já teria morrido.

Agora eu tinha 35 anos e estava vivo. Nada disso deveria importar. Eu precisava descobrir o que fazer com todo aquele tempo de vida a mais.

16. O ramo das revistas

Tá, aqui vai a ideia. Visitamos fazendas pequenas por todo o país, que fornecem para seus restaurantes. Você vê todas as coisas que eles estão fazendo de errado. Não estão tirando máximo proveito da terra, o que significa que você não obtém os melhores produtos possíveis. Você começa a brigar com os caras e...

Isso é uma ideia real de programa que queriam fazer comigo. Dave Chang gritando com fazendeiros.

As pessoas vinham de todas as direções, tentando me fazer aparecer na televisão. De vez em quando, se um amigo estivesse envolvido, eu concordava. Martha Stewart, por exemplo, esteve entre os primeiros santos patronos do Momofuku. (Quando ela apareceu pela primeira vez, ficou esperando na fila do lado de fora, como todo mundo.) Ela me convidou para aparecer em seu programa, e nos divertimos muito. Também fui ao *Top Chef*. Tenho certeza de que para me filmar falando algo tão simples como "Tudo certo aí, Tom?" eles precisaram reunir sílabas de oito ou dez takes diferentes.

Eu não achava que estivesse em condições de aparecer na TV regularmente. Acabei cedendo para garantir mais clientes aos restaurantes. Tudo pelo negócio. Então comecei a ter reuniões com quaisquer produtoras audiovisuais com ambições gastronômicas, incluindo o Food Network. Não me esforcei muito para esconder o fato de que a programação deles não me agradava: deixei claro quão ruim eu achava que era. Nunca me ligaram de volta.

Tentei pensar em chefs que tinham sido bem-sucedidos ao expandir seus negócios para a televisão sem perder credibilidade. Entrei em contato com aqueles que eu conhecia para perguntar como tinham evitado se tornar um espetáculo de circo. A partir de suas respostas, listei alguns critérios para pensar projetos audiovisuais:

1. Devem ser educacionais.
2. Devem financiar os esforços criativos dos restaurantes.
3. Devem refletir aquilo em que acredito e retratar a indústria de forma justa.

Eles são meu padrão de medida até hoje.

Depois de publicar o livro do Momofuku, Peter Meehan e eu não esperamos para começar outro projeto. Passamos a procurar alguém para produzir um programa de TV que realmente gostaríamos de ver. A empresa de Bourdain, Zero Point Zero, que havia produzido *No Reservations*, estava interessada em trabalhar conosco. Em vez de um programa tradicional, eles propuseram que desenvolvêssemos um aplicativo para celular que permitisse aos usuários explorar o mundo da gastronomia através de vídeos, fotos, textos e recursos interativos. Era 2010, iPads eram algo novo, e todo mundo queria uma fatia do mercado de aplicativos. Ninguém sabia ao certo o que isso significava ou o que estava fazendo, claro.

Meehan e eu desenvolvemos com a ZPZ um conceito inspirado por minhas sessões de brainstorm. Quando estou trabalhando em uma ideia ou receita, gosto de escrever em um quadro-branco: um pensamento se conecta a outro, e a outro, que leva a uma ideia, e por aí vai, até que se tem uma teia de ideias interconectadas em volta do assunto principal. Para o aplicativo, imaginamos usuários fazendo tours autoguiados por um mapa mental interativo com ramos levando a diferentes clipes acompanhados de textos. Cada "episódio" giraria em torno de um tema. A ZPZ liberou o dinheiro dos clipes dos primeiros temas — lámen e The Sweet Spot —, e viajamos para o Japão, para o sul dos Estados Unidos, para a Espanha e para a Califórnia para filmar.

O material editado e o desenvolvimento inicial da tecnologia me pareceram ótimos. O projeto também se encaixava naquelas minhas três exigências. Era tão promissor que a Apple estava negociando conosco para usar o aplicativo em seus comerciais de lançamento do próximo iPad.

Mas havia um problema. O aplicativo não dava conta de textos muito longos ou das centenas de horas de filmagens que tínhamos feito. O que poderíamos fazer com todo o material extra? Peter sugeriu uma revista. Adorei a ideia por um motivo: imaginava um leitor segurando uma revista numa mão e um iPad na outra, olhando de um para o outro freneticamente para obter a experiência completa. Essa imagem ridícula me deixava muito feliz.

Ligamos para Chris Ying, que costumava fazer bicos em cozinhas de restaurantes ao mesmo tempo que era estagiário da editora independente McSweeney's e acabara se tornando o publisher da empresa. Por mais ambicioso e talentoso que Ying seja, tivemos várias discussões ao longo dos anos por ele ser naturalmente mais adverso ao risco que eu. É muito frustrante quando Ying não se mostra disposto a apostar tudo. Mas, quando ligamos propondo fazer uma revista juntos, ele concordou na hora. Gostei daquilo. Ele e Meehan começaram a trabalhar juntos imediatamente.

A empresa que desenvolvia o software do aplicativo entregou os frutos do seu trabalho. Havia motivo para preocupação. Se me lembro bem, a maior parte dos aplicativos na época tinha dois ou quatro megabytes de tamanho. Um episódio do nosso aplicativo tinha quatro... gigabytes. Mandamos o aplicativo para a Apple e recebemos uma ligação de um engenheiro, que disse algo como: "Aqui na Apple, consideramos preocupante um único vazamento de memória em um aplicativo. Até o momento, o de vocês tem 153".

O nome do aplicativo é Lucky Peach. Ele continua na fase beta.

A revista trimestral *Lucky Peach* já tinha lançado dois ou três volumes antes que internamente declarássemos o fim do aplicativo. Fui a uma reunião com um dos produtores do ZPZ. Ele estava pirando. Nunca que a empresa ia recuperar o dinheiro que havia gastado nas filmagens ou no desenvolvimento do aplicativo. Ele insistiu comigo que cedêssemos o que havíamos filmado para que eles pudessem reposicionar o material. Concordei em dividir os direitos do que havíamos feito. Eu queria tanto quanto todo mundo que o material fosse disponibilizado. Tínhamos colocado muito esforço, físico e mental, naquilo.

Alguns meses depois, nosso programa estreava na PBS e na Netflix, com narração de Tony e o título *Mind of a Chef*. Recebeu um James Beard e, para minha surpresa, foi renovado para uma segunda temporada. Sendo sincero, a sensação de ver nosso programa e nossas ideias prosseguirem sem nós na TV não foi boa. Acho que é o que se ganha cedendo os direitos para filme e TV e ficando com os de publicação.

Mas fazer uma revista foi muito divertido.

Lucky Peach foi um sucesso desde o começo. O falecido crítico midiático David Carr escreveu a respeito dela para o *New York Times*, elogiando tanto a primeira edição que parecia ser o segundo advento de Gutenberg. Não conseguíamos fazer reimpressões rápido o bastante. Não estávamos nem um pouco preparados para aquilo, e não acho que teríamos conseguido planejar tudo, mesmo se tivéssemos tentado. Como sempre digo, o crescimento orgânico implica não ter absolutamente nenhuma estratégia.

Eu me encontrava em um estado criativo temerário, e a *Lucky Peach* era a válvula de escape perfeita. Eu podia dar qualquer ideia — "Gente, vamos publicar um trecho de *Mestres antigos*, de Thomas Bernhard" — e simplesmente acontecia. Podíamos fazer o que quiséssemos. Publicávamos textos breves e reflexivos sobre pesca com mosca de um dos meus escritores obscuros preferidos, Russell Chatham. Todo dia havia uma ideia maluca diferente que quase sempre conseguíamos executar.

Na terceira edição, decidimos ironizar o clichê de cozinheiros com diagramas de cortes de carne de porco tatuados no corpo. Ying levou uma perna de porco ao estúdio mais próximo e pediu que tatuassem um diagrama humano nela. *Pronto, eis a nossa capa.* A quarta edição foi dedicada a "comida americana". Sugeri usar a foto de uma vaca comendo cachorros-quentes. (Os cachorros-quentes eram vegetarianos.) A quinta edição focou em Chinatown e contou com um artigo falso elaborado que se baseava na famosa pegadinha de Primeiro de Abril de George Plimpton, "The Curious Case of Sidd Finch". Plimpton havia criado uma história falsa para a *Sports Illustrated* sobre um jogador de beisebol tibetano que ainda não fora descoberto chamado Siddhartha "Sid" Finch, capaz de lançar uma bola rápida a 270 quilômetros por hora. Nossa versão envolvia um intrépido repórter chamado Syd Finch, um chef chinês insondável, as origens asiáticas secretas da culinária italiana e um restaurante retirado tão criativo que fazia a Osteria Francescana parecer o Olive Garden.

Em momentos variados da história da *Lucky Peach*, publicamos uma peça, um folheto inserido em um bolso com a imagem de uma barriga humana, um texto sobre as raízes gays ignoradas da culinária americana, trechos de dois livros que depois venceriam o Pulitzer, um artigo alegando que o restaurante Benin, que tinha três estrelas Michelin, estava oferecendo arroz frito à vontade para acompanhar seu menu degustação. Celebramos heróis ignorados como Alex Lee e Claudia Fleming e voltamos os holofotes para conversas que chefs só haviam iniciado no âmbito particular.

Ying trabalhava na Califórnia, onde contratou uma jovem escritora de ficção chamada Rachel Khong, que viria a se tornar a espinha dorsal espiritual da revista. Em Nova York, um grupo de recém-formados geniais — Priya Krishna, Ryan Healey, Brette Warshaw — se juntou a nossa trupe. Adam Krefman, o cara que contratamos para trabalhar como editor, também fora formado na McSweeney's e morava em Chicago. Olhei em volta e, de repente, sem nunca ter redigido um plano de negócios, tínhamos "escritórios" em San Francisco, Chicago e Nova York. Era ridículo demais para acreditar.

O que realmente me deixava feliz na *Lucky Peach* era como dificultava a vida de todos os outros. Ser um chef com um programa de TV ou um livro de receitas publicado já não bastava — agora era preciso ter uma revista para transmitir sua história adequadamente ao público. E, embora nunca tenhamos chegado nem perto da circulação de uma *Bon Appétit* ou *Food & Wine*, acho que forçamos as grandes marcas a ser mais espirituosas e se esforçar mais. No nosso segundo ano, ganhamos tudo no James Beard Media Awards. Me senti um verdadeiro estraga-prazeres ao ver nosso pessoal recebendo prêmio após prêmio.

Não posso ficar com boa parte do crédito. Depois das primeiras edições, passei para o segundo plano na criação. O sucesso da *Lucky Peach* coincidiu com um monte de outras coisas acontecendo na minha vida. Não acho que o pessoal da revista tenha se importado nem um pouco com isso, porque ninguém queria parecer estar fazendo uma revista do Momofuku.

Para mim, Meehan é quem escreve melhor sobre gastronomia em sua geração. Mas nossa atuação para a mídia como "David Chang" era boa demais. As pessoas acreditavam que era eu escrevendo o livro de receitas e todos aqueles artigos que assinava. Só posso imaginar como isso deve ser irritante para um escritor do calibre dele. Uma vez ouvi alguém se referir a Peter como "o cara que trabalha pro David Chang". Meehan nunca tinha concordado em servir de escada para mim ou para os restaurantes. Não tive dificuldade em entender por que removeram o nome Momofuku da capa da revista já na segunda edição.

A *Lucky Peach* certamente não sofreu com a minha ausência. Só se fortaleceu. A equipe apresentava escrita de qualidade na melhor medida para cada texto, vozes novas de dentro e de fora do mundo da culinária, um interesse em abalar as estruturas, com um design e uma estética bonitos e pouco ortodoxos. Ying colocou um garoto de dezoito anos chamado Walter Green como diretor de arte. A cada quatro edições, eles mudavam completamente o visual da revista — característica herdada da McSweeney's. Para compreender o impacto de Walter, basta dar uma olhada em como as capas de outras revistas de gastronomia evoluíram entre 2011 e 2017.

De novo, devo enfatizar que nada disso foi planejado. Espontaneidade, imprudência, autoindulgência e soluções temporárias do tipo "faça você mesmo" estavam no DNA da revista. A fotógrafa que fez o livro de receitas do Momofuku, Gabriele Stabile, tirou 75% das fotos das primeiras edições. O restante foi tirado na sala de estar de Meehan.

A McSweeney's foi nossa editora desde o começo, mas não fizemos um contrato até a décima edição. Considerando que era uma revista (mais ou menos) trimestral, são dois anos e meio voando sem instrumentos ou plano de voo. Então, quase em seguida da assinatura do contrato, a realidade financeira "ou tudo ou nada" de publicar a revista pareceu muito pesada para a McSweeney's. Investir grandes quantias de dinheiro em sua produção e impressão, então esperar meses para ver se haveria algum retorno financeiro era demais para eles. O Momofuku acabou ocupando o lugar da editora — não que estivéssemos mais bem equipados para fazer aquilo.
Mas quem precisa de um plano quando se tem liberdade?

Acredite ou não, meu objetivo com o Momofuku nunca foi enriquecer. Não quero dizer com isso que somos uma empresa sem fins lucrativos. O que estou dizendo é que tenho orgulho de nunca ter deixado que a ameaça de perder tudo — ou a perspectiva de ganhar mais dinheiro — me impedisse de fazer o que acho certo. Coloquei tudo o que tenho nesse negócio. Quero zelar pelas pessoas que trabalham no Momofuku, tanto em termos de bem-estar quanto de liberdade criativa, e para conseguir isso tomei decisões financeiras totalmente irresponsáveis. Adiei ganhar dinheiro e economizar para meu próprio bem de modo que pudéssemos ser bem-sucedidos enquanto equipe.

Mas, como a *Lucky Peach* fechou sem nenhuma explicação, sempre serei retratado como o cretino egoísta que acabou com ela.

Sei exatamente a impressão que dá. As pessoas veem o Momofuku abrindo em shoppings e arenas esportivas e interpretam isso como ganância. Elas me veem com um programa na Netflix e interpretam como vaidade. Em 2016, o Momofuku quase quebrou. Você vai ler a respeito mais para a frente, mas o negócio estava saindo de controle e nossa faísca mágica estava esvanecendo. Eu não queria aceitar ajuda financeira externa. Tinha recusado ofertas vultuosas de empresas de *private equity* antes. E eu certamente não queria fazer um exame para poder garantir pessoalmente um empréstimo de 9 milhões de dólares. Foram todas as coisas que eu *tive* que fazer. O que eu gostaria de ter feito era começar uma família e comprar um apartamento, mas o banco me disse que eu estava endividado demais para fazer mais um empréstimo. Toda a minha segurança financeira estava envolvida no negócio, e, quando chegou a hora de cuidar da minha família, eu estava numa pior.

A disparidade entre a realidade e a percepção do Momofuku e minhas finanças colocou um imenso peso na minha relação com a equipe da *Lucky Peach*. Eles queriam crescer e expandir — e eu havia dito que era o que deviam fazer. Quanto mais sólida financeiramente fosse a revista, mais liberdade a equipe teria para continuar testando os limites — e eles poderiam cuidar melhor dos escritores brilhantes que vinham aparecendo para ajudá-los nisso.

A pegadinha, claro, é que ganhar dinheiro no mundo criativo envolve risco, compromisso e uma quantidade extraordinária de sorte. Certamente havia potencial ali. Acredito piamente que a *Lucky Peach* poderia ter crescido e prosperado nas condições certas, mas, durante toda a sua existência, ela nunca ganhou dinheiro, e o Momofuku com frequência tinha que ajudar.

Isso era um problema, porque o Momofuku e a *Lucky Peach* estavam intimamente envolvidos. Um compartilhava os sucessos e os fracassos do outro. Se a revista não conseguisse pagar a folha de pagamento, tínhamos que apoiá-la. Se ela fracassasse catastroficamente — se as vendas caíssem ou se sofresse de má administração —, o Momofuku iria junto, e vice-versa. Não era muito diferente dos outros negócios do grupo, o que talvez fosse o motivo pelo qual lidássemos com a *Lucky Peach* como se estivéssemos gerenciando um restaurante. Era o que fazíamos de melhor. Mas, na verdade, a revista era algo completamente diverso, que envolvia um risco financeiro muito maior.

Por anos, o Momofuku não teve investidores. Nós nos sustentávamos, contando com a sorte de nunca operar no negativo. Até o último centavo de lucro era investido nos restaurantes. Fomos um pouco mais liberais com isso para ajudar a financiar a *Lucky Peach* e nossa parceria com Dave Arnold no bar experimental e empresa de equipamentos Booker and Dax. Mas, em determinado ponto, os restaurantes deixaram de se sair tão bem como antes. E sem os restaurantes garantindo o mesmo lucro ficávamos incrivelmente vulneráveis.

Não sei se essas informações chegaram à equipe. Não sei se eles entendiam o quanto eu me importava com a revista, ou o esforço que eu fizera para mantê-la viva. A culpa é minha. Éramos uma operação que funcionava nas duas costas do país e que parecia estar trocando informações através de cartas levadas a cavalo. Duas das perdas de que mais me arrependo foram de pessoas que eu amo e admiro — Rachel e Ying saíram da revista antes que ela chegasse ao fim.*

O Momofuku e a *Lucky Peach* começaram a parecer um casal que ia para a cama bravo todas as noites, sem dividir suas frustrações um com o outro. No começo de 2017, algo precisava ser feito. Exploramos todas as opções para salvar a revista. Talvez uma grande empresa pudesse comprá-la. Embora eu ainda esti-

---

* Rachel se tornou uma romancista de enorme sucesso, então não precisa se sentir mal por ela. Ryan Healey agora trabalha para o Momofuku. Estou trabalhando com Priya Krishna em um grande projeto. Ying e eu nos reencontramos no ano passado. Na verdade, ele está me ajudando enquanto escrevo este livro. O único motivo pelo qual seu nome não aparece na capa é que não quero que ninguém tenha a ideia de roubá-lo. Não vou perdê-lo de novo tão cedo. Ainda temos muito trabalho a fazer.

vesse magoado com a experiência envolvendo *Mind of a Chef*, concordei em fazer algo mais para TV. Torcíamos para que *Ugly Delicious* (que originalmente se chamava *Lucky Peach*), nosso programa na Netflix sobre cultura e comida, feito com a bênção de Bourdain e produzido em colaboração com o vencedor do Oscar Morgan Neville, pudesse financiar a revista e agregar valor à empresa. Ofereci abrir mão da propriedade majoritária e perdoar quaisquer dívidas pendentes com o Momofuku em troca de transferir a responsabilidade financeira futura da contabilidade da empresa. Mas não conseguimos chegar a uma solução.

Como eu disse, quando a notícia do fim da *Lucky Peach* se espalhou, afloraram especulações sobre a causa. Nenhuma delas me fazia parecer bem. Escritores e leitores raivosos me mandavam mensagens dizendo que eu havia deixado um monte de gente sem trabalho sem nem pensar duas vezes, que eu havia matado a comunidade que a revista construíra enquanto preservava minha própria pele. A última interação que tive com Jonathan Gold antes de sua morte — se é que se pode chamar isso de interação — foi ler sua crítica negativa do nosso restaurante em Los Angeles, o Majordomo, na qual ele declarou diretamente que estava puto comigo por ter fechado a revista. Gold se referiu a mim como "César". Ele tinha sido muito próximo de Meehan, e um amigo e uma grande influência para mim. Você tem ideia de como dói ler na imprensa que seu amigo o tem em tão baixa conta e depois se dar conta de que nunca vai ter a chance de consertar as coisas?

Sinto muito por ter que pegar pesado aqui, mas esse foi um projeto que começou com tanta alegria e animação e acabou se tornando puro sofrimento, intensificado pelas pessoas que me culpam pelo fim dele. Vocês não sabem no que eu estava pensando e em como tudo isso me magoou, seus babacas. Vocês não conhecem essa sensação de estar assim, perdido, e ainda ter pessoas cuspindo em você, como se fosse um vilão. Me mantive em silêncio quanto ao fim da *Lucky Peach* porque é a coisa certa a fazer nesse tipo de situação. Fui um sujeito mesquinho a vida toda, e agora estou tentando fazer a coisa certa. E sabe o que é um saco? Fazer a coisa certa.

Para qualquer um que acha que não me sentia responsável pela *Lucky Peach*, ou que a revista não estava ligada à minha própria identidade, vou explicar uma coisa. Até hoje, ainda é algo a respeito do qual os jornalistas me perguntam.

E sabe o que o nome Momofuku significa?

Pêssego da sorte, ou *Lucky Peach*.

17. *Hyung*

Eis outra lição envolvendo idiomas. Na cultura coreana, é importante se dirigir a membros da família e desconhecidos usando a forma de tratamento adequada com a idade da pessoa. Homens chamam irmãos mais velhos de 형 (*hyung*) e irmãs mais velhas de 누나 (*noona*). *Hyung* também é usado de maneira mais ampla para se referir a alguém mais velho do mesmo gênero — a uma espécie de mentor.

Quando pequeno, eu me dava bem com meus irmãos, mas eles eram muito mais velhos que eu e, além das muitas horas que passávamos juntos no campo de golfe, nunca gostei muito de ficar debaixo da asa de Jhoon ou Yong. Nenhum deles tentava me convencer daquilo, então não havia problema. Tive mentores na cozinha, mas não considerava ninguém meu *hyung*.

Então conheci o dr. Jim Yong Kim. Estávamos ambos em um jantar do governo em homenagem ao presidente coreano Lee Myung-bak, para o qual a Casa Branca de Obama havia convidado todos os americanos de origem coreana famosos. Eu estava na pista do aeroporto de Sydney quando recebi o convite. Tinha acabado de voltar de outra passagem breve pelos Estados Unidos, tendo ido falar com uma turma de Harvard e depois filmar uma cena do programa *Treme* em New Orleans. Sem desfazer as malas, peguei um avião para Washington, D.C., onde encontrei meu smoking. A equipe do Momofuku em Nova York o havia mandado por FedEx. Fiquei feliz de ter ido. Janelle Monáe se apresentou. Sentei ao lado de Ruth Bader Ginsburg.* Levei minha mãe como acompanhante, o que ela adorou, mas acho que ficou ainda mais animada ao me ver falando com o coreano-americano mais legal do mundo. O dr. Kim tinha sido presidente de Dartmouth e depois presidente do Banco Mundial. Ele havia estudado em Brown e em Harvard. Realizara um trabalho transformador no combate à aids e curara doenças infecciosas em países do Terceiro Mundo através de sua organização, a Partners in Health. Sempre que falo sobre ele, gosto de compartilhar um detalhe biográfico: nos anos 1960, quando era um imigrante coreano de baixa estatura fazendo o ensino médio em Muscatine, em Iowa, ele conseguiu se tornar o quarterback da equipe de futebol americano *e* o armador titular da equipe de basquete.

  Mantivemos contato depois do evento na Casa Branca — o fato de que ele adorava comida ajudou. Quando nos falávamos, eu expunha todos os meus problemas. Não precisava dizer muito para que o dr. Kim compreendesse minhas dificuldades pessoais. O pai dele havia crescido perto de onde meu pai vivera na Coreia, e o dr. Kim intuía minha perspectiva imediatamente. Ele ouvia com empatia enquanto eu lhe contava sobre as merdas que fizera aos 35 anos, e que eu ainda não tinha conseguido deixar para trás completamente. Também levava cerca de meio segundo para compreender os desafios profissionais que eu enfrentava. Ele ti-

---

* Você sabe como se dirigir a uma juíza da Suprema Corte? Eu não sabia. Escolhi "juíza". Ninguém menos que Jill Biden me corrigiu: "É 'sra. juíza'".

nha melhorado de maneira visível a vida de milhares de pessoas no mundo todo trabalhando dentro de uma estrutura muito burocrática. Eu não conseguia manter alguns poucos restaurantes vivos sem uma crise a cada quinze dias.

    O dr. Kim me disse que, assim como as pessoas têm personal trainers para entrar em forma, havia uma pessoa que ficava de olho nele no trabalho. O que eu precisava, ele me disse, era de um coach executivo. O dr. Kim me perguntou se podia recomendar que um amigo me aceitasse como cliente — sem fins lucrativos.

    O sorriso grande e cheio de dentes do motivador de celebridades Tony Robbins veio à minha mente no mesmo instante. *Talvez* um coach fizesse a empresa funcionar de maneira mais eficiente, mas que tipo de empresa seríamos se eu começasse a aceitar conselhos de gurus e livros de autoajuda?

    O dr. Kim me disse para pesquisar por Marshall Goldsmith e depois voltar a falar com ele.

    Quando você visita o site de Marshall Goldsmith, é tomado de assalto pelo entusiasmo.* A primeira imagem que se vê é uma foto do próprio cara, careca e sorridente, de braços abertos e com uma expressão de quem diz: "Você conseguiu! Me encontrou!". Parece uma foto de banco de imagens, mas não — é ele mesmo. Há tabelas ilustrando o conceito de fazer o bem, mais fotos de Goldsmith sorrindo, uma seção sobre seus muitos livros, com títulos como *Work Is Love Made Visible* [Trabalho é amor visibilizado] e *What Got You Here Won't Get You There* [O que te trouxe até aqui não vai te fazer chegar lá], e um banner anunciando a entrada dele no Hall da Fama do Thinkers50 Management.

    A Boeing havia contratado Goldsmith para ser coach de seu CEO, Alan Mulally, durante o pior momento da empresa, depois

---

* Vai lá, estou esperando.

do Onze de Setembro. Na mesma década, Goldsmith ajudara a reviver outro ícone americano, a Ford, depois da crise automotiva. De acordo com todos os relatos, Goldsmith era o Michael Jordan do coaching executivo. Li a biografia dele no site e me concentrei em uma frase em particular: "Ajudo as pessoas a entender como nossas crenças e os ambientes em que operamos podem ser o gatilho de comportamentos negativos".

Minha apreensão quanto a falar com o dr. Kim depois daquela oferta se devia, no final das contas, ao mesmo motivo pelo qual eu inicialmente hesitara em começar a terapia. Eu não queria admitir que tinha falhas ou que era fraco. Mas certamente não era um líder melhor que o dr. Kim, que havia me dito que colhera os frutos do coaching pessoalmente. Pensei em outras pessoas poderosas com quem havia me deparado na vida e em como às vezes me sentira em desvantagem por não ter estudado a área de negócios e liderança.

O dr. Kim estava sugerindo Goldsmith. Ele poderia ter indicado o cara para muitos outros candidatos, mas não fez isso. Ele havia escolhido a mim.

Certo, vou tentar.

Enquanto a maior parte dos coachs executivos é chamada para lidar com uma deficiência específica em um líder, Marshall Goldsmith é conhecido por sua abordagem mais pessoal. Ele considera o ser humano como um todo, e avalia os valores e o temperamento de cada um antes de traçar um plano de ação. Parecia bem próximo de uma terapia.

Diferentemente do meu psiquiatra, no entanto, Goldsmith estava interessado em mais do que apenas o meu lado da história. Sua equipe realizou entrevistas iniciais com trinta pessoas, entre meus funcionários, familiares e amigos — garantindo a todos que poderiam falar abertamente sem temer retaliação. Sob nenhuma circunstância, Goldsmith revelaria as fontes. Ele tinha passado anos dominando a arte de remover todas as pistas possíveis de suas transcrições. O nome dado a esse processo é "feedback de 360°".

Marshall e eu nos encontramos pela primeira vez na mesma sala de reuniões em que eu havia falado com os pais de meu protegido depois da morte dele. Marshall era calmo, claro, agradável e empenhado. Senti nele a confiança de alguém que entrava em uma negociação totalmente preparado. Ele e sua equipe tinham passado os últimos dias revendo comentários das pessoas que me eram mais próximas e os organizando para que eu pudesse ter uma ideia das questões mais mencionadas.

Íamos começar com os comentários positivos. Ele me entregou uma pasta cheia de papéis e saiu da sala. Saboreei aquelas páginas. Eram como um spa para minha mente. Quando cheguei ao fim, me perguntei se Marshall não teria concluído que eu estava sendo muito duro comigo mesmo. Tinha tanto de que me orgulhar. Marshall perguntou se eu tinha alguma dúvida. Eu não tinha. Ele me encorajou a ir para a cama com aquelas impressões. Pela manhã, começaríamos a parte crítica do feedback.

No dia seguinte, Marshall e seu assistente voltaram com uma montanha de papéis. Levei mais de um dia para analisar seu relatório. Li todos os comentários. Quando terminei, Marshall e sua equipe retornaram para contextualizar aquele caso gigantesco contra a minha liderança.

Ele arrancou o Band-Aid de uma vez só. "Isso talvez seja uma das coisas mais difíceis a compartilhar com alguém assim cedo, mas é importante que você saiba: para nós, é incrível o número de pessoas que ficou ao seu lado por tanto tempo apesar de simplesmente não te suportar".

Aquele homem, que me lembrava do pescador da marca Gorton's, não havia tido problema nenhum em me entregar uma acusação contra todo o sistema que eu construíra. As pessoas se sacrificavam por alguém de quem nem gostavam. Elas tinham sucesso apesar de mim.

"Caralho", eu finalmente disse. "Causei tanto prejuízo. Tenho mesmo uma chance aqui? Não sei nem por onde começar."

"Isso significa que estamos no caminho certo, Dave."

Comecei a compreender melhor a filosofia de coaching de Marshall. O que ele faz melhor que qualquer outra pessoa é ajudar babacas a perceber que são babacas. E tem todo um arsenal de provérbios para isso:

"Pessoas de sucesso se tornam grandes líderes quando aprendem a desviar o foco de si mesmos para os outros."

"Você pode continuar fazendo o que faz há muito tempo, mas nunca vai se tornar a pessoa que quer ser."

"É mais difícil sair do buraco do que entrar nele."

Quando Marshall está fazendo sua avaliação, você não pode contradizê-lo. Pode xingar o quanto quiser, mas se tentar argumentar ou dar alguma desculpa, ele te obriga a colocar dinheiro em um pote de vidro, que depois irá para a caridade. Sim, ele é um coach executivo com uma perspectiva excepcionalmente positiva, mas também é uma pessoa muito honesta. Suas instruções são apoiadas por fatos e dados. No estado bruto em que eu me encontrava, ouvir seus aforismos era como estudar com Buda.

"Você tem que comer merda!", Marshall repetiu de novo e de novo em uma de nossas primeiras sessões. Ele usava o tom e tinha o fervor de um treinador de boxe. "O gosto é bom!"

"E o que é que isso quer dizer?", perguntei, rindo.

"Não ria", ele respondeu, sério. Marshall havia me dito que meu trabalho não era cozinhar. Tampouco era olhar para os números ou dar ordens às pessoas. Minha empresa sobreviveria ou morreria com base na minha capacidade de comer merda e gostar. "Vou te ver comendo quantas tigelas de merda nosso tempo permitir", ele disse. Tínhamos bastante tempo.

Comer merda significava ouvir. Comer merda significa reconhecer meus erros e minhas fraquezas. Comer merda significa encarar confrontos que me deixavam desconfortável. Comer merda significava esquecer o celular quando alguém estava falando comigo. Comer merda significava parar de fugir. Comer merda significava ser grato. Comer merda significava me controlar quando as pessoas não cumpriam minhas expectativas. Comer merda significava colocar os outros antes de mim mesmo.

Esse último detalhe era importante. Com o dr. Eliot, eu me safava descrevendo meu modus operandi como autodestrutivo — meu estilo gerencial era prejudicial, mas só para mim. Agora, de acordo com Marshall, eu estava usando aquilo para acobertar meu comportamento. Na minha cabeça, todo mundo que havia saído do Momofuku tinha me deixado. Quando eles cometiam erros no trabalho, era uma traição à minha pessoa. Marshall apontou a terrível verdade implícita naquilo. Eu acreditava que o pessoal do Momofuku estava ali para me servir.

Eu sempre tinha lidado com minha dedicação ao Momofuku com bastante arrogância. Amizades podiam desmoronar, corações podiam se partir, cozinheiros podiam ajoelhar e chorar: eram todos danos colaterais da nobre intenção de levar boa comida a mais pessoas. Eu acreditava que eu era o Momofuku e que tudo o que eu fazia era pelo Momofuku. Portanto, o que quer que fosse bom para mim era bom para o Momofuku.

Ao longo de nosso ano juntos, Marshall me manteve em rédea curta. Ele era como meu oficial da condicional. Se não nos encontrássemos, Marshall me ligava. Ele me levava a palestras e jantares com outros executivos com quem tinha trabalhado. Me passava livros para ler. Perguntava a colegas como eu estava indo e, se não gostasse do que ouvia, eu tinha que responder pelo meu comportamento.

Eu devorava entusiasmado as revelações que ele me oferecia.

"Acho que estou progredindo, Marshall."

Para ele, minha palavra não bastava.

Marshall foi um farol forte em uma época de trevas. Ele não foi o único a me ajudar. Devia haver uma dúzia de homens e mulheres na minha vida que se dispuseram a me orientar. Pessoas como Jim Kim, que demonstrou seu apoio e seu amor em grandes gestos. E Tony Bourdain. Tony ficou de olho em mim, e eu me tornei bastante protetor em relação a ele também. Como irmãos fazem. Quando olho para trás, vejo que tinha muitos *hyung* e *noona*. Se não agradeci a vocês o bastante, agradeço agora.

Eu disse ao dr. Eliot que queria experimentar algo novo. Eu tinha resolvido parar com as medicações.

Como em relação a tudo, o dr. Eliot pregou cautela. Sempre conversávamos longamente antes de fazer ajustes. Àquela altura, trabalhar com Marshall já tinha me dado bastante clareza. Eu havia me forçado a sair da minha zona de conforto. Estava tentando me manter saudável.

Ele observou que eu continuava inteiro.

"Sim, mas eu acho que o próximo passo é parar com os remédios. Fico sempre me perguntando o que tem por baixo deles."

O dr. Eliot compreendeu, mas lembrou que eu estava no fim de um período muito estressante e doloroso. A medicação estava ajudando, mesmo que eu não percebesse. As novas estratégias haviam me dado um pouco de confiança, só que haveria mais pressão adiante. Eu respeitava o dr. Eliot imensamente, mas os médicos não tinham que dizer aquele tipo de coisa? Que seu tratamento estava funcionando? Como eu poderia ter certeza de que a medicação ainda tinha um efeito positivo em mim se eu não sabia mais qual era o meu normal?

"Você acha que seria perigoso?", perguntei.

Ele me disse que não, que não era necessariamente perigoso, mas que poderia prejudicar os objetivos que eu havia estabelecido. Fazia quase uma década que eu tomava medicação, e não era hora de fazer experiências. Poderia haver retrocessos. Meu humor poderia despencar.

Eu me sentia à beira de algo. Estava pronto para crescer, mas não tinha como acessar a melhor versão de mim mesmo enquanto estivesse medicado. Precisava de uma mudança. Em retrospectiva, vejo que a depressão estava me enganando de novo — daquela vez, me convencendo de que eu estava bem.

O dr. Eliot me avisou que haveria risco de episódios de mania. Ele confirmou comigo uma vez mais se eu estava certo da minha decisão, então me deu instruções para ir abandonando tudo o que eu tomava.

18. Outra pessoa

No ensino médio, eu bebia e fumava maconha — nada além da conta ou de qualidade. A primeira vez que fiquei bêbado de verdade foi tomando vinho barato com amigos da escola, aos catorze anos, e me meti em muita encrenca por causa disso.
Quando eu tinha dezoito anos, fumei pó de anjo por acidente no telhado de uma casa em Chesapeake Bay. Achei que fosse maconha, até que comecei a ter palinopsia ilusória.
Comecei a abusar de ritalina e dexedrina na faculdade, para dar conta dos trabalhos todos. Sentia que ambas me davam superpoderes.
Meu irmão Yong me disse para passar longe de cocaína e heroína, mas acabei fraquejando no último ano da faculdade e comprei alguns papelotes. Descobri que, quando você tem droga, gente esquisita de todo tipo surge do nada. Também acho que altera o paladar. Cocaína não é para mim.
Usei LSD algumas vezes e foi péssimo. Parei total depois.
Cogumelos alucinógenos eu aproveitava sempre que tinha a oportunidade. Gostava da energia de um só — toda a magia sem as alucinações.

Não sei mais a diferença entre ecstasy e MDMA, mas se estivesse à mão e eu não tivesse nada para fazer no dia seguinte, você podia contar comigo. Os antidepressivos dificultam bastante a volta do barato. Era um preço pequeno a pagar. Tomei bastante diazepam e relaxante muscular no passado. Oxicodona. Clonazepam e uma taça de vinho. Hidrocodona e uma cerveja. Com essas combinações, é como tomar 25 drinques de uma vez só. Posso dizer sem exagero ou nostalgia que houve um punhado de ocasiões em que eu devia ter morrido.

Uma vez, quando eu estava de férias, alguém apareceu com um estoque de cogumelos comestíveis. Eu comi e comi. Queria estar em outro planeta. Tive alucinações com uma maré forte em um lago e jurei que estava vendo duas luas no céu.

Às vezes, quando eu estava bem mal, ficava incrivelmente barulhento e extrovertido. Ria, me socializava e me comportava como outra pessoa. Essa provavelmente é minha versão mais divertida. Em geral, no entanto, eu ficava muito triste e paranoico. Continuava usando drogas porque achava que em algum momento finalmente teria o controle sobre elas. Drogas eliminam seu senso de realidade, e eu estava convencido de que em determinado momento seria capaz de ditar aonde me levavam.* Por exemplo, a paranoia induzida por maconha e cogumelos poderia ser útil, se eu conseguisse administrá-la. Sentado no sofá, chapado, convencido de que todo mundo estava me julgando, eu sentia que podia ouvir exatamente o que os outros pensavam. Era como ter acesso a uma forma fantástica de empatia. Se eu insistisse um pouco, seria capaz de tirar proveito do poder das drogas. E o mesmo valia para a bebida.

---

* Antes que me considere um viciado, leia *Como mudar sua mente*, de Michael Pollan, e veja se a explicação de um escritor mais respeitável faz sentido. (Para ser justo, Pollan contradiz exatamente o que pensava.)

Não bebo muito agora, mas antes era um vício. Eu bebia até ficar completamente entorpecido, para aliviar o estresse. Não ficava cambaleando e enrolando a fala — simplesmente apagava. Em algumas manhãs, ia ao hospital tomar soro, mas também gostava de curtir a ressaca. Enquanto todo o resto parecia estar sempre em fluxo, elas eram consistentes e confiáveis.

Passei uma década bebendo muito e continuamente, e tomando zolpidem ou clonazepam toda noite, para completar. Era a isso que eu me agarrava para não crescer.

Fiquei sem remédios por um ano e meio. Antes e depois desse intervalo, o dr. Eliot e eu experimentamos inúmeras combinações de remédios diferentes para lidar com minha raiva e controlar minha depressão. Se dependesse apenas dele, acho que o dr. Eliot teria me receitado lítio, mas tenho muito medo de seguir por esse caminho. No momento, estamos tentando lamotrigina, mas tem atrapalhado meu sono. Tudo envolve um período de adaptação.

Até hoje, não sei muito bem como descrever o efeito que os antidepressivos têm em mim. O escitalopram extinguiu totalmente a minha libido. Mudei para bupropiona, cujo efeito só vim a sentir depois que parei de tomar e os episódios de mania tiveram início.

Nada afastava os pensamentos suicidas. No máximo, os remédios eram como puxar o ar entre duas ondas quebrando sobre mim.

O dr. Eliot prescreveu clonazepam para ansiedade depois que eu disse que não conseguia dormir à noite. Eu sentia muita raiva. Ia para a cama com raiva e acordava com raiva. A princípio, o remédio aliviou um pouco a ansiedade aguda, e aprendi a desfrutar do dia em que não o tomava — a única maneira de forçar uma pausa. Mas, com o tempo, comecei a ter ataques de pânico em momentos em que sem a medicação teria me mantido calmo. A inquietação se tornou constante.

Tudo o que sempre quis foi ser normal, pensar normalmente. Não sou uma pessoa naturalmente tagarela. Não sou extrovertido nem tenho tendência a liderar. Sou discreto. Sempre fui assim, desde pequeno. A maior parte da minha vida fiquei entre a vergonha e o medo da minha coreanidade. Queria ser outra pessoa, motivo pelo qual as drogas — tanto ilícitas quanto prescritas — me atraíam.

Os restaurantes mudaram tudo isso. Quando comecei o Momofuku, matei minha versão que não queria se expor ou se arriscar. Mesmo em seu estágio inicial, quando era mais uma teoria que um restaurante, o Momofuku tinha a ver com esculpir alguma forma de identidade para mim. Seria meu modo de rejeitar as expectativas a meu respeito.

O trabalho me tornou uma pessoa diferente. O trabalho salvou minha vida.

Por anos, pelo menos metade das minhas sessões com o dr. Eliot focava em como eu não conseguia controlar minha raiva na cozinha. Alguém cometia um erro insignificante e eu surtava. Acontecia o tempo todo. E não estou falando só de gritar. Chefs das antigas gritavam. Eles usavam o terror como uma estratégia de gerenciamento, e podiam alterar seu comportamento como se apertando um interruptor. Mas quando digo que eu perdia o controle é porque era literalmente isso que acontecia. Eu perdia a compostura. Perdia a noção.

De várias maneiras, não era muito diferente de estar sob efeito de drogas.

Li bastante sobre pessoas que se cortam e sou totalmente empático a elas. Compreendo a necessidade de sentir qualquer outra coisa que não o que se está vivenciando no momento. Eu saía um pouco para me recompor em seguida a cada episódio, mas tinha enxaqueca e minha cabeça ficava latejando até muito depois. Sou um cara grande, de modo que é assustador testemunhar meus ataques e ainda mais assustador ser alvo deles. É vergonhoso. Não se deve tratar outro ser humano dessa maneira. Cada surto é como uma recaída. Sou corroído pela culpa depois, e coloco ainda mais pressão sobre mim mesmo para não voltar a perder o controle. O dr. Eliot me dizia que havia métodos para prevenir os surtos. Experimentei todos, inclusive me afastar da cozinha.

Eu implorava que ele me desse uma explicação. Precisava saber o que havia de errado. Perguntava diretamente se eu era bipolar, mas em geral ele respondia algo como: "O que está te fazendo me perguntar isso, David?". O dr. Eliot sempre evitava me dar diagnósticos específicos, porque ele sabia que eu era um hipocondríaco que ia mergulhar na leitura de tudo o que havia sobre o que quer que ele dissesse que eu tinha. Eu não seria capaz de parar de me comparar com outras pessoas na mesma condição. Ele só me confirmou há alguns anos que de fato sou bipolar, com algo que chamou de "desregulagem afetiva" das emoções.

O que isso significa, em termos práticos, é que não sou capaz de processar eventos repentinos na cozinha. Por exemplo, vamos dizer que estamos esperando a visita de um crítico. Eu explico a importância da situação para a equipe e o que espero de cada um. Então alguém comete um erro. Perde um prato ou toma uma decisão idiota. São todos humanos. Mas, naquele momento, só consigo ver o erro como sabotagem.

Minha mente interpreta as ações das pessoas como indiferença, e só consigo ver indiferença como um ataque a mim e a meus valores. Me sinto ameaçado. Meu mecanismo de defesa instintivo é afastar as pessoas. Grito e xingo. Quero destruir tudo, mas sei que não posso, então machuco a mim mesmo no lugar. Soco uma parede, chuto um armário, ameaço me suicidar.

Sei que muitas pessoas vão considerar que estou dando uma desculpa para meus acessos de raiva no trabalho. Embora eu seja contrário a fazer esse tipo de comparação, me pergunto se alguém com transtorno dismórfico corporal não seria capaz de me entender melhor. Olho para o que está acontecendo na minha frente e vejo tudo diferente das outras pessoas. Faria qualquer coisa para ver o que todos os outros veem.

O dr. Eliot descreve isso como um estado temporário de psicose. Sou incapaz de diferenciar as coisas. É como se eu visse o mundo em cores diferentes e não conseguisse fazer minha visão voltar à normalidade. E não acontece apenas no trabalho. Perco o controle em casa, o que é terrível. Perco toda a noção do que é real e desejo o pior para as pessoas que mais amo. Minha esposa, Grace, diz que quando estou bravo fico tão intensamente agitado que não pode ser apenas emocional. Sou como um animal constatando o perigo. Às vezes, Grace e eu estamos discutindo e ela precisa dizer: "Ei, eu estou do seu lado, estou do seu lado". Levo horas para ouvi-la.

Odeio que a raiva tenha se tornado meu cartão de visita. Entre amigos, familiares, colegas de trabalho e a mídia, meu nome se tornou sinônimo de fúria. Nunca tive orgulho disso, e eu gostaria de conseguir transmitir para você o quanto tento lutar contra a raiva. Estou em guerra com ela há muito tempo.

Alguns anos atrás, eu estava cozinhando em um evento na Europa. O jantar se estendia havia mais de seis horas. O nosso prato era o último. Eu estava fazendo um goulash simples com arroz, mas já era mais de meia-noite quando estávamos empratando. Jornalistas bêbados corriam soltos pela cozinha. A maior parte dos chefs já havia ido embora. Era tudo uma desordem.

René viu o que vinha pela frente e avisou todo mundo. Sua expressão parecia dizer: *Faz a pipoca, gente.* Aquilo me deixou com vergonha. Ainda assim, não consegui me segurar.

Um jornalista tirou a tampa da panela e pegou uma colherada. Surtei.

"Se você não é a porra de um cozinheiro, cai fora daqui, ou vou te tirar pessoalmente, caralho", gritei, antes de fazer o maior escândalo.

Todo mundo ficou em silêncio. O resto da noite foi diferente. Me senti muito mal.

"O que está acontecendo?"

Ligo para meus amigos perguntando isso o tempo todo. Eles já me ouviram reclamar inúmeras vezes que tenho dificuldade em aceitar a realidade, porque de jeito nenhum que eu mereço a sorte que tive na vida. Eu costumava achar que era síndrome do impostor, mas agora me parece mais síndrome do sobrevivente. Muitas pessoas à minha volta morreram — literal e metaforicamente —, mas eu continuo aqui. Parece mesmo que sobrevivi a uma queda de avião.

As chances de qualquer pessoa ser bem-sucedida como chef são astronomicamente baixas, mas acho que as minhas eram ainda piores que as dos outros. Eu não sabia nada sobre comandar um restaurante quando decidi abrir o Momofuku. Se tivesse aceitado um trabalho em qualquer outro lugar, aprendido a cozinhar melhor e caminhado lentamente para minha própria cozinha, as coisas nunca teriam dado certo. Tenho 100% de certeza disso.

Floresci como chef incrivelmente tarde, e no entanto isso jogou perfeitamente a meu favor. Perfeitamente demais. Me parece mais plausível que deuses gregos existam e estejam acompanhando minha vida para se entreter. E não estou tentando me enveredar pelo solipsismo aqui.

Em momentos de dúvida extrema, recupero o chão invocando uma memória que está inextricavelmente ligada a uma emoção que me é familiar. Quando pesquei meu primeiro sernambiguara. A primeira vez que tomei suco de laranja espremido na hora. O nascimento do meu filho. Quando tive o coração partido ou me decepcionei. Qualquer coisa que seja indubitavelmente real.

Eu tinha convencido tanto eu mesmo quanto o dr. Eliot de que estava pronto para cortar a medicação, e não voltei a tomar antidepressivos até que estivéssemos prontos para abrir o Majordomo, nosso primeiro restaurante em Los Angeles. Eu estava com medo de como ia me sair no novo restaurante e queria me certificar de que estava fazendo de tudo para prevenir o inevitável.

No meio-tempo, retomei o contato como meu eu não medicado.

19. Fast-food e vilões asiáticos

O décimo aniversário do Noodle Bar me pegou de surpresa. Não parecia mais que o restaurante era meu. Para marcar a ocasião, mergulhamos fundo e trouxemos de volta pratos do comecinho, pelos preços que tinham em 2004.

Tive dificuldade de desfrutar do momento. Retrospectivas envolvem olhar para trás e para a frente. Olhar para trás não é algo que o Momofuku fizesse. Sempre tínhamos avançado rapidamente, com a intenção de surpreender os outros. E agora a James Beard Foundation estava me concedendo o Who's Who of Food & Beverage in America, o equivalente a um prêmio honorário deles. Era uma grande honra que para mim significava que meus melhores dias tinham ficado para trás.

Uma visão mais generosa da nossa situação seria a de que eu podia confiar nas equipes dos vários restaurantes para manter as operações funcionando tranquilamente. Tínhamos encontrado nosso tom e nossa estética própria, que é mais do que se pode dizer de muitas pessoas. Em qualquer carreira criativa, investe-se a maior parte da juventude buscando um visual, um som ou uma abordagem característicos. Pense nos grandes artistas visuais. Todos têm um estilo reconhecível, mesmo que ele só represente uma pequena parcela de sua produção artística. Warhol e suas gravuras. Bacon e seus trípticos. O'Keeffe e suas flores. Koons e seus balões de animais. Kahlo e seus retratos.

Tínhamos muitos visuais inconfundíveis e ainda estávamos fazendo um trabalho de que eu gostava. Paul Charmichael tinha assumido nosso restaurante em Midtown, Má Pêche, que originalmente era uma vitrine para a cozinha vietnamita de Tien Ho. Paul começara a servir um menu degustação por 95 dólares, baseado em culinária japonesa estilo kappo e em suas próprias raízes barbadianas.* Enquanto isso, o Ko estava de mudança para um espaço maior e mais elegante.

Para mim, o verdadeiro problema era que havia no ar uma fadiga palpável em relação ao Momofuku. Tinha ficado fácil esquecer nossa influência. Por todo o país, havia mais porco e mais tempero na comida, que tinha se tornado mais forte e melhor. Isso não se devia só a nós, claro, mas o resultado de ajudar a abrir as comportas era que não representávamos mais a vanguarda. Havia fac-símiles do Momofuku no mundo todo. Eu gostaria de poder dizer que isso me deixava lisonjeado, mas que outros nos copiassem implicava que podíamos ser copiados.

Eu sabia que mudanças precisavam ser feitas, e não só por orgulho ou ambição. Eu precisava subverter as expectativas culinárias das pessoas tomando decisões prudentes nos negócios. Onde estava a intersecção entre ganhar dinheiro e criar problemas?

---

* Era um trabalho ao mesmo tempo inovador e delicioso, mas não recebeu nem de perto o reconhecimento que deveria. Paul acabou se mudando para Sydney e assumindo o Seiōbo, onde pôde continuar desenvolvendo sua visão com ainda mais clareza. Mesmo assim, ele ainda não recebe o reconhecimento que merece, como um dos melhores chefs do mundo. Talvez porque não use as redes sociais.

Eu andava com dificuldade de entender qual era o meu trabalho. Não sabia mais o nome de todo mundo nos restaurantes. Passava grande parte do tempo na minha própria cabeça, pensando se eu ainda tinha algo a dizer como chef. E mesmo se eu voltasse à cozinha para fazer uma ampla revisão da nossa comida, como saber se eu ainda levava jeito, ou se o que viria em seguida seria melhor? Mais importante: por quase uma década, meu combustível criativo tinha sido basicamente a raiva. Uma das melhores lições que aprendi com Marshall Goldsmith tinha sido que o que funcionara para mim no passado não ia mais funcionar. Eu temia como seria sem minha maior muleta. Questionava se de fato merecia outra chance.

Tive uma briga infinita com essa merda toda até que finalmente — e nem acredito que estou dizendo isso — um jogo de futebol americano acendeu uma faísca.

A *Lucky Peach* estava com mais ou menos três anos e eu já não acompanhava a equipe de perto. Tinha parado inclusive de mandar ideias esporadicamente para Peter e Chris. Os dois com toda a certeza não precisavam de mim.

Então, alguém no escritório deu uma ideia para um artigo. Kat Crosby tinha estudado em Auburn e era grande fã do time de futebol americano da universidade. Ela perguntou se eu já havia ido ao Iron Bowl. Quando eu disse que não, ela fez aquilo acontecer. A equipe da *Lucky Peach* estava trabalhando na edição do bufê livre, então a tradição absurda do pré-jogo do futebol americano universitário se encaixaria perfeitamente ali.

O Iron Bowl era o maior evento esportivo do Alabama, o ápice anual de uma das maiores rivalidades do esporte universitário: Universidade de Auburn e Universidade do Alabama. Ex-alunos vinham do mundo todo para assistir ao jogo. Kat era amiga de uma família que havia comprado uma casa em Auburn especificamente para os Iron Bowls. Nem preciso dizer que eles tinham bons ingressos também. Foi assim que acabamos passando o Dia de Ação de Graças em uma cidade universitária do Alabama.

No decorrer de um fim de semana, acabamos com um barril de cerveja, irritamos uma porção de universitários e filamos tanta comida quanto possível. Comemos pirulitos de bolacha Oreo, rabanada com pecã, camarão com papa de milho e oito ou nove tipos de embutidos. Também invadimos o campo depois de testemunhar um dos dois ou três melhores jogos de futebol americano universitário de todos os tempos.*

A comida das festas pré-jogo tinha sua graça por seus excessos absurdos, mas não chegava a ser especialmente deliciosa. Parávamos no fast-food Chick-fil-A sempre que não precisávamos estar em outro lugar. Este é um trecho do artigo que Ying escreveu sobre a viagem:

> *Se você nunca comeu, o prato de mesmo nome é um filé salgado e levemente doce ao mesmo tempo, o empanado não é agressivamente crocante, o tempero é passivo e saboroso de uma forma difícil de especificar. É eminentemente satisfatório. O pão tipo biscuit é o que mais valoriza o frango, mas você pode experimentar com o pão de hambúrguer também, que é mais macio. A verdade é que tudo em um sanduíche do Chick-fil-A, seja o pão de hambúrguer, o tipo biscuit, seja o frango em si, tem mais ou menos a mesma textura — um fato que coaduna bem com a política homofó-*

---

* O jogo ficou conhecido como Kick Six. Você sabe qual é, aquele em que não havia mais tempo e Auburn percorreu 109 jardas no retorno de um *field goal* perdido pelo Alabama e marcou o touchdown da vitória. Se sabe do que estou falando, provavelmente ficou puto por eu ter visto ao vivo.

bica muito bem documentada da empresa. É uma comida de que ninguém se orgulha de gostar.

Odeio a Chick-fil-A enquanto empresa; no entanto, não conseguia resistir a comer lá. Em uma de nossas visitas aos fanáticos vendendo frango, fiquei decepcionado ao saber que éramos os últimos clientes da noite. Dava para ver nossos sanduíches definhando sob a lâmpada de aquecimento. Deviam estar ali fazia horas. Insisti com os funcionários.

"Ah, vai... Está me dizendo que não pode ir lá dentro e jogar uns franguinhos no óleo pra gente? Não tem Chick-fil-A em casa. Só dessa vez, por favor."

Sendo aquele um estabelecimento sagrado, a atendente foi educada, mas não podia quebrar as regras para atender ao meu pedido. Ela prometeu que os sanduíches se mantinham bons por horas e que eu nem saberia dizer a diferença. Me satisfiz com aquilo.

Depois de os sanduíches terem sido mantidos embrulhados no aquecedor, definitivamente não estavam iguais. Meio dia naquela sauna salgada e engordurada tinham acabado com qualquer sinal de que os sanduíches já haviam sido crocantes. Estavam molengas, salgados, nada ameaçadores. Ainda melhores.

Puta merda, pensei comigo mesmo. *É um macete.*

Se Hogwarts fosse uma escola de gastronomia, macetes como esse seriam ensinados na aula de arte culinária das trevas. São práticas para facilitar o trabalho sem sacrificar a qualidade. Ferver frango recai nessa categoria. Assim como levar as batatas ao micro-ondas ou servir o milho na espiga. Receitas que usam uma panela só. Pensar em um prato que pode ser montado antes para um evento beneficente. Eu adoro macetes.

Minha relação conflituosa com os sanduíches do Chick-fil-A só era agravada pelo fato de que eu havia fracassado quando tentara iniciar um império de fast-food com meus burritos coreanos.

Aqueles gênios do mal haviam dominado algo que eu não fora capaz. Por mais que desprezasse a empresa, era o restaurante mais inspirador a que eu ia desde muito tempo.

O Noodle Bar abriu no mesmo ano que Per Se, Masa, Shake Shack, Franny's e Blue Hill em Stone Barns — restaurantes que deram o tom da gastronomia nova-iorquina na década seguinte. As novidades que vinham surgindo não me mobilizavam. Certamente não me intimidavam. Passei a acreditar que tínhamos entrado em uma fase intermediária. Havíamos chegado ao fim da queda de braço gastronômica que tinha feito todos os chefs de Nova York tentarem superar uns aos outros com pratos mais e mais complicados tecnicamente.

A fase da arrogância masculina tinha passado. O futuro tampouco estaria relacionado a captar um lugar e uma época específicos. Gente demais já havia comido no Noma para se dar conta de que imitadores sem brilho nunca chegariam aos pés do original.

Voltei de Auburn e disse a todo mundo que queria fazer um sanduíche de frango frito. Finalmente íamos entrar no ramo do fast-food, e já que faríamos aquilo também podíamos desvendar os segredos do delivery, outra área em que eu não fora bem-sucedido até então.

Minhas ideias foram ficando mais complicadas e extravagantes conforme eu desenvolvia aquilo. A cada dia que passava, ficava mais certo de que conseguiríamos algo grandioso. Havia mais do que uma pequena chance de que estivesse exagerando a clareza com que via as coisas, porque queria que minha versão não medicada fosse a melhor de todas.

De qualquer modo, eu estava confiante de que havia descoberto a próxima novidade do ramo de restaurantes. Começamos a trabalhar para que o espaço na Primeira Avenida, número 163

— que já fora o Noodle Bar e depois o Ko —, voltasse às raízes como restaurante de frango frito, antes do Momofuku. O que eu não contei à equipe foi que tinha segundas intenções. O restaurante de frango frito era uma fachada para ferrar com alguém. Passei longe de ser a primeira pessoa a fechar os olhos e ser condescendente com o Chick-fil-A. Muitas pessoas razoáveis estavam dispostas a ignorar a verdade em nome do gostinho do frango frito em imersão. Eu queria reverter aquele fenômeno para fazer um comentário cultural.

Acho que nunca descrevi nosso restaurante de frango frito como um projeto artístico, mas anos depois percebi que era basicamente disso que se tratava. A constatação veio quando conheci o artista tailandês Rirkrit Tiravanija, cujas obras mais conhecidas são experiências interativas. Ele fazia curry ou *pad thai* em uma galeria, e às vezes o confundiam com um funcionário do bufê. Rirkrit me disse que havia escolhido *pad thai* porque era o único prato de macarrão tailandês que não vinha da China. Ele cozinhava em woks elétricas, porque eram versões baratas e de baixa qualidade de woks de verdade, e queria discutir a comoditização da cultura asiática. Cada ato era intencional. Tudo era pensado para dar um pouco de vida ao que as pessoas ignoravam com facilidade demais, por considerar cotidiano ou banal.

Nosso plano era abrir um restaurante de fast-food que vendesse sanduíches de frango deliciosos, mas que, visto um pouco mais de perto, seria uma dissecação da experiência ásio-americana. Como fazia Rirkrit, todas as nossas escolhas eram deliberadas, ainda que nem sempre emergissem tão completamente formadas quanto em uma das exposições dele. O nome veio fácil: Fuku. Um recorte de Momofuku e um "fuck you" fonético para todos que não nos valorizavam, que zombavam de nós, ou que faziam com que nos sentíssemos diminuídos pelo modo como comíamos. Sempre tínhamos economizado na decoração do Momofuku. Os poucos toques que havia estavam lá por um motivo, e no Fuku isso seria ainda mais declarado. Começamos a encher as paredes de pôsteres emoldurados: Oddjob, de *007 contra Goldfinger*, Gogo Yubari, de *Kill Bill*, Uli, de *Duro de matar*, Lo-Pan, de *Os aventureiros do bairro proibido*, Chong Li, de *O grande dragão branco*, e Mickey Rooney como o dentuço sr. Yunioshi, em *Bonequinha de luxo*. Estereótipos horríveis de coadjuvantes e vilões asiáticos na história do cinema — as imagens dolorosas e humilhantes que de alguma forma permaneciam sem ser questionadas na cultura americana.

Depois, também aproveitamos uma ideia da In-N-Out Burger, a rede conservadora de fast-food da Costa Oeste cujos copos e embalagens têm citações da Bíblia escondidas. Da última vez que comi lá, encontrei um "Naum 1,7" impresso em letras miúdas quando fui jogar o lixo fora. O versículo dizia: "O Senhor é bom, uma fortaleza perante a angústia, e conhece os que Nele confiam".

Decidi que Ezequiel 25,17 era a escolha ideal para o Fuku. Mesmo se você não for um estudioso da Bíblia, já deve ter ouvido essa passagem. Feche os olhos e imagine Jules, o personagem de Samuel L. Jackson em *Pulp Fiction*, recitando para um grupo de garotos riquinhos de queixo caído: "Farei cair sobre eles grandes vinganças e castigarei com minha ira aqueles que tentam envenenar e destruir meus irmãos. Então saberão que sou o Senhor, quando tiver exercido minha vingança sobre eles".

A única pessoa a quem revelei minhas segundas intenções foi Marguerite Mariscal. Marge começou a trabalhar para nós em 2011 como estagiária e subiu até se tornar nossa CEO. Eu podia confiar nela toda a extensão da minha loucura.

Precisaríamos abrir aos domingos, diferentemente de nossos rivais tementes a Deus na Chick-fil-A, eu disse a ela.

E precisaríamos fazer alterações na escrita.

"Eis o que vamos fazer: vamos imprimir *Dericious!** em todas as embalagens de sanduíche. Quero que os brancos vejam aquilo e se sintam desconfortáveis em repetir em voz alta. Vamos reivindicar toda essa merda." Tenho certeza de que Marge torcia para que eu desistisse da ideia antes de abrirmos. Mas eu a levava cada vez mais a sério.

Anunciei o Fuku na SXSW, como se fôssemos uma startup do Vale do Silício. Eu disse ao público que estava lançando uma versão beta de uma rede de restaurantes com a intenção de derrubar a Chick-fil-A. Falei em desenvolver um aplicativo para celular, do meu desejo de trabalhar com o pessoal da área de tecnologia e da intenção de homenagear o restaurante de frango frito que tinha ocupado o número 163 da Primeira Avenida antes do Noodle Bar. Não falei nada de racismo.

Quando o Fuku abriu, em junho de 2015, as filas viravam a esquina. Por meses, a imprensa gastronômica escreveu sobre as multidões, sobre como nosso serviço de delivery funcionava bem, sobre novos pratos no cardápio, a ampliação do horário de atendimento e a unidade que abriríamos no Madison Square Garden.

Eu acreditava que acharia engraçado e até ficaria meio satisfeito se ninguém notasse as armadilhas que eu havia montado. Bom, ninguém notou, e eu fiquei puto. Eu deveria ter imaginado, mas, em minha defesa, isso foi antes do aumento em popularidade do frango frito à moda de Nashville.

A Chick-fil-A era só uma em uma longa linha de injustiças culturais relacionadas a frango frito. Para começar, o mero ato de vender frango frito nos Estados Unidos é algo que foi popularizado originalmente pelos escravos negros recém-libertos — na maioria, mulheres — do sul do país. É raro que essas pessoas rece-

---

* Em alguns países, a troca das letras *r* e *l* é uma característica estereotipada comumente associada à pronúncia dos asiáticos. (N. E.)

bam o devido crédito por isso. Foi falta de atenção minha não fazer referência ao sul no Fuku. Nossa receita era inspirada na tradição asiática. Nossa maior referência gastronômica era o Hot-Star Large Fried Chicken, em Taiwan.

Como eu ia saber que, cinco anos depois, pessoas de uma costa a outra do país estariam comendo o frango frito à moda de Nashville — outra invenção afro-americana — sem se importar nem um pouco com a origem do prato? Por que eu havia pensado que as pessoas se importariam com nossa crítica à representação dos ásio-americanos?

Exatamente *uma* jornalista me perguntou sobre o posicionamento original do Fuku. Bem depois que o agito tinha passado, Serena Dai, uma repórter sino-americana inteligente e enérgica, me mandou um e-mail do nada perguntando sobre a coisa do "*Dericius!*". Expliquei o que eu estava tentando fazer, e acho que ela se solidarizou comigo.

Um ano depois que tínhamos aberto, Marge e eu estávamos cuidando de uma barraca do Fuku em um evento esportivo importante. Finalmente obtive o que vinha esperando. Dois dignitários conhecidos se serviram de nossos sanduíches e um deles notou a alteração na grafia na embalagem e mostrou ao outro.

"*Dericious!*", eles ficavam dizendo um para o outro, rindo como se fossem crianças. E prosseguiram com aquilo, baixando o tom de voz para um grave digno de mestre de artes marciais: "*Dericious*".

Fiquei maluco. Minha expectativa era tomar o controle do racismo que eu havia vivenciado como um americano de origem asiática. Eu esperava que não asiáticos ficassem com medo de repetir o que vinha escrito em nossas embalagens ou rir das fotos nas paredes. Mas eles não tinham o menor medo.

"Marge, cometi um erro. Isso é um desastre. Precisamos parar imediatamente."

Faz quase cinco anos e o Fuku continua firme, se expandindo para estádios esportivos e diferentes cidades. Passei a maior parte do controle para pessoas inteligentes formadas em administração. Deixamos de lado as embalagens, as citações da Bíblia e os vilões asiáticos. Não me arrependo de nada. Só queria que mais pessoas tivessem percebido.

Interlúdio
Grace

Odeio casas noturnas.
O problema era que eu não tinha conseguido arranjar uma desculpa. Eu estava sentado no sofá sozinho quando meu celular vibrou com um convite para sair. Dava para ir andando de casa até o lugar, e eu não tinha mais nada para fazer. Fazia meses que eu vinha vivendo basicamente como um monge — sem tomar remédios ou beber. Meu amigo disse que umas amigas dele estariam lá. Vesti uma camiseta.

O arrependimento tomou conta de mim assim que vi a multidão esperando do lado de fora e senti a batida pulsante que vinha do lugar. Mesmo assim, entrei. Bebi água. Interagi com o amigo que havia me convidado. Fiquei ali, dei uma olhada e fui embora em menos de uma hora.

Meu amigo me mandou outra mensagem na manhã seguinte. Uma das mulheres da noite anterior, aquela sobre quem eu havia perguntado a ele, mas com quem não tivera coragem de falar, ia dar um churrasco com uns amigos.

Encurtando a história: cheguei a um terraço no East Village e encontrei Grace e seus amigos em apuros. Gente demais tinha aparecido. A churrasqueira não dava conta. Eles estavam tentando se virar. Era a oportunidade perfeita de impressionar. Senti como se estivesse em um avião lotado e um comissário de bordo perguntasse: "Há algum médico a bordo?".
Dr. Chang, a seu dispor.
Salvei o dia e ainda ajudei a limpar. Os anfitriões ficaram gratos, mas estavam cansados e nem haviam tido tempo de comer. Estavam morrendo de fome, na verdade.
"Tenho um restaurante mais adiante no quarteirão..."

Depois do churrasco, fui passar algumas semanas em Wyoming, para relaxar. Resisti à vontade de entrar em contato com ela, mas quando voltei Grace me ligou e me chamou para sair.

Eu já tinha aceitado o fato de que nunca ia me casar. Todos os meus relacionamentos tinham desmoronado, em geral por minha causa. Eu sentia que era incapaz de me casar, e disse isso a Grace. Recorri ao mesmo papo de sempre: "Não estou procurando por nada sério, blá-blá-blá". Com o tempo, compartilhei todos os detalhes conturbados da minha vida romântica com ela. Grace nunca hesitou nem me julgou.

Começamos a sair, e uma noite David Choe passou no meu apartamento depois de jantar com uma amiga nossa, Asa Akira. Ela é uma das maiores estrelas do cinema pornô mundial. Choe é um artista muito rico que adora cutucar os outros. Grace encarou a noite com tranquilidade. Riu e brincou com eles, e meus amigos malucos gostaram dela na hora. Ficamos todos assistindo *Bojack Horseman* juntos. Foi divertido.

Conforme fomos nos conhecendo melhor, fui me sentindo mais sossegado. Meu cérebro me dizia para não me comprometer, que uma hora acabaria, mas meu instinto me dizia o contrário. Grace exalava confiança e compostura. (O churrasco foi a primeira e a única ocasião em que eu a vi fora do controle.) Ela também odiava casas noturnas, mas seus amigos a haviam convencido a sair naquela noite. E, como eu, ela tinha um pé numa cultura e um pé na outra.

Eu já havia saído com mulheres de outras raças e etnias, mas todos os meus relacionamentos mais significativos tinham sido com asiáticas. Por mais que eu tentasse, nunca havia me libertado da pressão cultural para me casar com uma coreana. Em qualquer outro relacionamento, no fundo da minha cabeça permanecia a ideia incômoda de que em algum momento eu teria que terminar, porque minha família nunca aprovaria uma mulher que não fosse coreana.

Grace era coreana, mas não parecia que estávamos juntos por causa disso. A atração tinha tudo a ver com seu coração, seu espírito generoso e sua tranquilidade. Esses outros fatores na verdade me permitiram desfrutar da nossa conexão cultural em um nível muito mais profundo. Grace e eu nunca tínhamos que nos explicar um para o outro porque compartilhávamos a mesma idiossincrática criação coreano-americana. Ela era filha de imigrantes coreanos que tinham aberto seu caminho em um subúrbio predominantemente branco de Seattle.

Não acredito em almas gêmeas ou na ideia de que há alguém no mundo para cada um de nós, mas, quando tento visualizar alguém que poderia ficar comigo pelo resto da vida, só consigo pensar em Grace. Ela tem muita força de vontade e determinação. Trabalhou duro no ramo da moda, mas suas verdadeiras ambições são ainda mais difíceis de atingir. Grace leva uma vida generosa, frutífera, saudável e plena, e quer ajudar outras pessoas a fazer o mesmo. Ela se cerca de boas pessoas e as trata bem.

Tenho sorte de estar entre os principais beneficiados por sua visão de mundo. Ela me apoiou imensamente quando contei a ela que queria voltar a tomar remédios. Ela me guiou e me ajudou durante episódios de mania, em aberturas de restaurantes, nos dias bons, com críticas negativas e com os muitos altos e baixos no meio de tudo isso.

O instinto de cada um de nós é cuidar do outro e protegê-lo. Mas a verdade é que nossa relação permanece vergonhosamente desequilibrada. Eu me esforço para dar o meu melhor, para não tratar as pessoas que amo como empregados. Ainda tenho que aprender a aceitar o amor de outra pessoa e acreditar que posso contar com ele. Esse deve ser um dos obstáculos mais frustrantes e desoladores com que uma pessoa pode se deparar em uma relação. Imagine ter que convencer diariamente sua esposa ou seu marido do seu amor. E não estou falando apenas de dizer "te amo", mas de às vezes ter que implorar para que ele ou ela volte da beira do abismo. Preciso melhorar. Ela sabe que estou tentando. Eu a amo por me dar essa chance.

Nós nos casamos e Grace deu à luz um menino que decidimos chamar de Hugo. Por muitos anos, achei que nunca estaria pronto para ser pai. Agora sei que eu apenas ainda não tinha conhecido Grace.

20. O que se vê e o que se tem

A experiência de abrir o Fuku só aumentou meu apetite de minar as ideias das pessoas sobre a identidade americana. A mania me deu a liberdade para seguir em frente.

Em 2015, pouco depois de abrir um Momofuku em Washington, D.C., dei uma entrevista a Todd Kliman, do *Washingtonian*. A manchete — "Uma longa e estranha conversa com David Chang" — diz tudo, mas uma manchete ainda melhor seria "Já se perguntou como é a mania? Então leia isto". Eles publicaram uma transcrição da nossa conversa, que durou 45 minutos a mais do que o esperado. É uma pérola. Eu estava tão maníaco que nem desconfiei de nada quando amigos começaram a me ligar depois de ler o artigo, perguntando se eu estava bem.

Eu estava próximo de definir o trabalho da minha vida. Meu cérebro estava em uma busca para descobrir os sistemas que operam silenciosamente no cosmos e depois levar aquele conhecimento para a mesa. Eu achava mesmo isso. As ideias vinham depressa e de forma caótica, isso eu conseguia ver, mesmo na época. Mas não vamos confundir vivenciar a mania com estar equivocado. Foi mais ou menos nessa época que escrevi um texto para a revista *Wired* com a detestável manchete "A teoria unificada do delicioso de David Chang".

Tive uma série de epifanias seguidas, nem todas elas ideias originais, mas que, até onde eu sabia, nunca haviam sido expressas no contexto gastronômico. A primeira foi de que a melhor criatividade nascia do paradoxo. É só pensar nas escadas levando a lugar nenhum ou nas mãos se desenhando, de M. C. Escher. Ou em *A traição das imagens*, de René Magritte, em que uma pintura de cachimbo é acompanhada pela legenda "*Ceci n'est pas une pipe*". Isto não é um cachimbo.

Nas cozinhas, costuma-se dizer que um prato está bem temperado quando não está salgado demais nem de menos. *Isso não está certo*, eu pensava. Os melhores pratos apresentavam ambos os extremos ao mesmo tempo. É desejável um prato que esteja salgado demais num momento, perfeito no outro, depois talvez salgado de menos. O verdadeiro equilíbrio não é a média. São duas forças de igual medida. Uma tigela de arroz é sem graça. Um relish de pimenta é salgado e forte demais para ser consumido sozinho. Mas juntos ambos ficam perfeitos, demonstrando uma briga constante entre a intensidade e a suavidade. Essa mesma ideia está inserida em nossa compreensão do universo. Pense no símbolo do yin-yang. É o equilíbrio entre o branco e o preto, mas não consiste em um círculo cinza, e sim em dois hemisférios girando um rumo ao outro perpetuamente.

Voltando à analogia anterior, imagine uma fileira de copos cheios de água salgada, em uma sequência que vai da com menos sal à com mais sal. Se provar dos copos um a um, vai sentir a progressão. Mas se parar no meio e voltar, o copo anterior já não vai mais parecer salgado. Experimenta um dia. O que consideramos uma sensação objetiva na verdade está profundamente ligado a marcos de referência, que são móveis.

A ideia de uma alternância de perspectivas me trouxe uma lembrança de infância.

Um dia, meus pais me compraram um boneco dos Transformers e, por um breve momento, fui o menino mais popular do quarteirão. Algumas crianças do bairro apareceram para brincar. Minha mãe serviu o jantar, e um menino sentiu o cheiro do *kimchi*. Quando ela se afastou, ele disse: "Não é à toa que vocês comem cachorro". Todos começaram a latir.

Não sei onde esse garoto está agora, mas eu não ficaria surpreso se adorasse *kimchi*. Está em toda parte agora. Posso ir ao mercadinho da esquina e passar dez minutos pensando na marca refinada pela qual vou pagar mais caro.

Humanos têm predileções inatas, só que os fatores mais importantes a determinar nossos gostos são sociais. O condicionamento cultural pode convencer alguém a rejeitar um prato que é exatamente igual a outro de sua própria cozinha. Cientificamente falando, chucrute e *kimchi* são praticamente idênticos. Esse condicionamento também pode fazer com que nos agarremos a noções que impedem a evolução do delicioso (e da sociedade).

Estou falando no plural porque também tenho culpa nisso. Eu costumava ficar maluco ao ver um chef branco fazendo kimchi, quando na verdade não deveria. Qual é a alternativa? Ficarmos cada um no seu quadrado em vez de fazer um esforço para ver algo de novo? Prefiro mil vezes ver um chefe branco tentando fazer kimchi a ficar latindo para ele.

A gastronomia sempre evoluiu com o choque, ainda que nem sempre notemos. Ao longo da minha vida, comi centenas de tacos al pastor. Sempre os considerei um emblema da Cidade do México. Só recentemente descobri que o espeto vertical usado para fazer a carne al pastor é de origem libanesa. É o mesmo espeto usado no shawarma, no kebab e no gyro. Imigrantes libaneses trouxeram esse espeto vertical consigo para a América, onde a tecnologia foi unida a pessoas e ingredientes diferentes, levando a resultados fantásticos. Isso não deveria ter sido um choque. O delicioso é um meme. Seu apelo é universal, e ele vai se espalhar sem considerar fronteiras ou preconceitos.

Comecei a questionar a validade de várias verdades culturais. Quem atribui valor a certas comidas? O que torna algo aceitável ou não? Por que o glutamato monossódico era vilipendiado nos restaurantes chineses, mas ninguém via problema quando surgia naturalmente no queijo parmesão?

Vou explicar de outra maneira. Há um vídeo famoso de um jogo do Lakers em 2010. Matt Barnes e Kobe Bryant tinham reclamado um do outro durante a maior parte da noite. No terceiro quarto, Barnes finge que vai dar uma bolada na cara de Kobe à queima-roupa. Qualquer mortal recuaria, mas Kobe nem pisca. Qualquer discussão sobre quem é o jogador de basquete com mais sangue-frio de todos os tempos poderia ser resolvida com esse vídeo.

Alguns anos depois, a internet desencavou um vídeo mostrando um ângulo diferente daquela mesma jogada. De cima, dava para ver que a bola não tinha chegado tão perto do rosto de Kobe quanto milhões de pessoas haviam pensado. Nossa perspectiva limitada havia contribuído para a narrativa que queríamos. O novo ângulo não a desmentia, mas mostrava como nossas convicções são frágeis. Sim, Kobe foi um dos atletas mais destemidos e imperturbáveis de todos os tempos. Mas não, aquele não era um exemplo disso.

Eu queria que a comida do Momofuku servisse ao mesmo propósito do segundo vídeo: revelasse que nossas crenças podem ser apenas uma questão de perspectiva, e que inúmeras coisas podem ser verdadeiras ao mesmo tempo.

Todas essas ideias me ocorriam na época, vindas da mania. Devo ter parecido um idiota a qualquer um que me ouvisse, mas me sentia cada vez mais seguro. Os efeitos disso seriam sentidos quando abríssemos nosso primeiro restaurante em Nova York com serviço de mesa em cinco anos.

Fomos forçados a expandir porque tínhamos recebido investimento externo. Não posso explicar de forma concisa por que eu finalmente havia concordado com o investimento externo ou justificar por que garanti o empréstimo pessoalmente — lembra o exame que eu disse que fiz para provar que não ia morrer antes que o banco recuperasse seu dinheiro? —, a não ser dizendo que precisávamos daquilo. Eu ainda estava muito longe de entender como um negócio deveria funcionar.

Mas, muito embora tivéssemos recebido o dinheiro, nem dava para notar. Usamos uma boa parcela construindo uma casa maior para o Ko, perto da Bowery. Nosso restaurante em Washington estava saindo caro também. E o resto do dinheiro estava sendo usado para sustentar projetos que eram nossas paixões, como a *Lucky Peach*, que continuava de pé na época.

Em nome do fluxo de caixa, concordei em abrir um segundo Noodle Bar no bairro Chelsea, em Nova York. Seria o primeiro passo em um plano inadequado de expansão massiva. Íamos abrir uma cozinha industrial em Sunset Park, no Brooklyn, que cuidaria da maior parte da produção. Um ônibus ia circular por entre os bairros, deixando itens para equipes reduzidas nos Noodle Bars, cujas cozinhas estariam equipadas apenas com o essencial. Seriam acordos bem delimitados; o treinamento seria padronizado, de modo que qualquer um pudesse se juntar a qualquer Noodle Bar e aprender a desempenhar seu trabalho com facilidade e ad infinitum.

Escolhi Josh Pinsky, um dedicado cozinheiro do Ko, para comandar a operação. Ele entendia que o aspecto organizacional de uma cozinha é tão importante quanto o criativo. Ele também era muito direto na comunicação.

Alguns meses antes da abertura, perguntei se ele estava animado.

Ele não estava.

Qualquer pessoa no Momofuku pode lhe dizer que eu constantemente prego honestidade e transparência. Insisto que quero que as pessoas se coloquem contra mim quando necessário. Agora, se você perguntar à equipe se isso é verdade na prática, eles vão evitar responder. Para ser sincero, estou tentando melhorar meu modo de lidar com respostas que não me agradam, mas o que Pinsky me disse aquele dia por sorte era ao mesmo tempo verdade e algo que eu queria ouvir.

Ampliar massivamente o Noodle Bar trazia consigo a ideia de que estávamos nos vendendo ou que estávamos nos diminuindo. No fundo, eu procurava uma saída. Sabia que Pinsky queria ser um chef de verdade, e foi um alívio ouvir que ele não queria comandar uma frota de Noodle Bars.

Pinsky me disse que se orgulhava de ser o especialista em massas do Ko. Que aquilo era o tipo de coisa que ele gostava mesmo de fazer. Um pensamento surgiu de imediato na minha mente. *Um Momofuku italiano? Está brincando comigo?* Eu não conseguia pensar em um lugar melhor para testar toda aquela deliberação filosófica. A maior parte das pessoas esquece que, pouco tempo atrás, a gastronomia italiana era tachada como inferior nos Estados Unidos. Hoje, o cliente médio de Nova York é capaz de opinar sobre azeites diferentes e identificar a cozinha de várias regiões da Itália. Amo comida italiana tanto quanto todo mundo, mas também queria ter a chance de mexer com ela, sem dó nem piedade.

Coloquei a questão em votação no escritório. Devíamos abrir outro Noodle Bar ou fazer algo completamente diferente? A equipe foi clara. Todos queriam experimentar algo novo.

Fui à Home Depot e comprei uma cavilha de madeira para usar como rolo de macarrão. O primeiro prato que saiu ficou parecendo frango com dumplings para a maioria das pessoas, mas para mim era um *su jae bi*. Cortado ligeiramente diferente, o macarrão poderia passar como mafaldine. Provei e não consegui decidir que referência era mais proeminente. Era tudo uma questão de como se olhava para o prato.

Por exemplo, quando um restaurante italiano cobra 25 dólares por um macarrão ao pomodoro, poucos clientes reclamam. Pensamos no pastifício fazendo a massa como a *nonna* ensinou. Damos alto valor a tomates cultivados e enlatados na Itália. Visualizamos um cozinheiro competente misturando o espaguete al dente e o molho com um toque da água do cozinho no momento perfeito, de modo a entregar um prato coerente. Cada dólar gasto é justificado.

Agora vamos imaginar um chef chinês que usa quatro vezes mais ingredientes e passa três vezes mais tempo fazendo uma tigela de lámen. Mesmo alguém com mais cultura gastronômica espera não pagar mais que oito ou dez dólares. Construções culturais falsas nos dizem que macarrão pode ser caro, mas lámen tem que ser barato. A mesma dicotomia existe entre quase qualquer prato asiático (ou africano, ou latino-americano) e seu análogo ocidental. Para mim, não há outra explicação além de racismo. Nem tente me convencer de que a diferença de preço é por conta do serviço e da ambientação. Essa grana toda é paga por quem está a fim de gastar dinheiro em comida segura, "não étnica".

No Nishi, íamos apagar os limites invisíveis entre o macarrão e o lámen.* Nossos clientes pediriam um prato italiano, algo

---

* A palavra "nishi" significa "oeste" em japonês. Fazia sentido como nome, tanto do ponto de vista geográfico (a localização do bairro de Chelsea em relação a onde estavam os outros restaurantes) quanto do conceitual (seria o primeiro cardápio do Momofuku ostensivamente especializado na cozinha ocidental).

que já haviam comido centenas de vezes. Se tudo fosse de acordo com o plano, eles preferiram nossa versão a qualquer outra, então descobririam que tinha sido feita com ingredientes que mais pareciam tirados de uma receita de *lo mein*, e não de macarrão à amatriciana. Seria um cavalo de Troia que mexia com preconceitos relativos não só ao que as pessoas gostavam, mas ao *por que* gostavam do que gostavam. Na verdade, nem nos anunciaríamos como um restaurante italiano. Não queríamos forçar uma mistura de pratos. Isso seria fusão. Queríamos encorajar convergências naturais que sinalizariam como a comida viria a parecer mais para a frente. Pensei nos pastéis vendidos nas feiras de São Paulo, desenvolvidos através da interação entre Europa, Ásia e América do Sul. Pensei na mistura de influências asiáticas e latinas na culinária de Los Angeles. Era lógico demais para não ser inevitável.

Não era muito diferente do que Quino e eu tínhamos feito anos antes no Noodle Bar. Agora, em vez de imaginar que minha família coreana havia trocado de lugar com os antepassados mexicanos de Quino, visualizei uma família de Turim trocando de lugar com uma família de Seul. O que aconteceria se os coreanos ficassem sem molho de soja? Se necessário, eles incorporariam parmesão a suas receitas?

No norte da Itália se come *bollito* misto, um prato clássico que pode ser definido sucintamente como carnes mais duras fervidas lentamente em caldo e depois fatiadas e dispostas em uma travessa. Na Coreia se come *suyuk*, um prato clássico que pode ser definido sucintamente como carnes mais duras fervidas lentamente em caldo e depois fatiadas e dispostas em uma travessa. Em que momento o *bollito* misto deixa de ser *bollito* misto e o *suyuk* deixa de ser *suyuk*? Em que momento surge algo que é um híbrido natural com o mesmo apelo universal?

Cada vez mais, eu notava que os pratos de maior impacto do Momofuku eram aqueles que ficavam entre duas realidades. Nos últimos dez anos, o Ssäm Bar vem servindo um prato de linguiça de porco apimentada com bolinhos de arroz. Eis sua história original: Joshua McFadden, um dos nossos primeiros chefs, perguntou se podia fazer molho à bolonhesa. Eu disse que sim, desde que ele se limitasse a usar ingredientes coreanos. Joshua e outros chefs do Ssäm acabaram criando um prato absurdamente saboroso: eu entendia a referência à bolonhesa quando provava, mas graças à viscosidade e ao amido dos bolinhos de arroz e ao uso liberal de molho de pimenta chinês eu também pensava em *mapo tofu*. O prato era mais que a soma de suas partes de diferentes culturas. Seu magnetismo vinha da tensão entre o familiar e o estrangeiro — o cliente decidiria qual era qual — e estava firmemente comprometido com ambos.

O prato-revelação do Nishi, aquele que melhor representava nossa visão, era o *cacio e pepe*. Havia anos vínhamos fermentando grão-de-bico em nosso laboratório para fazer uma espécie de missô que chamávamos de *hozon*.* O sabor sempre tinha me lembrado de queijo. Tentei fazer um *cacio* e *pepe* com *hozon* no lugar de pecorino, e ficou extraordinário. Como grão-de-bico é *ceci* em italiano, isso resolveu o nome do prato: *ceci e pepe*.

Eu mesmo cheguei ao cardápio final. À primeira vista, parece com um menu típico do Momofuku: NOME DO PRATO — COMPONENTE X, COMPONENTE Y, COMPONENTE Z.

---

* O laboratório foi montado para experimentos de fermentação, mas também para preencher necessidades como as do Nishi. Queríamos fazer produtos que invertessem as expectativas das pessoas não só em relação ao que tinha valor, mas também do que era possível fazer com comida. Uma de nossas primeiras criações foi uma versão com porco de *katsuobushi* — os flocos de peixe seco, defumado e fermentado que constituem um dos ingredientes fundamentais da culinária japonesa.

Mas havia diferenças sutis. Cada seção do cardápio tinha tradução para o coreano. E, no fim de cada página, havia umas dez notas de rodapé, pequenas dicas que pareciam indicar um posicionamento artístico:*

1. Carne maturada a seco: crudo × carpaccio
2. *Mul neng myun* (−) lámen e carne (+) picles Momofuku
3. Bagna cauda × salada caesar × *Ho Chi Minh*
4. Sugerimos comer a cabeça e a casca
5. Sem queijo: as notas de parmesão vêm do *hozon* de grão-de-bico
6. *su jae bi* × *malfatti* × Cracker Barrel
7. Mariscos com molho xo do Golden Century × macarrão cabelinho de anjo × vôngole
8. *Ma po tofu* × *pan mee* apimentado × cordeiro com molho de hortelã
9. *Jampong* × espaguete com siri e jalapeño de Ladner × vovô Woo
10. Bolo da Kathy Pinsky 2.0

Quando o Nishi abriu, na primeira semana de 2016, não aceitamos reservas. O restaurante estava lotado e o clima era de animação. Havia algumas gravuras do Escher penduradas nas paredes. Pinsky e eu passamos dias e noites dedicados àquilo, acertando tudo. Pela primeira vez na minha carreira, passei pelas mesas do salão, com o intuito de receber feedback e pedir

---

* Quando releio o cardápio agora, fico com fome, mas também quero me dar um soco na cara. A maior lição que aprendi nessa época foi fazer mais e falar menos a respeito.

desculpas pelos itens em falta. A mania definitivamente me deixava mais sociável.

Mandei um e-mail para toda a empresa perguntando quais poderiam ser nossas maiores fraquezas. Queria que todo mundo estivesse um passo à frente dos críticos, especificamente de Pete Wells, do *New York Times*.

De: david chang
Data: domingo, 31 de janeiro de 2016, 10:43
Assunto: Paranoia com Pete wells

Só um aviso.

Com o Nishi aberto, ele não vai comer só no Nishi pra fazer sua crítica, mas com certeza no noodle bar e no Ssam também

Acho que vai rolar uma crítica dupla Nishi + Ssam ou noodle ou ma Peche, mas não dá pra saber

Não sei se vamos notar o cara todas as vezes. A melhor maneira de maximizar nosso tempo e energia é não focar em uma só pessoa, mas melhorar e verificar toda a operação. Se a gente não o vir, que seja. Ele vai comer a mesma coisa que todo mundo.

Então precisamos reenfatizar a ideia de humildade em relação à comida que servimos e ao trato com os clientes. Aperfeiçoar certos procedimentos que ainda têm problemas. Melhorar os pratos do cardápio apesar de não termos tempo para isso.

Vamos preparar pratos perfeitos para Pete wells toad noite em que ele possa aparecer. Vamos convencer os cozinheiros de que poucos segundos preciosos no serviço podem contribuir para ser bem-sucedido com um crítico.
Vamos aumentar artificialmente a pressão sobre todo mundo.

Vamos ficar tão obcecados quanto ao atendimento de sua mesa que ninguém ficará nervoso quando ele finalmente aparecer.

Esta semana, todos os restaurantes mencionados acima podem compartilhar seu plano de ataque para Pete wells:
- uma lista de possíveis críticas a pontos fracos de cada restaurante (cardápio, espaço, música, serviço, pratos específicos... qualquer coisa)
- como vamos remediar esses problemas
- um checklist exclusivo para cada restaurante (pra se vir o cara ter certeza de que certas coisas corram bem). Por exemplo. Ter comida perfeita e o melhor garçom separados. É importante separar comida diariamente, seja molho ou uma porção de lámen.

Precisamos ter certeza de que as mesas em volta dele estejam sendo bem atendidas e que os clientes estejam felizes. As instalações têm que estar perfeitas. Etc. e tal. Estou falando de um checklist literal que precisa ser repassado rapidamente quando ele vier. Para não pecar em nada.

Não vamos esquecer que Pete wells vai ditar nosso futuro. Precisamos ter controle sobre ele. Talvez não dê para superar suas expectativas subjetivas, mas se realmente formos nossos piores críticos, estaremos prontos para qualquer coisa relacionada a Pete Wells. Vamos matar o cara com a comida mais deliciosa e o melhor serviço possível.

Valeu, pessoal. Se tiverem perguntas me escrevam. Dave

Marge fez um alerta sobre o espaço minimalista do Nishi — os assentos não tinham encosto, não eram almofadados, não servíamos couvert —, mas argumentei que aquele sempre tinha sido nosso estilo. As pessoas também notaram que os preços eram altos, ou pareciam altos. Estávamos testando uma política sem gorjetas em uma tentativa de pagar a equipe de forma mais justa. Mesmo sem gorjetas, os preços do Nishi eram salgados em comparação com os do Noodle Bar. *Essa é a ideia*, eu disse a mim mesmo. *É um restaurante italiano. Temos que cobrar preços de restaurante italiano.*

Antes que Wells aparecesse, Ryan Sutton, do Eater, e Adam Platt, da *New York Magazine*, nos criticaram, na mesma semana de março. E nos criticaram mesmo. Cada um deles deu ao Nishi uma estrela. Uma semana depois, Tejal Rao, então crítico da Bloomberg, se mostrou alinhado com eles e nos deu uma estrela também. O restaurante não era só desconfortável: era agressivamente pouco convidativo. A comida era irregular, eles disseram.

```
De: david chang
Para: Mesa-Redonda
Data: terça-feira, 15 de março de 2016, 17:56
Assunto: crítica Nishi: eater

Vou ser breve... mas primeiro quero pedir desculpas a
toda a empresa por ter decepcionado todo mundo. Eu tomei
as decisões que tornaram o Nishi o que ele é hoje, em um
projeto corrido com falhas inerentes.

O Nishi é um restaurante com comida e serviços ótimos,
mas que peca em todo o resto, incluindo ambientação,
preço e conforto. Infelizmnte, fui incapaz de montar
a melhor vitrine para o trabalho duro de todos vocês.

Não vamos entrar em pânico e vamos reavaliar os preços
nas próximas semanas. Há muitas coisas para levar
em consideração. Ryan Sutton fez boas observações,
```

mas não temos como resolver tudo de um dia para o outro.
Tomar decisões rápido demais foi o que nos colocou
nessa situação, então vamos demorar o quanto for preciso
para tomar decisões corretas que representem um avanço.

- Vamos mexer no salão pensando tanto em conforto quanto
acústica

- Vamos repensar a coisa das gorjetas e os preços e dar
um jeito nisso

É importante apontar como Josh, Carey e Sara se saíram bem.
Principalmente considerando que isso ia ser um Fuku/noodle
bar apenas três meses atrás. Por isso quero parabenizá-los
por seu bom trabalho. Ninguém disse que a comida ou
o serviço são ruins, na verdade, acho que são ótimos.
Só que os críticos acham que as particularidades do nishi
são idiotas, e isso é culpa minha.

Eu poderia ficar falando sobre isso pra sempre, mas só queria
fazer um comentário sobre a crítica de sutton no eater.

Vamos melhorar um pouco a cada dia. Qualquer sugestão
é bem-vinda. Obrigado pela compreensão. Dave

Para ser justo, algumas das decisões ruins tomadas no Nishi não foram culpa minha. Mas, no fim das contas, todas as falhas eram de minha responsabilidade. Fazia um tempo que eu não abria um restaurante em Nova York, e tinha perdido a confiança de comunicar minhas ideias.

"Podemos receber as críticas de maneira construtiva", eu disse pessoalmente a todo mundo. "Mas temos que nos lembrar de que o grande nome ainda não escreveu a nosso respeito. Vamos manter o foco no grande prêmio."

Wells teria a palavra final. Ainda tínhamos chance.

O fato é que eu tinha me beneficiado tanto quanto qualquer outro chef de críticas positivas no *New York Times*, mas é absurdo pensar na quantidade de tempo que dediquei a acompanhar a vida e compreender a mente dos críticos gastronômicos do jornal. Às vezes, isso pode levar a uma frustração existencial, principalmente quando você se dá conta de que os clientes em geral não questionam a autoridade do crítico local. Críticos são supostamente infalíveis, ou pelo menos merecem o benefício da dúvida. Qualquer que fosse o motivo, cabe ao chef aceitar os termos do crítico ou da crítica. Enquanto esperávamos por Wells, tentei ver a situação de todos os ângulos: os melhores críticos não se restringiam a informar aos leitores se a comida era boa ou ruim. Eles faziam uma crítica cultural relevante. Então qual ia ser a abordagem? Ele poderia escrever sobre nosso ressurgimento e implicar tacitamente que seus pares estavam errados. Ele também poderia dizer que tínhamos nos vendido. Wells havia escrito uma das primeiras críticas do Momofuku nos grandes veículos, me retratando como um contraste corajoso e independente diante dos restaurantes supostamente asiáticos que vinham surgindo quando o Noodle Bar abriu, corporativos, trabalhando em alta escala para determinado público — lugares como o Megu e o Tao, onde se comia sob uma estátua de Buda de nove metros de altura. Ou ele poderia se deixar levar pelo *zeitgeist*. Tinha acabado de destruir Thomas Keller em uma crítica sem precedentes ao Per Se. Ou estava abrindo espaço para que alguém assumisse o lugar de Keller no firmamento ou estava a fim de derrubar outros grandes nomes. Ou talvez aquilo não significasse nada. Comecei a ficar especialmente nervoso quando a *New Yorker* ligou; eles estavam escrevendo um longo perfil sobre Wells e queriam que houvesse um repórter comigo enquanto eu lesse a crítica. Não topei.

Eu estava no escritório da HBO quando a tela do meu celular acendeu. Estávamos tentando vender um programa de TV da *Lucky Peach* para tentar arranjar dinheiro para a revista. Eu tinha confirmado para o jornal os fatos que apareceriam na crítica na noite anterior, então sabia que ela estava para sair. Por baixo da mesa, dei uma olhada na manchete: "No Momofuku Nishi, o show de mágica de David Chang mostra certo desgaste". O que "certo desgaste" queria dizer? Passei rapidamente pelo texto, focando em frases aleatórias. Pedi licença para sair um momento quando vi que tínhamos recebido uma estrela. Como todos os outros, Wells disse que a comida não era boa o bastante para justificar a falta de conforto. Ele descreveu o cardápio como autorreferente a ponto de irritar, o que doeu. De modo geral, sugeriu que talvez fosse hora de reconhecer que o Momofuku havia tido seu momento e servido seu propósito.

Na minha cabeça, ele dizia alto e claro: *Graças a Deus a era do Momofuku finalmente acabou.*

O Nishi foi nosso primeiro fracasso completo. Grace não dormiu na noite em que a crítica saiu, porque ficou preocupada que eu pudesse tentar me machucar. Eu havia me esforçado tanto para me erguer do buraco, eu pensava. Marshall Goldsmith costumava chamar aquilo de "deszoação gradual". Eu me comportava melhor no Nishi, tinha menos ataques. Estava tentando, mas não sabia bem como ser aquele outro tipo de líder. Imaginei que as pessoas fossem nos dar uma chance de cometer erros enquanto encontrávamos nosso chão. Achei que estivesse sendo transparente quando disse a Sutton e Wells que estávamos trabalhando no ruído e em outras questões, mas na verdade estava tentando me adiantar a suas críticas. Cheguei até a pensar em falar mais publicamente sobre a realidade financeira da empresa, sobre não termos orçamento para fazer melhorias de um dia para o outro — como eu havia garantido o negócio pessoalmente, com vivíamos um dia de cada vez.

Mas quem ia acreditar naquilo? E por que aquilo seria problema deles? Os Yankees não ganham uma chance a mais se alguém esquece a luva em casa.

Tínhamos fracassado. Fiquei puto comigo mesmo por não estar acima da crítica. E fiquei puto com os críticos. Mostrando certo desgaste? O que queriam de nós? Estávamos tentando fazer algo relevante. Como poderíamos estar demonstrando desgaste?

Por anos, eu havia tratado o ramo de restaurantes com a mesma mentalidade de Coppola em *Apocalypse Now*. Ele se propôs a fazer um filme sobre a Guerra do Vietnã com a intensidade de alguém que de fato ia à guerra. Eu sabia que aquilo não era muito saudável. Pela primeira vez na vida, não havia feito força suficiente, não vivia como se estivesse pronto para morrer. E no momento em que começara a tentar ter uma perspectiva mais ampla, tinha colocado o negócio em risco.

Eu estava quase me recuperando depois de um ano muito ruim, mas as críticas do Nishi me derrubaram de novo. Hesito em admitir isso, mas ter que reviver aquilo quando a *New Yorker* publicou o perfil de Wells me deixou completamente desolado. Fico constrangido por ter deixado a crítica me afetar tão intensamente, mas me senti mais perto do suicídio naquele período do que em anos.

Eu queria receber crédito por tentar ser múltiplas coisas ao mesmo tempo, mas todos diziam que não éramos um restaurante bom o bastante. Merecêssemos ou não, ninguém nos deu uma chance por pelo menos ter tentado. E vínhamos tentando muito havia bastante tempo. Aquilo significava tudo para nós. Eles não conseguiam ver?

21. Pontos cegos

Se vou apontar o que os críticos não conseguiram ver no Momofuku, também devo reservar um momento para explorar meus próprios pontos cegos. O mais óbvio — a imensa, chamativa e terrível falha que eu não enxergava — tinha a ver com as mulheres na indústria gastronômica.

Não vou dizer aqui que o #MeToo me fez acordar para uma injustiça invisível. Nem vou me antecipar ao momento e afirmar que todos sabíamos havia muito tempo que aquilo estava por vir. A verdade, pelo menos para mim, está em algum lugar entre esses dois extremos.

Dias depois de Brett Anderson ter abalado as estruturas com a publicação no *The Times-Picayune* de seu artigo sobre o chef John Besh, de New Orleans, e a atmosfera de perverso assédio sexual e agressão que dominava seus restaurantes, um chef foi demitido de um grupo de restaurantes que admiro muito.

Como chef executivo, ele supervisionava inúmeros restaurantes. Um funcionário de um deles vinha exibindo uma foto inapropriada de uma colega de trabalho. O chef executivo viu e não fez nada. Depois que a mulher da foto prestou queixa pessoalmente ao departamento de RH, foi conduzida uma investigação completa e tanto o chef quanto o gerente-geral do restaurante onde o incidente ocorreu acabaram demitidos. O cara que havia compartilhado a foto já tinha sido mandado embora por motivos não relacionados.

Minha reação instintiva foi considerar a punição severa demais. Eu compreenderia uma suspensão. Mas demitir um chef por causa de uma foto de nu que outra pessoa havia tirado? Eu sabia que aquele chef era extremamente ocupado. Imaginei-o em meio ao trabalho quando o funcionário mostrou a ele a foto no celular. Provavelmente ficou incomodado. Talvez até tenha dito algo como "Cara, para com essa merda". Talvez tivesse pensado em falar com o cozinheiro depois. Então uma pequena emergência ou outra exigira sua atenção. O dia seguira em frente e ele acabou esquecendo. Eu podia imaginar o mesmo acontecendo com alguém na minha empresa.

O cara precisava mesmo ser demitido? Fiquei revolvendo o assunto na cabeça. O que eu não estava entendendo?

Acabei me perguntando que tipo de foto teria me feito largar tudo o que eu estava fazendo, mandar o chef pegar suas coisas imediatamente e comunicar a gerência da situação. Por mais autocentrada que essa abordagem possa soar, me ajudou a perceber o que eu estava ignorando. E se um cozinheiro estivesse compartilhando um meme racista que tivesse feito de um colega asiático? E se meu chef ignorasse aquilo e eu descobrisse depois? Imaginei os anos de insegurança e humilhação me atingindo, a sensação de traição que sentiria pelo que a equipe havia deixado passar. Como eu teria reagido? Teria surtado.

Tinha sido muito fácil imaginar a perspectiva do chef, mas eu precisara fazer um esforço maior para empatizar com a mulher. Dedico boa parte do meu tempo pensando nas cozinhas profissionais e me orgulho da minha capacidade de me colocar no lugar do outro, principalmente no que se refere a outros cozinheiros e chefs. Me considero um especialista no ramo de restaurantes. No entanto, com todas as evidências na minha frente me dizendo que aquilo estava errado, que o grupo de restaurantes havia agido de maneira apropriada e responsável, eu não tinha conseguido reconhecer aquilo de imediato. Que belo especialista eu era...

Sou literalmente um dos símbolos do patriarcado na cozinha. Em 2013, a revista *Time* colocou em sua capa uma foto que reunia René Redzepi, Alex Atala e eu usando dólmãs brancos de chef com um sorriso satisfeito no rosto e nos chamou de "Deuses da comida". Não questionei se alguma mulher ia ser incluída na lista de chefs mais importantes do mundo que seria publicada naquela edição porque, francamente, nem pensei naquilo.* Mesmo anos antes que o #MeeToo começasse de verdade, as críticas às listas que incluíam apenas homens eram rápidas e merecidas.

Na época, eu achava que se tratava de uma questão de representatividade: mais mulheres chefs deviam receber atenção da mídia, assim como mais pessoas de cor.** Mas não, estamos falando de algo muito mais perverso. Não se trata apenas do teto de vidro ou de igualdade de oportunidades. Se trata de ser ameaçado, oprimido, abusado e envergonhado no ambiente de trabalho. É constrangedor admitir quanto tempo demorei para me dar conta disso.

---

* Tampouco consigo acreditar que não estranhei quando ouvi a frase "deuses da comida". Provavelmente fiquei tão feliz em não ser chamado de "chef celebridade" que nem parei para pensar quão pior era aquele apelido.
** No original, *people of color*, expressão sem cunho pejorativo que engloba pessoas negras, latinas, indígenas e asiáticas. (N. E.)

Eu considerava Mario Batali e Ken Friedman meus amigos. Se está procurando histórias, não tem nada que você não encontre em *Calor*. Está bem ali, em branco e preto, nas páginas do aclamado livro de Bill Buford sobre o período em que passou trabalhando aos pés de Batali. Ao longo da obra, Mario olha por baixo da saia de garçonetes e compara cada ingrediente com que se depara a um órgão sexual. Havia inúmeros olhos nele, o que fazia muitos de nós pensarmos que o que estávamos presenciando fosse aceitável. Mas havia algo *terrível* sob a superfície, e simplesmente não me esforcei o bastante para ver. Mario oferecia pistas livremente, mas eu, de minha parte, era ignorante demais para fazer perguntas.

Pensei na possibilidade de escrever este livro sem falar sobre o #MeeToo. Na verdade, recebi muitas sugestões de colegas, bastante firmes nesse sentido. *De jeito nenhum que você não vai se enrolar de alguma maneira*, me disseram. *É melhor manter a cabeça baixa*.

Talvez seja pouco generoso dizer isso, mas imagino que, conforme o #MeToo ganhou força, a maior parte dos chefs dos Estados Unidos começou a revirar seu próprio quintal imediatamente, em busca de erros passados. Eu entendo. Medo, mesmo quando se sabe que não se fez "nada", é uma força motivadora importante.

Não sou exceção. Pedi à equipe que investigasse o histórico da empresa, comparasse nossa política de RH com outras e garantisse que não poderíamos ser criticados. Eu me sentia numa posição relativamente confortável. Estava satisfeito com quem éramos como empresa e certo de que poderíamos defender nosso passado. Mas queria me certificar de que seríamos capazes de dar respostas honestas e satisfatórias às possíveis queixas, então continuamos cavando.

Então, um dia, liguei para toda a equipe administrativa do Momofuku e disse a eles que eu estava errado. Se sentir confortável enquanto as pessoas continuavam a sofrer era a pior forma de satisfação. Eu tinha me preocupado tanto em não agir errado que não havia considerado se estávamos ou não agindo certo. Em nossos restaurantes, nunca havíamos nos acomodado com a ideia de "bom o bastante para não ter problema". Que tipo de padrão era aquele? Por que pensaríamos daquela maneira a respeito de como tratávamos nosso próprio pessoal?

A equipe alterou o foco do passado para o presente e o tipo de empresa que queríamos nos tornar. A direção geral da empresa era não impor limites a nossas ambições, mesmo se parecesse impossível atingi-las. Precisávamos olhar para mais além de nós mesmos e da nossa indústria buscando ideias, e fiquei feliz em ver a equipe criando soluções em que eu não necessariamente teria pensado sozinho. Leslie Ferrier, nossa vice-presidente de recursos humanos, mandou um e-mail para toda a empresa com o número de uma linha direta para uma equipe terceirizada que ouviria e investigaria quaisquer relatos de discriminação ou assédio. Era um começo.

Mas ainda há um longo caminho a percorrer — sei disso. Também sei que, ao contrário do que pensava antes, o modo como vejo a indústria de restaurantes não pinta o quadro geral. Todo dia falo com um cozinheiro, um chef ou um jornalista que altera minha compreensão do que significa cozinhar e servir comida profissionalmente. Escrevo este livro em um momento em que reavalio tudo o que achei que soubesse.

Estou me esforçando para ser honesto quanto a meus erros no passado, mas isso não basta. Não sou nem de perto tão empático ou consciente quanto quero ser. Não posso prometer que vou chegar lá ou que o Momofuku vai se tornar a empresa que estamos buscando. Sempre haverá erros e falhas de comunicação. O único erro fatal é parar de tentar.

***

Você se lembra daqueles livros *Olho mágico*, que fizeram sucesso nos anos 1990? A princípio, você folheava e não via nada além de padrões sem sentido, como amostras de papel de parede feio. Então alguém te dizia para "desfocar a visão" ou algo assim. Você olhava de novo e uma imagem em 3-D emergia, depois passava pelas mesmas páginas banais e via dinossauros, navios piratas, lobos uivando para a lua.

Depois que se aprendia a admirar aquelas páginas, ficava fácil ver de novo. Não dava para voltar a olhar para um daqueles padrões sem ver algo diferente.

Sei que isso é absurdamente simples, mas é a melhor metáfora que tenho. Depois disso, comecei a ver falhas onde antes não via.

Até mesmo este livro, que foi escrito com as vantagens de um maior conhecimento das coisas e mais perspectiva, ainda está cheio de problemas. Falei bastante sobre a importância do fracasso como ferramenta de aprendizagem, mas é um verdadeiro privilégio esperar que as pessoas permitam que fracassemos de novo e de novo. Há homens demais na minha história em geral, e deve dar quase para sentir minha empolgação de moleque quando conto velhas histórias de guerra. Quase todos os artistas e escritores que menciono são homens, e a maior parte dos filmes a que faço referência pode ser encontrada no acervo de DVDs de qualquer casa de fraternidade dos Estados Unidos. É a minha verdade, e por isso as deixo aqui, mas gostaria que parte disso fosse diferente.

Estou tentando ser a pessoa que quero ser. Estou tentando construir uma nova empresa que seja melhor do que eu e um ambiente onde a próxima geração terá melhores respostas para as questões que estamos enfrentando.

O esforço físico e mental de trabalhar em um restaurante é corrosivo. Não sei de quanto tempo precisaremos para desfazer o mal que fizemos e construir uma indústria que trate igualmente pessoas de todos os gêneros, raças, etnias, sexualidades e crenças. Acho que tudo começa quando nos responsabilizamos diante das demais pessoas. Quando respeitamos uns aos outros e a nós mesmos. Sei que uma educação e uma comunicação melhores serão a chave.

Gostaria de concluir esse assunto de maneira mais satisfatória, mas agora estou me dando conta de que isso pode ser um impulso brutal. *Como posso definir uma questão como essa agora? De quem é a culpa, e como fazê-los pagar?* A necessidade de chegar a uma solução rápida aponta um desejo de superar esse problema, quando, na verdade, a única solução é deixar marinando quão desconfortável tudo isso é. Tenho que investir os anos necessários para aprender mais sobre as pessoas à minha volta e rejeitar meus próprios preconceitos. Uma ideia me reconforta: supostamente, todos crescemos como pessoas. Devemos fazer perguntas, ver as coisas de maneiras diferentes, nos tornar mais empáticos. Ou pelo menos é o que esperamos.

Vou te dar um exemplo. Em *Cozinha confidencial*, Tony escreveu sobre o apelo obsceno de trabalhar em um restaurante.

> Na cozinha, eram deuses. Vestiam-se feito piratas [...]. Bebiam o que lhes aparecesse na frente, roubavam tudo que não estivesse pregado e transavam com deus e o mundo, dos colegas aos fregueses do bar e visitas ocasionais, de um jeito que eu nunca tinha visto ou imaginado. [...] Eu vi um bocado de gente se comportando muito mal, naquele primeiro ano em Provincetown. [...] Aqueles caras eram mestres do crime, atletas sexuais [...]. A vida de um cozinheiro era uma vida de aventura, de saques, pilhagens e curtição, uma viagem pela vida, com um menosprezo descuidado por toda a

moralidade convencional. A mim, do outro lado do balcão, parecia maravilhoso.*

É estranho pensar em como eu gostava de ler essas histórias e muitas outras — a maior parte contadas por homens — que glamorizavam a brutalidade da cozinha. Mas eu gostava. Tentei crescer um pouco. Tony também cresceu. Eu o vi amadurecer na televisão e pessoalmente. Sei que lhe doía pensar em seu próprio papel na glamorização dessa arte da cultura culinária, mas nós o perdoamos porque dava para ver que ele tinha evoluído. Minha esperança é de que as pessoas envolvidas nesse negócio possam passar pelo mesmo tipo de crescimento sem deixar a cozinha.

Os restaurantes salvaram minha vida, mas também magoaram e traíram muitos dos meus pares. Acredito que nossa indústria ainda pode ser um lugar de cura — um refúgio onde as pessoas nutrem umas às outras física e espiritualmente —, mas só se a transformarmos nisso.

---

* Anthony Bourdain, *Cozinha confidencial: Uma aventura nas entranhas da culinária*. Trad. de Beth Vieira e Alexandre Boide. São Paulo: Companhia das Letras, 2016, pp. 46-7.

22. Pense na lagosta

Mudanças são algo garantido, mas o crescimento não é. Na minha experiência, para crescer é preciso querer. Na verdade, é preciso querer tanto a ponto de ser capaz de jogar no lixo tudo o que te levou até onde você se encontra.

Ninguém costumava reclamar sobre música alta demais em restaurantes. Na maior parte do tempo, nem havia música. Quando havia, era clássica, jazz, ou alguma trilha italiana ou francesa aleatória tocando em um volume que mal dava para ouvir. Tampouco se ouvia música nas cozinhas. Quando abrimos o Noodle Bar, Quino e eu tínhamos vinte e muitos anos, e música era algo importante para nós. O lugar era nosso, então por que não podíamos ouvir música enquanto trabalhávamos? Levamos um iPod e um tocador de CD para o restaurante, compramos os alto-falantes mais vagabundos disponíveis na Circuit City e os colocamos na prateleira mais alta. Nunca havíamos trabalhado em uma cozinha aberta, então foi só na primeira noite de serviço que percebemos que, se ouvíssemos música na cozinha, todo mundo no salão ia ouvir também.

Ouvíamos a mesma coisa que quando estávamos sozinhos. Pavement. Silver Jews. Velvet Underground. Yo La Tengo. GZA. Fugazi. Pixies. Metallica. Galaxie 500. Wilco. Houve uma época em que ouvimos muito country, em especial Waylon Jennings. "Your Fucking Sunny Day", do Lambchop, era uma faixa extremamente importante para mim. É uma ótima música, tranquila e feliz, mas quando colocamos em nossa playlist achei que alguém pudesse reclamar, por causa de todos os palavrões. Vivíamos perguntando: *A gente pode botar isso pra tocar?* Quem quer que estivesse anunciando os pedidos aquela noite era o DJ. Uma das vantagens de trabalhar com todos os jovens descolados de East Village era ser exposto a coisas muito boas. Via de regra, evitávamos colocar músicas famosas demais. Meu maior medo era recriar aquele momento de *Quase famosos* em que o ônibus inteiro começa a cantar "Tiny Dancer". Escolhíamos músicas e álbuns que não tocavam muito no rádio e víamos que aquelas bandas também eram importantes para muitos de nossos clientes. Um dia, um cara se aproximou de mim na cozinha e perguntou: "Vocês estão tocando o lado B do The Who? Acho que esse é meu restaurante preferido". Música se tornou um filtro natural para o público que esperávamos servir. Era um bom complemento espiritual do tipo de comida que estávamos fazendo.

    Aprendemos a calibrar o volume de acordo com nossas necessidades. Com o salão vazio no começo do dia, não dá para explodir os alto-falantes. Mas, conforme o salão se enchia de corpos capazes de absorver o ruído, é preciso aumentar o som, ou fica impossível ouvir alguma coisa. Se alguém reclamasse da música alta demais, nossa resposta era sempre aumentar ainda mais.

    Tocar música alta desencorajava as pessoas a se demorar muito no restaurante. Aproveitei a dica do McDonald's, cujo design dos assentos tinha a intenção de dificultar a circulação nas pernas quando se ficava muito tempo ali. Quando seu negócio depende de maximizar o número de pessoas entrando e saindo rapidamente, é preciso dar uma ajudinha.

Muitas de nossas decisões poderiam ser interpretadas como hostis, mas juro que agíamos por pura necessidade. Ganhamos a reputação de antipáticos com os vegetarianos, e Deus sabe que eu falava muita babaquice, mas, sinceramente, não tínhamos tempo ou espaço de preparar qualquer outra coisa. Quando abrimos, nosso cardápio de bebidas consistia em cerveja em lata e garrafas de um dólar de água Poland Spring. Nem nos preocupávamos em oferecer sobremesa ou café. Precisávamos fazer o serviço girar, e não queríamos que você regalasse seus amigos com outra história divertida de vinte minutos.

Pelas críticas negativas do Nishi, ficou claro que precisávamos mudar o restaurante, mas identifiquei, nas entrelinhas, uma acusação a todos os nossos estabelecimentos. Não bastaria consertar os problemas do Nishi. Precisávamos provar que éramos capazes de evoluir em todos os sentidos.

De muitas maneiras, o Ssäm Bar era o coração do Momofuku. Sempre fora o que recebera mais elogios, tanto do público quanto da crítica. Elevara o nível dos restaurantes em geral, e ninguém quer ser a pessoa que estraga esse tipo de coisa. Mas se em algum momento o Ssäm Bar não foi tão bom, isso se deveu ao nosso medo de fazer mudanças nele. E estávamos em um daqueles períodos.

Trabalhar contra nosso próprio legado era um teste novo para nós. Sempre amei azarões e nunca imaginei ser algo diferente disso. Agora, era como se o Momofuku estivesse defendendo o título do Super Bowl. Havia muitos aspectos de longa data da operação do Ssäm Bar que nunca havíamos questionado, porque os números não indicavam uma necessidade de mudança. Mas não é porque se tem uma operação lucrativa que se está no caminho certo.

Marge liderou a transformação, ao lado do presidente do Momofuku, Alex Muñoz-Suarez. Precisavam ser os dois a fazer aquilo. Se eu tinha aprendido alguma coisa nos anos anteriores, era que eu não podia ser a pessoa a promover a mudança. E, embora talvez não tenha parecido assim a olhos não treinados, os dois mudaram completamente o restaurante.

As músicas permaneceram as mesmas, só que o volume foi abaixado. Fizemos o isolamento acústico, compramos louça e talheres novos e instalamos cadeiras com encosto. Acrescentamos bancos encostados na parede, papel de parede e uma adega. O cardápio agora era encadernado em couro.

Max Ng seria o novo chef. Ele tinha vindo aos Estados Unidos de Singapura sete anos antes, para trabalhar conosco. Passara pelo Ko e pelo Ssäm Bar, mas não estava pronto para ser um chef. Esse foi exatamente o motivo pelo qual o escolhi. Ele sabia como trabalhávamos, mas não tinha experiência o bastante para acabar preso à rotina cansativa de sempre.

Max queria uma estrela Michelin. Ele queria estar em primeiro lugar na lista World's 50 Best. Queria prêmios e reconhecimentos, e não ia deixar que as limitações do espaço o impedissem de atingir seus objetivos. Eu adorava que Max quisesse correr atrás de tudo aquilo. Só porque o restaurante não parecia parte do establishment mundial não queria dizer que não podíamos aspirar a ser os melhores.

Mandei que a equipe esquecesse o cardápio de então e fizesse o que desejasse. Não me decepcionei. Os primeiros esforços foram inacreditáveis. Arraia besuntada com pasta de camarão e assada na folha de bananeira. Pão com caviar e molho ranch com bacon. Taiyaki, o waffle em formato de peixe do Japão, recheado com foie gras em vez da tradicional pasta de feijão azuki. Fiquei muito animado com a direção que estávamos seguindo. Com o tempo, aquilo viria a se tornar algo realmente incrível.

Wells só tinha visitado o restaurante um punhado de vezes desde que assumira como crítico do *New York Times*. Uma noite, eu estava finalizando o turno como aboyeur — algo que raramente faço. Então Wells entrou. Ele se sentou bem ao meu lado na passagem. Me senti menos confiante quanto à comida que lhe servimos do que quanto a qualquer outra coisa que já tivéssemos feito.

Tínhamos alterado a própria identidade do restaurante, matado o velho Momofuku. Eu não sabia mais o que era o quê, e não havia tempo para descobrir agora. Estava convencido de que Wells ia nos rebaixar de três estrelas para duas. Pode não parecer muito a você, mas, em conjunto com sua crítica ao Nishi, cimentaria a percepção de que o Momofuku estava ultrapassado.

Wells voltou alguns meses depois, então sua crítica saiu.

Três estrelas.

Eu nunca havia ficado tão feliz em manter o status quo. Aquela crítica de alguém que havia questionado recentemente nossa relevância era uma validação dos nossos esforços. Deixei de lado minhas dúvidas quanto a críticas em geral e desfrutei da primeira vitória de uma nova era, e da primeira prova de que estávamos no caminho certo.

Quero falar um pouco mais sobre Marge. Quando o Nishi abriu, Marguerite esteve entre os primeiros e poucos membros da equipe a expressar suas preocupações. Desde que havia se juntado a nós como estagiária, em 2011, sempre fora incisiva e franca. *Por que o serviço é abaixo da média? Por que os assentos não têm encosto? Por que não podemos ter uma visão abrangente da coisa ao mesmo tempo que tratamos cada restaurante de modo diferente, em termos de comida, serviço e missão?*

Marge não apenas ajudou a renovar o Ssäm Bar como também liderou a missão de resgatar o Nishi. Fechamos para fazer as mudanças e o relançamos em outubro de 2017, pouco antes da nova crítica do Ssäm sair. Marge foi responsável pelo mesmo truque de mágica no Nishi. E mais ainda: fez isso quase sem recursos. Ela reformou o salão e repensou a maneira como nos comunicávamos com os clientes. Começamos a contar às pessoas que se tratava de um restaurante italiano, só para começar. Graças a Marge, era possível ler nosso cardápio e se sentir em um restaurante, e não alguém tentando resolver um problema de matemática. O Nishi melhorou e angariou mais clientes sem que fosse preciso pedir a Pinsky para alterar o cardápio.

Tudo isso só confirmava o que eu já sabia: sou a pessoa errada para conduzir o Momofuku. A ironia era que precisávamos de gente mais nova para crescermos como empresa. Quando oficializamos tudo, eu já vinha delegando muitas de minhas responsabilidades a Marge. Ela assumiu como CEO pouco antes de seu aniversário de trinta anos, em 2019.

Arranjamos uma coach executiva para ajudá-la a assumir seu papel com mais tranquilidade. Depois de uma única reunião, a coach me disse que dar as chaves do negócio a alguém de 29 anos era um enorme salto de fé. Ela disse ainda que Marge não era muito comunicativa e que as pessoas na faixa dos cinquenta ou sessenta que costumava treinar tinham muito mais a dizer. Quase explodi.

Quem era aquela coach corporativa e sem inspiração para me dizer que Marge não estava pronta? Eu a havia escolhido especificamente porque não era o estereótipo da falta de entusiasmo. Fiquei tentado a mandar a coach embora naquele exato momento, mas decidi não o fazer. Seria melhor que a mulher passasse pelo processo e visse por si mesma o que tinha em mãos. A bússola moral de Marge era mais forte que a de qualquer outra pessoa que eu já havia conhecido. Eu não tinha nenhum motivo para temer que aquele erro ao julgarem seu caráter fosse detê-la ou desencorajá-la.

Não acho que Marge vá ser perfeita de um dia para o outro. Quero que ela cometa erros. Não quero uma CEO que pense que já viu e já fez de tudo. Quero alguém tão disposto para estar certo quanto para aceitar o erro.

Há um velho mito de que lagostas são imortais. O que leva as pessoas a acreditar nisso é o fato de que lagostas não demonstram sinais de envelhecimento. Conforme os anos passam, elas não param de crescer ou de se reproduzir. Elas podem regenerar membros. Não há limite de tamanho para lagostas. Elas não diminuem o ritmo até o dia em que são cozidas e comidas.

Lagostas crescem através de muda. Sua casca velha é rasgada para dar lugar a uma nova, mais macia, que eventualmente cresce e endurece em volta delas. Quando esse processo se encerra, não há nem sinal da lagosta de antes. É algo exaustivo e perigoso. Requer uma quantidade enorme de energia e as deixa expostas e vulneráveis no meio-tempo.

Quer saber qual é o único sinal de que uma lagosta está morrendo?

A muda cessa.

Matei alegremente inúmeras lagostas antes de aprender isso. De repente, esse animal se tornou a mascote não oficial do Momofuku. Nunca mais temeríamos o trabalho árduo de nos desmontarmos e montarmos de volta. O ciclo de construir, destruir e construir não é algo que se supera. O equivalente humano a não fazer isso é tentar facilitar demais a vida, se recusar a crescer ou ser autorreflexivo demais.

Não posso dizer que seja saudável ou normal se preocupar tanto com o crescimento, mas tenho certeza de que isso faz do Momofuku um lugar difícil para trabalhar, em especial porque nossa definição de crescimento não se restringe a uma linha reta em uma projeção financeira. Às vezes, nossa obsessão em aprender e melhorar pode na verdade ser em detrimento do resultado final. Marge está comigo nisso. Ela entende, mas nem todo mundo entende de cara.

Eu estava em uma reunião de diretoria do Fuku recentemente quando alguém me disse que eu era o pior executivo que já havia conhecido.

O Fuku supostamente é nosso restaurante que segue o conceito de fast-food, mas sugeri que acrescentássemos mais itens ao cardápio e o diversificássemos. Minha ideia era de que devíamos desacelerar o negócio do fast-food. Sei que parece idiota, mas eu via com bastante clareza que a chave do sucesso do restaurante de serviço rápido era a hospitalidade. As pessoas queriam ver a comida sendo feita. Não estou falando só de servir uma tigela a partir de um bufê quente. Não vamos tratar as pessoas com tanto cinismo.

Ninguém gostou das minhas ideias. Eu tinha me cercado de pessoas inteligentes no Fuku, com diplomas em administração ou negócios e experiência comprovada, de modo que as ouvi.

No entanto, quando tivemos a chance de abrir um restaurante pequeno e sem mesas no terceiro andar do Time Warner Center, do outro lado do corredor da Bouchon Bakery de Thomas Keller, fiz exatamente o oposto do que um estudo de negócios de Harvard mandaria alguém fazer. Estávamos abrindo um Noodle Bar completo na porta ao lado, que seria nossa principal fonte de rendimentos. No diminuto espaço contíguo, seríamos livres para arriscar algo que nunca tínhamos feito antes.

Na época, estávamos ocupados com a pré-produção da segunda temporada de *Ugly Delicious*. Entre os temas que íamos mencionar estava um que já citei aqui: o espeto vertical e seus vários usos no mundo todo, do shawarma ao gyro e ao taco al pastor. Onde quer que esse artifício engenhoso apareça no mundo, uma tradição culinária parece se desenvolver. Tudo colabora para essa compulsão humana universal de envolver carne com algum tipo de pão.

Estávamos trabalhando na nossa receita de pão chato apenas ligeiramente baseados nas tradições chinesa e coreana — uma massa com levedura que abriríamos na hora, grelharíamos na chapa e chamaríamos de *bing*, o termo chinês para esse tipo de pão. A ideia de fazer pães fresquinhos em um shopping desafia a razão tradicional, motivo pelo qual adorei na hora. No Bāng Bar (*bāng* é "pão" em coreano), serviríamos uma criação híbrida: bings feitos na hora recheados de churrasco coreano assado no espeto vertical.

A reação negativa da cozinha veio depressa e forte.

Não vamos conseguir dar conta dos pães!

"Bom", eu disse, "vamos fazer tanto quanto pudermos."

Depois, eu disse a eles para experimentar colocar mortadela no espeto.

Fica ridículo. E a gordura derrete toda!

Em primeiro lugar, eu não dava a mínima para o fato de que ficava ridículo. Em segundo lugar, havia gordura de porco de sobra nos restaurantes. Por que não transformar uma parte em lardo e colocar entre fatias grossas de mortadela? Fizemos isso, e ficou incrível.

Quero que o Bāng Bar seja completamente oposto ao senso comum. Quero que seja um refúgio seguro para trabalhadores em um shopping de classe alta. A comida é barata — muito mais barata do que a empresa acha inteligente. Mas, se podemos fazer isso, por que não? Acima de tudo, quero que todo mundo coma lá. É o restaurante onde enfatizamos a hospitalidade sobre todo o resto. Enquanto você espera na fila, fazemos o nosso melhor para oferecer aperitivos. Batatas assadas sob o espeto. Congee. Só uma coisinha para ajudar, servida em louça de verdade, com talheres. Digo à equipe que vou ficar feliz quando recebermos reclamações de que estamos trazendo trabalhadores demais para um complexo comercial tão refinado.

Recentemente tivemos nosso primeiro evento de liderança envolvendo toda a empresa. Depois de um período de expansão rápida, precisávamos parar por um momento para ajudar a companhia a se sentir mais como uma entidade do que como uma reunião de vários grupos. Então levamos todos os gerentes e líderes de restaurantes para Asbury Park, Nova Jersey, para dois dias de discussão e consolidação de equipe. Foi o pessoal da central quem teve a ideia e tornou o evento realidade. Só fui para fazer minha melhor imitação de palestrante motivacional.

Em meu discurso de boas-vindas, falei sobre valorizar a vulnerabilidade em relação à perfeição. É melhor, insisti, admitir que nem sempre se tem a resposta. Tudo bem pedir ajuda. Também apontei o problema do sucesso prévio. Por exemplo, às vezes você se pegava temendo outra noite de serviço corrido no restaurante, mas era preciso cair na real e perceber o privilégio que era ter clientes. E como se lembrar de tratar cada cliente como se a experiência deles pudesse representar nosso sucesso ou nosso fracasso?

Marge falou em temer a apatia e abraçar a empatia, o que se tornou nosso princípio central. Ela citou Neil Young e *Rust Never Sleeps*, o álbum de gravações ao vivo que ele fez durante uma turnê na qual forçou a banda a fazer algo diferente toda noite, para que o show não perdesse a graça. Ela falou em equilíbrio na vida e em "guardar um pouco para a volta".* Ao falar sobre a importância da cultura de equipe, Marge usou a frase "O placar se vira sozinho", de Bill Walsh, grande técnico da liga de futebol americano profissional. Se investirmos uns nos outros, Marge disse, o sucesso será consequência. Ela entregou folhetinhos com a filosofia do Momofuku, assim como cópias de "This Is Water", discurso inaugural do falecido autor David Foster Wallace sobre identificar e desafiar os preconceitos inerentes a si próprio.

Ao longo do retiro de dois dias, houve boliche, karaokê, uma fogueira na praia, uma competição de panelas de cozimento lento e uma exibição do documentário *The Dawn Wall*, sobre montanhismo.

Não há como saber como cada líder do Momofuku recebeu o que ouviu no retiro. Espero que tenham todos internalizado o que foi dito e possam encontram uma maneira de traduzir isso em ações tangíveis e contínuas. Espero que saibam que não dá para mudar tudo da noite para o dia. A empresa que queremos ainda está no campo das ideias, mas temos que começar em algum lugar.

---

* É uma referência ao filme *Gattaca*, sobre o qual falamos o tempo todo. Veja a regra 33 no Apêndice.

23. Rumo ao Oeste

Quando fiz quarenta anos, Grace e eu começamos a falar em nos mudar para a Costa Oeste. O plano era alugar uma casa por alguns meses, para nos aclimatar, e então procurar por um lar permanente. Achamos que Los Angeles seria um lugar melhor para começar uma família. Para mim, a mudança também seria simbólica. Seria um esforço para abraçar novos desafios e uma nova cidade como parte de uma tentativa de uma vida saudável, e não apenas como distração de minhas mágoas. Eu recolheria os cacos dos desastres recentes e procuraria criar algo novo.

Eu também ia tentar ajudar outros a crescer. A verdadeira grandeza de um chef é medida por quantos de seus antigos pupilos o superam em estatura e sucesso. Nunca fiz um trabalho muito bom preparando os outros para me suceder. Como muitos chefs, reclamava que era impossível encontrar bons cozinheiros nos dias de hoje e que os jovens não tinham motivação. No âmbito particular, eu me referia a isso como a "epidemia dos *millennials*".

Mais recentemente, comecei a ver as coisas de outro modo. Desconfio que uma boa parcela das pessoas que trabalham comigo querem, sim, chegar a algum lugar, mas não sabem como. Se não conseguem o que querem, a culpa não é delas, é minha. Essa nova atitude não vai mudar a angústia que me faz surtar quando vejo algo de que não gosto na cozinha, mas talvez possa me tornar um professor melhor nos momentos em que meu cérebro não me deixa na mão.

Por isso, ainda que eu estivesse meio que querendo sair do negócio, focar em programas de TV, vender o Momofuku e fazer qualquer outra coisa que não abrir outro restaurante, segui em frente e fiz isso mesmo assim. Voltei a tomar remédios por medo dos gatilhos que poderiam vir quando eu colocasse o dólmã. Trabalhei no desenvolvimento do cardápio do Nishi, mas havia anos não desempenhava um papel diário na cozinha. E a situação exigia isso.

Talvez ainda fossem os efeitos do começo ruim do Nishi, mas, quando anunciamos que íamos para Los Angeles, a mídia gastronômica local não pareceu ligar muito. Na minha cabeça, o Majordomo era nosso último bastião. Cerca de seis meses antes de abrirmos, a equipe e eu nos trancafiamos em LINE Hotel, em Koreatown. Roy Choi tinha fechado seu restaurante ali havia pouco tempo e nos emprestou o espaço para que conduzíssemos o que poderia ser chamado de pesquisa e desenvolvimento, mas que na verdade foi mais como um campo de treinamento.

Eu estava morrendo de medo de abrir um restaurante em um lugar que nenhum de nós conhecia muito bem, com uma equipe em que ninguém se conhecia. Não trabalhava diretamente com nosso chef, Jude Parra-Sickels, desde 2006. Era amigo do nosso chef de cuisine, Marc Johnson, mas nunca havíamos cozinhado juntos. Nossa gerente-geral, Christine Larroucau, era nova no Momofuku. Eu tinha trabalhado com o diretor da área de vinhos, Richard Hargreave, em alguns de nossos restaurantes. Mas só.

Quase não cozinhamos no primeiro mês. Passávamos a maior parte dos dias conversando. *Onde o restaurante estaria em* cinco anos? Se for um sucesso, do que as pessoas vão gostar? Se for um fracasso, por que vai fracassar? Quais seriam as críticas? Repassávamos as conversas de novo e de novo. Havia aulas de história e lição de casa, discussões sobre teoria e valores gastronômicos. No que você acredita e o que faz com que você acredite nisso? Foi um período inestimável. Um momento em que pude compartilhar o que eu pensava e como esperava que a equipe pensasse. Eu sabia que desenvolver nossa cultura era primordial e que teríamos que continuar alimentando aquilo, protegendo de influências negativas e adaptando ao momento. Era como o *levain*. É preciso cuidar dele, ou vai morrer.

Uma ou duas semanas antes de abrir, notei um novo sous--chef etiquetando de maneira descuidada suas coisas. Eu lhe disse que não era preciso usar tanto durex e que mesmo que só ele fosse usar aquela estação era melhor escrever de forma mais clara.
"Certo, chef. Só achei que ainda não era tão sério."
Tive o chilique do século. *Não importa se ainda não abrimos, é sempre sério, caralho. Se você não respeita a porra da sua estação, é porque não respeita a si mesmo e não respeita seus colegas de trabalho, cacete.*
Cheguei a tremer. Quando finalmente me acalmei a ponto de ser capaz de falar em um volume normal, pedi que todo mundo parasse o que estava fazendo. Fiz um discurso de meia hora sobre ser cuidadoso e pensar no bem comum. Se meu único objetivo tivesse sido impedir as pessoas de usar durex demais, eu teria sido bem-sucedido. Mas paguei o preço em termos de moral e confiança. Em uma ponta do espectro está a crítica construtiva. Na outra, isso. A crítica destrutiva.
Eu andava com medo daquele exato momento. Qualquer progresso que tivesse feito com Marshall Goldsmith e o dr. Eliot

havia acontecido em um vácuo. Se eu realmente queria me tornar um líder melhor, teria que lidar com minha raiva à vista de todos, sob a provação extrema que era abrir um restaurante.

Havia gatilhos em toda parte. O primeiro ano da vida de um restaurante é um tumulto sem fim, principalmente quando se trata de equipe. Pessoas chegam e partem enquanto você tenta montar uma equipe que vá durar. Todo chef está familiarizado com a tortura de investir tempo e dinheiro no treinamento de um cozinheiro só para que ele vá embora quando finalmente está pronto.

Um dia, depois que abrimos, um cozinheiro disse que ele e a esposa tinham conversado. Ele não conseguia sustentar a família com seu salário e não parecia que a situação em breve ia mudar. O plano dele era largar tudo, fazer faculdade comunitária e encontrar um trabalho normal.

O cozinheiro tinha trinta e poucos anos. Nem sei dizer o número de vezes que aconselhei um jovem interessado nessa profissão a fazer faculdade, em vez cozinhar. Mas aquele cara tinha trabalhado por quase uma década nos melhores restaurantes do país. Ele era valioso não só para nós, mas para a indústria como um todo. E, o mais importante, ele tinha me dito que amava cozinhar.

No passado, o cara estaria morto para mim antes que conseguisse terminar de dizer "Obrigado pela oportunidade". Mas eu estava tentando ver as coisas de modo diferente. Ele tinha me dito que precisava de algo que eu não havia oferecido antes.

Sugeri ser seu mentor, se ele quisesse. Nos sentamos no salão e colocamos seus objetivos no papel. Eu lhe disse que ele era jovem e aquele era o momento de arriscar, de não pensar apenas em segurança. Me ofereci para falar com sua esposa e explicar minha opinião. Também disse a ele que não havia nenhuma garantia no nosso ramo.

Ele voltou no dia seguinte. Tinha decidido em conjunto com a esposa que ele trabalharia no restaurante de manhã e estudaria à noite.

Esse é o melhor cenário, mais ou menos tão inútil quanto um barômetro. Ricky e Max seriam um teste melhor. Eles já eram amigos antes de começar a trabalhar no Majordomo, e estavam conosco fazia menos de seis meses quando me disseram que iam sair para perseguir um sonho de longa data. "Vamos abrir um food truck que atenda chefs depois do serviço da noite."

Depois de ouvir o plano deles, a última coisa que eu queria era ajudá-los, mas me ofereci para fazê-lo. Falei com os dois sobre os desafios econômicos do que tinham em mente. Eles não se deixaram abalar.

"Olha, se vocês sobreviverem por um ano inteiro, vão ter meu apoio", eu disse. "Podem trabalhar meio período enquanto preparam o food truck. Podem usar nossos fornecedores e armazenar e preparar suas coisas aqui. Podem abrir o food truck ao lado do restaurante, que mandamos clientes para vocês. Não preciso estar diretamente envolvido."

Enquanto eles deliberavam, fui ficando impaciente. Eu nunca havia feito aquele tipo de concessão. Continuava investindo naqueles dois, mesmo sabendo que acabariam saindo. Fiquei puto porque não reconheciam o valor do que eu estava oferecendo.

Depois de duas semanas, eles anunciaram que iam sair. Não queriam minha ajuda.

Minha mensagem de despedida foi: "Acho que vou entrar no ramo dos food trucks".

Eu estava blefando, mas não estava brincando. Se eles queriam ser bem-sucedidos, precisavam imaginar cem pessoas como eu em seu pescoço. Eu disse que eles agora eram meus concorrentes e que sua única esperança era se sair melhor do que eu. "Sempre que levarem um dólar meu, vou trabalhar ainda mais para tirar vocês do ramo." Nos velhos tempos, eu poderia ter feito isso:

aberto um food truck, oferecido preços mais baixos e acabado com eles. Então acho que podemos considerar isso um progresso.

Quanto ao cardápio do Majordomo, eu disse a todo mundo que seria a Cheesecake Factory coreana-americana. O menu seria extenso e as porções seriam grandes. Seria divertido, e a pessoa comeria sem saber exatamente do que se tratava ou de onde vinha. Resistiríamos à vontade de explicitar demais nosso raciocínio, como havíamos feito no Nishi. Seriam necessários muita consideração e muito planejamento para criar uma nova filosofia culinária que se adaptasse a Los Angeles, mas se fizéssemos bem nosso trabalho ninguém conseguiria ver aquilo.

Quando começamos a trabalhar, havia apenas alguns itens que eu sabia que teríamos no cardápio. Ambos era pratos grandiosos e espetaculares de costela bovina. O primeiro era inspirado no *kalbijjim* do Sun Nong Dan, uma instituição de Los Angeles cuja especialidade é uma panela borbulhante de assado de tiras de acém apimentado com uma montanha de queijo derretido por cima. O outro era uma costela inteira defumada, inspirada pelo mestre da carne Adam Perry Lang. Na primeira vez que provei essa costela defumada, ele só a fatiava e servia os pedaços na mão, em uma mesa de piquenique. Nada de acompanhamento ou molho. Só carne e um pouco de sal. Na hora, pensei que pagaria qualquer soma para comer aquela costela. Era um evento gastronômico — algo que me faria viajar só para comer.* No Majordomo, íamos temperar a costela com a marinada para kalbi da minha mãe.

Precisávamos ter em mente a ideia de jantar comemorativo. Para que os moradores de Los Angeles enfrentassem o trânsito

---

* Há uma lista muito pequena de pratos assim, e pra mim pato à Pequim está no topo.

para chegar ao nosso restaurante era preciso que eles sentissem que comer no Majordomo era uma ocasião especial. Na nossa noite de abertura, sugeri que assássemos um animal inteiro no pátio. A equipe ia cozinhar pela primeira vez para duzentos clientes que estavam realmente pagando pela refeição. Eles já tinham bastante com o que se preocupar. "Temos uma área externa enorme" e "Não seria uma surpresa incrível?" foram as justificativas que dei para essa ideia idiota e trabalhosa. Não sabíamos nem de que permissões precisaríamos para assar um animal ao ar livre. A equipe resmungou.

Conforme nos aproximávamos da noite de abertura, notei que todo mundo começava a se sentir mais confortável, e que esse conforto nos tornava mais eficientes. Era compreensível. Eles viam como prioridade decorar o cardápio e aperfeiçoar o serviço, de modo que a operação corresse o mais tranquilamente possível quando chegasse a hora. Dei uma segunda ideia para a noite de abertura. Eu disse a todo mundo que, em vez de sentar clientes no balcão da cozinha, como havíamos planejado, íamos usá-lo literalmente como um ssäm bar. Os clientes iam fazer fila e se servir da parte superior da paleta de porco e todos os complementos. Um pesadelo logístico.

O que eu realmente queria não era assar um bode ou fazer um bufê, mas que todo mundo abraçasse o paradoxo que era se sentir completamente preparado e completamente despreparado ao mesmo tempo. Com minhas sugestões absurdas, eu esperava que a equipe não hesitasse diante de uma crise inesperada. Queria que todos ficassem ao mesmo tempo descontraídos e alertas.

Sei que pareço o Coringa defendendo o caos por um bem maior, mas juro que é verdade. Quando os clientes entram em um salão cheio de energia e animação, prestes a explodir, não podem evitar se sentir assim também. Às vezes, é preciso injetar essa vitalidade em um restaurante da maneira como for possível.

Descartei os dois planos antes do nosso primeiro serviço, mas o espírito continuou o mesmo. Por exemplo, um dos meus pratos preferidos do Majordomo é um frango cozido inteiro. Nós o apresentamos à mesa em uma panela grande, levamos para a cozinha para destrinchar e mandamos de volta com uma linda travessa de arroz coberto com o peito fatiado e dois molhos diferentes por cima. Depois que os clientes terminam, levamos uma sopa feita com a carcaça. É muito bom.
Depois que abrimos o restaurante, tive que voltar a Nova York por algumas semanas. Toda noite, eu lia os relatórios de Los Angeles. Eis o que a equipe do Domo escreveu uma vez:

> Temos feito um "frango de apresentação", para ajudar o prato a sair mais cedo. Quando pedem o primeiro, fazemos dois e usamos um só para apresentar, assim podemos deixar o outro descansando e em seguida destrinchar, depois o outro descansa, e assim reduzimos o tempo entre ver o frango e receber o arroz. O frango extra no fim da noite entra no nosso caldo no dia seguinte, já que as carcaças entram na sopa que servimos em seguida.

Eles tinham passado por serviços o bastante para se dar conta de que podiam melhorar o fluxo de trabalho e facilitar as coisas para a equipe com um macete. Era uma decisão inteligente e uma prática comum. O cliente não teria ideia de que o frango que havia visto não era o mesmo que ia comer.

Escrevi a Jude e ao restante da equipe do Domo dizendo que discutiríamos aquilo na minha volta, o que eles interpretaram corretamente como significando que voltaríamos a fazer do modo mais complicado.

Não tinha nada a ver com integridade. Eu não me importava em enganar os clientes. O que me preocupava era o precedente que estabelecia. Eu me preocupava com o que pensaria o garçom cujo trabalho seria desfilar com outro frango pelo salão. Morria de medo de uma estagnação da nossa cultura. Aquele devia ser um prato difícil, que exigia uma coordenação constante entre o salão e a cozinha. Era isso que o tornava incrível. Se queriam vir com um macete, precisavam dar um jeito de compensar de alguma maneira a energia economizada.

Hugo deveria ter nascido em Los Angeles, mas acabou sendo um bebê nova-iorquino. Depois de uma complicação na gravidez, Grace se sentiu mais confortável ficando perto de sua médica, em Nova York. Não era o que planejáramos, mas voltamos para a Costa Leste, onde tínhamos um apartamento e nossos amigos. Pela primeira vez, eu não era capaz de forçar um plano a virar realidade só porque achava que seria bom para o trabalho. Tinha que levar minha família em conta.

Hugo é meu chão. Olho para ele e me sinto aterrado. Meu filho. É o amor mais puro que conheço, e minha maior responsabilidade. Fico preocupado em como proporcionar os atritos de que ele precisa para se tornar uma pessoa forte e segura de si. Meu instinto é poupá-lo de todo o sofrimento, mas sei que ele precisa sentir a dor de um coração partido e de uma rejeição. Ele precisa cair para aprender a se levantar. A vida vai ser mais fácil para ele do que foi para mim, e isso me deixa tenso.

Penso em Hugo o tempo todo no trabalho. Me pergunto se é a mesma coisa ser um bom pai e ser um bom líder. No Momofuku, sou confrontado todos os dias pela tentação de dizer às pessoas como evitar uma frustração ou dor, mas sei que isso não vai ajudá-las a crescer.

Um ano depois que o Majordomo abriu, parte da equipe começou a apresentar sinais de esgotamento. É um lugar difícil de domar. É um dos nossos restaurantes mais cheios e a primeira incursão do Momofuku na Costa Oeste. A demanda criativa e operacional é incrivelmente alta. Não que algo corresse errado. A equipe era talentosa e cuidadosa demais para deixar que muita coisa passasse. Mas, de certa maneira, o problema era esse. Por exemplo, os chefs queriam passar mais tempo com a família. Fiz umas contas rápidas e disse a eles que provavelmente conseguiriam economizar umas cinquenta horas por semana se treinassem outra pessoa como aboyeur. Caso você não esteja familiarizado com o cargo, envolve o controle de tráfego da cozinha, ou seja, de todos os pedidos entrando e da coordenação do trabalho das estações. Em geral, quem faz isso é o chef executivo ou um dos sous-chefs, mas eu vinha vendo aquilo cada vez mais como uma perda de tempo. Em um restaurante pequeno de menu degustação, claro, o chef pode ficar no meio da cozinha e ficar de olho em tudo. Mas em um lugar do tamanho do Majordomo, eu preferia ter meus chefs perambulando pela cozinha para ajudar jovens cozinheiros, garantindo a qualidade em todo o processo, tê-los presos à estação do aboyeur.

Trata-se de um trabalho exaustivo e pouco recompensador. Os chefs só ficam com ele porque sabem que é algo que podem controlar. É um comportamento clássico. A pessoa sobe a uma posição de liderança e de repente se vê gravitando para aquilo que mais odeia — papelada, controle de tráfego, inventário —, porque são coisas que sabe como fazer e que lhe dão uma sensação de segurança.

Propus que eles desistissem daquilo e focassem no quadro geral para que pudessem passar as noites em casa. Sugeri que tentassem dar uma chance a jovens cozinheiros de cumprir aquela função por algumas horas a cada noite. Ou treinar pessoas do salão para assumir esse papel. Ou simplesmente contratar aboyeurs.

Algumas semanas depois, perguntei como aquilo estava indo.

"Tentamos, mas não deu certo."
Perguntei quantas vezes eles haviam tentado. Uma.
A princípio, surtei. Eu tinha lhes dado o que me parecia um caminho certo para passar mais tempo em casa, mas, na minha opinião, eles haviam desistido cedo demais. Quero que as pessoas tenham equilíbrio na vida, e achava que tinha lhes apontado uma direção para conseguir isso. Mas o fato era que o único pecado daqueles chefs era querer demonstrar resiliência e fazer as coisas direito. Se alguém havia fracassado era eu, como líder. Dando-lhes uma sugestão quase impossível de seguir.

Outro exemplo: depois que abrimos o Majordomo, selecionei Eunjo Park para encabeçar a cozinha de nosso próximo restaurante, o Kāwi. Abriríamos em Hudson Yards — um megaempreendimento em Nova York que deixava todo mundo na cidade apreensivo. Era um shopping enorme — você pode estar reconhecendo essa história de algum lugar — e o último lugar onde alguém procuraria uma experiência gastronômica interessante.

Jo é uma das jovens cozinheiras mais talentosas, duronas, honestas e cuidadosas a ter entrado por nossas portas. Ela também tem um currículo ridículo que parece a lista de lugares a conhecer de um aficionado de restaurantes. Todo mundo no Momofuku a respeita. Mas ela nunca havia sido chef de seu próprio restaurante. Nunca tinha sido sous-chef. Conforme os critérios tradicionais, era inexperiente demais para o trabalho. No entanto, eu estava certo de que ela ia se tornar uma chef importante, que, sob as condições certas, poderia mudar sozinha o que significava fazer comida coreana nos Estados Unidos.

A maior inconsistência do Momofuku sempre foi o fato de que sou coreano, mas os restaurantes têm nomes japoneses e servem mais comida associada à gastronomia japonesa que à coreana. (Deixei isso de lado porque muitos americanos não se dão ao trabalho de distinguir entre as culturas asiáticas.) Minha preferência pelo Japão pode ser pelo menos parcialmente explicada pelo meu avô, que, como mencionei, cresceu considerando-se basicamente um japonês. Também há o fato de que a cultura coreana tende a ser extremamente cautelosa quanto à interpretação externa, enquanto a japonesa incorpora livremente quaisquer influências que surjam em seu caminho. Mesmo como um coreano-americano que é visto quase como um estrangeiro por minha cultura de origem, estou constantemente lutando contra o impulso de proteger as tradições coreanas.

Anos atrás, um amigo me convidou para ir a um jantar realizado por uma chef coreana em um clube privado em Tóquio. Não me lembro do nome dela, mas me lembro do kimchi de aipo.* Eu odiei. Era delicioso, mas ofendia meu tradicionalismo. Por dias, pensei naquele jantar e na liberdade que a chef havia se dado em relação à culinária coreana. Ela não conseguiria fazer aquilo na Coreia de jeito nenhum, mas no Japão era livre para explorar sua própria gastronomia. Comecei a compreender que o que nos impede de fazer avanços gastronômicos muitas vezes é algum tipo de bloqueio cultural que respeitamos em nome da preservação — o tipo de bloqueio arbitrário que diz: *Não se deve fazer isso com kimchi*.**

---

* Por muitos anos, desde antes do Momofuku, mantive diários escritos à mão com notas detalhadas sobre quase tudo o que eu comia em restaurantes. Guardei esses diários no porão do Ssäm Bar. Durante o furacão Sandy, o porão inundou e perdi todos, assim como minha coleção de livros de receitas raros.
** Acho que o motivo pelo qual chefs de minorias nos Estados Unidos se incomodam tanto com a questão da apropriação cultural é que nos sentimos obrigados a respeitar essas proibições arbitrárias, enquanto chefs brancos podem fazer o que querem. Seguimos as regras e eles não. Na maior parte do tempo, eles nem se dão ao trabalho de aprendê-las. Decidi que, em vez de ficar bravo com isso, é melhor começar a entrar nesse jogo também.

Passei boa parte da minha carreira evitando a percepção de que eu estava mexendo com a gastronomia coreana. Por muitos anos, o Momofuku enterrou qualquer sinal de coreanidade sob outras influências e disfarces. Embora cozinhar tenha me permitido entrar em certas batalhas e explorar temas que tenho medo de abordar na vida real, eu não conseguia superar a vergonha e a ansiedade que sentia desde pequeno quando se tratava de comida coreana.

Lentamente, fui me sentindo mais confortável para explorar minhas raízes. Afinal, se dava para encontrar batatinhas sabor *gochujang* nas prateleiras de mercadinhos americanos, talvez este *gyopo* pudesse fazer comida coreana também. Nos últimos anos, o desejo de ver o que o Momofuku podia fazer com a gastronomia coreana se tornou urgente.

Embora não servíssemos *banchan*, *bibimbap*, ensopado de tofu ou qualquer outro prato claramente coreano, o Majordomo na verdade era nosso restaurante mais coreano até então. Havia mais nomes coreanos no cardápio do que nunca, mais bebidas coreanas na carta, mais toques coreanos na decoração. O objetivo era continuar levantando questões difíceis sobre verdades culturais, e mais especificamente o que tornava um restaurante coreano de fato coreano. Olhei para o que estávamos fazendo como uma forma de apropriação, e quem se apropriava ali era eu, um coreano-americano.

No Kāwi, eu queria que Jo levasse a ideia ainda mais longe. Como a abertura ainda ia levar mais de um ano, eu a trouxe para Los Angeles para passar algumas semanas morando comigo e com Grace. Todo dia, eu lhe passava a mesma tarefa: fazer sua própria versão de um prato tradicional coreano.

Tudo o que ela punha na mesa era refinado demais. Europeu demais, técnico demais. Jo tinha gravado dentro de si como fazer aqueles pratos, mas anos de treinamento e hábitos adquiridos filtravam aquilo. Quando lhe perguntei o que queria dizer com sua comida, ela me disse que queria alterar a percepção das pessoas. Jo queria capturar a alegria da comida que crescera comendo. Mas aquilo não estava evidente nos pratos. Sei que parece maluquice. Se eu sabia o que ela estava fazendo de errado, por que não lhe disse logo o que fazer?

Encontrar um ponto de vista e expressá-lo através da comida é uma tarefa quase impossível. Eu podia ver o sofrimento que a aguardava, assim como a todos os outros jovens chefs do Momofuku. Podia ver todos eles enfrentando as mesmas dificuldades que eu havia enfrentado, desejando desesperadamente que eu interferisse e fizesse aquilo em seu lugar.

Nos doze meses seguintes, Jo se empenhou. Houve lágrimas e noites sem dormir, jantares de teste desastrosos, cardápios inteiros jogados no lixo. Mas ela avançou, dia após dia. Quando abriu o Kāwi, fiquei em êxtase por ela e por sua equipe, mas a luta estava longe de terminada. Jo ainda está se encontrando. E tenho orgulho pra caralho dela.

24. Um novo negócio

Eu era mortalmente alérgico ao termo "livro de memórias" quando comecei a escrever este livro, inflexível quanto ao fato de que os detalhes da minha vida não me explicavam e não explicavam o Momofuku. Me convenci de que enrolaria um ano e só então entregaria uma coletânea de ensaios em terceira pessoa, uma reflexão focada em saúde mental, um guia compreensivo da arte gastronômica. A princípio a editora não ia gostar, mas depois acabaria concordando.

Muita da minha relutância se devia ao fato de que eu sentia que era cedo demais. Não tenho respostas. No entanto, aqui estamos, e minha editora expressou a preocupação de que ainda não abordei a questão em que você provavelmente começou a pensar uns quinze capítulos atrás.

"E aquela história do Dave se matar?"

Em certo sentido, eu me matei mesmo. Matei a versão de mim que tinha medo de morrer. Considerei minha mortalidade e cheguei à conclusão de que, se o pior que pode acontecer é a morte e que vamos todos morrer de qualquer maneira, então não preciso ter medo de nada, seja da dor, do trabalho duro, do constrangimento, do fracasso ou da ruína financeira. Desde que eu não esteja machucando ninguém, nada vai me impedir de fazer o que quero. Desde muito cedo neste livro mencionei que considero o mito de Sísifo inspirador. É uma ideia que adaptei de Camus, claro. Aos olhos dos deuses, a tarefa infinita de Sísifo de empurrar uma pedra montanha acima é uma punição. Mas, aceitando seu destino como imutável e persistindo em sua tarefa, Sísifo rejeita a visão que os deuses têm dele e pode ser feliz. Não feliz aos olhos dos outros — só aos seus. Em outras palavras, talvez não sejamos capazes de mudar nossa sorte ou nossa sina, mas podemos mudar nossa abordagem. Todo dia, temos a chance de matar o modo como o mundo nos vê e empurrar a pedra montanha acima com um sorriso enorme no rosto. E só viver.

Mas não é isso que você quer saber. O que você está se perguntando é se ainda penso em suicídio. Bom, em algumas épocas não, mas quando penso é geralmente de maneira mais acadêmica que emocional.

Penso em como nada do que conquistei teria sido possível se eu não estivesse preparado para morrer desde o princípio — em como o meu sucesso está totalmente ligado à depressão. Tenho medo de perder mais heróis para o suicídio. Penso se um dia vou cansar de empurrar a pedra sozinho. Pergunto aos meus amigos se nos venderam uma falsa noção de felicidade, e me preocupo com a possibilidade de estar dizendo isso para mim mesmo só para ter uma desculpa para ser infeliz.

"Para com isso, Dave", você deve estar dizendo. "Que motivo você tem para se sentir deprimido?"

Nenhum. Não tenho nenhum *motivo* que me deixe deprimido. Quem me conhece bem pode ter dificuldade em relacionar minha depressão com a expressão de alegria no meu rosto quando estamos comendo e nos divertindo juntos. Você sabe que amo minha família, o que faço e as pessoas com quem trabalho. Mas quem já lutou contra a depressão ou conhece alguém que lutou compreende que não há dinheiro que resolva isso. Ou fama. Ou lógica. A manutenção do estigma do suicídio e do distúrbio mental indica que o número de pessoas que realmente compreende isso não é suficiente. Há uma noção puritana do suicídio como pecado, da depressão como uma falha de caráter. Muitos de nós acham que antidepressivos, linhas diretas de prevenção de suicídio e um pouco de compaixão são antídotos — que pintar a estação de trem com um tom tranquilizador vai impedir as pessoas de pular. Ninguém sugeriria que um paciente poderia se curar de um câncer ligando para alguém, não é?

Para lutar contra isso, é necessário ajuda. De remédios, claro, mas a chave mesmo são as pessoas. Ninguém faz isso sozinho. Tenho sorte de poder contar com o dr. Eliot. A mera rotina de conversar com ele me manteve vivo. Falo com meu terapeuta mesmo quando não parece necessário e a sensação é de que essa é só mais uma tarefa a cumprir. Ele traz à tona meu eu mais zeloso e atencioso. Quando estamos conversando, sou a versão de mim mesmo que fica feliz ao acordar e encarar quaisquer desafios que se apresentem. É frustrante não poder ser assim o tempo todo.

Foi uma sorte inacreditável ter conhecido Grace. Tenho me esforçado muito para não deixar o trabalho ser uma desculpa ou se colocar entre nós. Mas, por muitos anos, minha melhor estratégia de enfrentamento era o trabalho. Assumi tantas responsabilidades e disse sim para tantas coisas. Trabalhando duro, crio minha própria gravidade. Quanto mais o faço, mais em terra firme me sinto. Mesmo de férias. Se estou fora do escritório, em geral estou fazendo um jantar para vinte amigos. Levo o lance da pesca com mosca muito a sério, e não faço isso para relaxar. É como um trabalho. Quando leio ou vejo um filme, fico envolvido demais com os personagens e penso demais na trama, não importa quão ruim seja.

Tudo isso levanta a questão: a depressão é algo que se pode controlar simplesmente aceitando? Minha resposta é não, não acho que é preciso superar isso com força de vontade, mas acredito que lidar com a depressão é uma escolha que precisa ser feita. É preciso escolher se levantar todos os dias e seguir em frente. Rejeitar sua programação original. Oferecendo outra analogia simples, gosto de pensar em termos jedi. É mais fácil — e provavelmente mais legal — ceder ao lado sombrio. Mas o único jeito de ser um jedi é tomar o caminho mais difícil e rejeitar seus instintos básicos.

Nos dias bons, a luta vai propiciar experiências que de outra maneira você nunca provaria. Você terá um propósito, mesmo que esse propósito seja apenas permanecer por aqui.

A última vez que vi Tony Bourdain foi na primavera de 2017. Fazia um tempo que não nos falávamos, e, quando nos falávamos, mantínhamos a conversa mais superficial. Ele gostava de pegar no meu pé por não levar o jiu-jítsu brasileiro mais a sério. Como acontecia sempre que ele se interessava por alguma coisa, Tony tinha mergulhado de cabeça naquilo.* Sempre que ficava sabendo que ele estava na cidade, resistia à vontade de ir encher o saco dele. Eu não gostava da ideia de roubar o tempo que ele tinha para ficar com a filha. Naquela primavera, rompi minha regra. Não conseguia pensar em ninguém mais que pudesse compreender as trevas em que me encontrava depois do fraco desempenho do Nishi e do colapso da *Lucky Peach*.

Sugeriu que nos encontrássemos no Coliseum, um pub perto do apartamento dele em Columbus Circle ao qual eu cos-

---

* Encerrei minha curta carreira no jiu-jítsu brasileiro pouco depois de Alex Atala, que é tão bom no corpo a corpo quanto na cozinha, ter me estrangulado com meu próprio braço.

tumava ir com o pessoal do Per Se e do Jean-Georges. Cheguei cedo para pegar um lugar, idealmente uma mesa nos fundos. O lugar estava cheio de jogadores da liga local de softball bebendo cerveja barata.

Chamei a atenção da senhora que estava do outro lado do bar. Ela parecia ser a chefe.

"Odeio ser esse cara, mas pode me ajudar a conseguir uma mesa com alguma privacidade? Posso pagar por isso", eu disse, timidamente.

"Tem dois lugares perto da janela", ela respondeu.

"Não sei como dizer isso, mas desconhecidos sempre abordam meu amigo."

Ela inclinou a cabeça e olhou para mim, achando graça.

"Você está falando do Tony? Ele vem sempre aqui. Em geral gosta de sentar aqui no bar mesmo."

Tony e eu passamos quatro horas bebendo. Conforme íamos ficando tontos, pedimos pimenta jalapeño empanada, frango frito, batatinhas com curry e palitos de muçarela. Talvez tenhamos pedido lula frita também.

"Nossa, isso é nojento", eu disse, olhando para a cena de catástrofe de guardanapos sujos de molho e aperitivos pela metade.

"Você precisa de um cigarro, meu amigo."

Ele tinha voltado a fumar. Eu havia parado anos antes, mas sempre fumava com ele. Na calçada do lado de fora, Tony recomendou que fôssemos para outro lugar.

"Por que não comemos a sobremesa em um lugar mais tranquilo?"

Logo estávamos numa mesa do Porter House, no Time Warner Center, que Tony adorava. Ele pediu um bife ancho para dois e uma garrafa de um excepcional tinto da Borgonha. O amuse-bouche foi um toucinho que poderia muito bem passar por filé. Também pedimos fritas e purê de batatas.

Cheios e um pouquinho bêbados, nos separamos depois do jantar — ele para fazer as malas para outra viagem e eu para meu apartamento. No táxi, repassei a noite na minha cabeça. Eu tinha planejado fazer tantas perguntas. Havia falado muito, mas explicara tudo o que precisava explicar? O que ele havia dito que eu devia fazer mesmo? Tony era tão sábio. Fiquei preocupado por ter desperdiçado aquele tempo precioso com ele.
Ainda no táxi, recebi um e-mail.

De: Anthony Bourdain
Data: Quinta-feira, 20 de abril de 2017, 20:02
Assunto:

Seja bobo.

Por amor.

Por si mesmo.

O que você achar que TALVEZ te faça feliz. Mesmo que só por um tempo.

Independente do custo ou do que diga o bom senso.

Foi bom te ver.

Tony

Descobrimos que Grace estava grávida no dia seguinte à morte de Tony. Eu estava devastado. Tentei encontrar alegria naquele momento, mas estava com medo de ter perdido a chance de sentir o júbilo que envolve estar esperando o primeiro filho.

Então fizemos uma videochamada com nossos pais. Eu sabia que eles ficariam felizes em saber que suas necessidades biológicas estavam sendo cumpridas, mas entre as lágrimas percebi que estava testemunhando uma forma de alegria que eu nunca havia visto. Chorei também. Aquela era a versão pura e sem censura da sensação que eu tinha ao cozinhar para os outros. No entanto, não tinha nada a ver com restaurantes. Na verdade, o Momofuku tinha até dificultado meu acesso a ela.

Isso foi apenas um breve relaxamento de uma vida de complicações com minha família, mas aquele momento sempre vai ser minha imagem mental da felicidade.

O lance em se consultar com um terapeuta por quase duas décadas é que você percebe que, no fim, sempre volta para seus pais. Por anos, eu falava sem parar sobre qualquer outra coisa com o dr. Eliot para evitar discutir meu destino, meu pai, o acidente de kart. Mas, desde que tinha voltado a tomar remédios e começado a escrever este livro, havia sido forçado a refletir.

Antes do nascimento do meu filho, eu disse a mim mesmo que era hora de começar a deixar para trás alguns fardos antigos, parar de sentir tanta raiva em relação ao meu passado e às pessoas que eu odiava. Eu não sabia como esquecer a fúria, o ressentimento, a insegurança ou minha mesquinhez em geral. Eu tinha confiado naqueles atributos por tanto tempo que eles passaram a me definir. Por mais ridículo que pareça, eu tinha medo de que, se aprendesse a perdoar, eu desapareceria.

Pelo bem do meu filho, comecei a me acertar com as pessoas, uma a uma. Houve algumas reconciliações grandiosas e emotivas com antigos amigos. Houve conversas rápidas que reabriram a comunicação com ex-colegas. Ao longo do processo, não senti nada da raiva e do ressentimento sumindo.

Então, quando Hugo nasceu, de repente me dei conta de que, em nove meses, eu tinha atingido meu objetivo sem nem perceber. Me senti em paz. É como fisioterapia. Você não acha que aqueles exercícios bobos estão ajudando até que um dia se levanta e não sente mais dor.

Quando Hugo ficou doente pela primeira vez, senti de imediato o instinto paterno de fazer qualquer coisa pela saúde do meu filho. Nós o levamos ao hospital, onde nos vimos cercados de crianças em condições muito piores, acompanhadas de seus pais. Fui tomado por um único pensamento: *Queria que nenhuma destas pessoas precisasse estar aqui.*

Hugo estava bem. Algumas semanas depois, foi seu 백일 (*baek-il*) — celebração tradicional coreana dos primeiros cem dias do bebê e momento de pedir a continuidade de seu bem-estar. Outras culturas asiáticas também celebram os primeiros cem dias do bebê, mas acho que isso é especialmente importante para os coreanos, dado nosso histórico de fome e luta. No *baek-il* de Hugo, Grace e eu jantamos com meus pais. Olhei para o meu pai do outro lado da mesa e percebi que estava mais ou menos com a idade que ele tinha quando quebrei a perna na infância. Repassei o episódio na minha mente. Um carrinho de madeira. Uma descida íngreme. Minha perna esquerda. O sofá amarelo. A pomada de um amarelo avermelhado.

Só fomos ao hospital cinco dias depois.

Eu sempre tinha pensado naquilo como o estilo de criação do meu pai. Ele estava tentando me deixar mais forte, ou pelo menos eu torcia para que aquela fosse a explicação. No jantar, contei a ele que estava escrevendo este livro. Expliquei que não queria me demorar muito na minha infância, mas que precisava perguntar a respeito daquele incidente.

"Não entendo por que você não me levou ao hospital na mesma hora. O que se passou pela sua cabeça?"

Meu pai tem oitenta anos e em geral demora um minuto para responder a uma pergunta. Sua resposta aquela noite foi imediata: "Não sei o que eu estava pensando". Ele me disse que havia consultado muitos membros da igreja e que eles haviam recomendado determinado especialista. Lembrei que cerca de metade da nossa congregação era de médicos, mas ele havia me levado a um acupunturista quando eu havia quebrado uma perna.

Grace segurou minha mão por baixo da mesa.

"Não sei o que aconteceu", ele disse. "Sou burro. Sou só burro." Minha mãe interrompeu meu pai para defendê-lo, explicando que ele havia me criado do único jeito que sabia — do jeito como havia sido criado.

Acredito que meu pai tenha tentado se tornar uma pessoa melhor, mais atenciosa e amorosa nos últimos anos. Estou tentando lhe dar crédito, não apenas pelo homem que ele tenta ser, mas pelo modo como me criou. Se ele tivesse sido o pai que eu queria que fosse, eu não seria o homem que sou.

Mas, agora mesmo, sendo pai também, ainda vejo um enorme golfo entre nós dois.

O dr. Jim Kim me disse uma vez que eu nunca entenderia o que é passar por uma guerra. Ele está certo. Nunca vou entender as experiências que moldaram meus pais, qual foi a sensação de vir para os Estados Unidos sem falar nada de inglês, o racismo que devem ter suportado, a violência de que fugiram, ou a sensação de pertencimento a sua terra natal. É por isso que pais asiáticos querem que seus filhos estudem matérias objetivas como matemática e ciências, sejam bons em golfe e violino e se afastem das ciências humanas e afins, como letras, filosofia, ciência política ou gastronomia — qualquer coisa subjetiva que possa ser tirada de você.

Meus irmãos me dizem que meu pai e eu somos iguaizinhos.

Epílogo

Eu ligava para Ying quase dia sim, dia não para discutir cubismo e como eu achava que se aplicava ao que eu estava tentando fazer nos restaurantes. Ele acabou se cansando de me ouvir, então convidou o crítico de arte Jerry Saltz para o meu podcast. Saltz tinha acabado de receber um Pulitzer por seu trabalho na *New York Magazine* e concordara em fazer minha vontade e ouvir meus comentários amadores sobre arte, outro sinal de que minha vida era um grande absurdo.

Sou um novato em tudo relacionado a arte. Sou um desses caras que costumavam olhar para os retângulos coloridos de Mark Rothko e revirar os olhos. Quando vi pela primeira vez *Fonte*, de Marcel Duchamp, um urinol de porcelana em um pedestal, não fazia ideia do que estava olhando.

Meu interesse em cubismo era relativamente novo. Eu estava tentando compreender o que tornava aqueles retratos esquisitos tão valiosos. Muita coisa, aparentemente. Os cubistas quebraram todas as regras de perspectiva e composição, porque podiam fazer aquilo. Não era possível fazer na vida real, mas na arte era. Em um quadro, dava para representar múltiplos ângulos do objeto ao mesmo tempo. Dava para pintar o que se sentia em vez do que se via. Era o poder do paradoxo em funcionamento de novo. Merda — não era à toa que as pessoas gostavam daquilo.

Jerry afiou minha percepção. Os quadros eram valiosos porque ninguém nunca havia feito aquilo antes. A inovação se perdia para pessoas como eu, mas na época deve ter sido como descobrir um continente. O mesmo vale para Rothko e os expressionistas abstratos. E Duchamp. Sua série de *readymades*, que inclui *Fonte*, é uma declaração monumental: "Isto em que você mija é arte porque sou um artista e disse que é".

Sempre me pego pensando naquela noite no palco com Tony e em como critiquei a culinária da região da baía de San Francisco. Mesmo que tenha ganhado uma proporção exagerada, as pessoas tinham presumido, e com razão, que meu comentário sobre "figos num prato" se referia ao movimento que Alice Waters havia iniciado. Na verdade, eu considerava *mesmo* a gastronomia californiana mais um estilo de vida que uma filosofia culinária. Como eu disse, eu adorava Alice, mas não a colocava entre os verdadeiros visionários da gastronomia moderna: os Adrià, Blumenthal, Aduriz, Juan Mari Arzak, Passar, Gagnaire. Ela não era um desses caras que faziam um trabalho superdescolado e com técnicas sofisticadas. O que ela fazia parecia óbvio demais para ser inovador. É claro que os ingredientes da Califórnia são bons. É claro que deveriam ser abordados com simplicidade. É claro que um restaurante agradável com uma forte filosofia e uma comida excelente como o Chez Panisse era um bom lugar onde comer. E daí?

Então, de uma hora para outra, algo me ocorreu: tudo aquilo só era óbvio *por causa* de Alice. Ela era a chef americana mais radical e segura de si dos últimos cem anos. Colocava figos num prato em um restaurante de alta gastronomia e dizia: "Isso é cozinhar, porque sou uma chef e estou dizendo isso".

Faz tanto tempo assim que não fui capaz de enxergar isso? Sempre que estávamos em Los Angeles aos domingos, Grace e eu íamos até o mercado do Hollywood Boulevard comer pupusas e comprar frutas. Nunca trabalhei com produtos melhores do que os que via todos os dias na Califórnia. São tudo o que dizem — saborosos, abundantes, grandes e infinitamente diversos. Durante umas de nossas visitas, gastei cem dólares só com pêssegos e nectarinas em uma barraca. Enquanto eu me esforçava para segurar tudo aquilo, Grace me olhava, achando graça e ligeiramente constrangida ao mesmo tempo.

"O que você vai fazer com todas essas frutas?"

33 REGRAS PARA SE TORNAR UM CHEF

Para aqueles que se tornaram chefs porque *precisaram*, é maluquice pensar que alguém com outras opções pudesse *querer* trabalhar em restaurantes. Mas qualquer chef que atingiu certo nível de sucesso — não importa quão ilusório ele possa ser — vai acabar ouvindo a mesma pergunta: *Como me tornar um chef?* Para responder, recorri ao formato que o grande Jerry Saltz utilizou em um ensaio incrível que escreveu para a *New York Magazine*, chamado "Como ser um artista". No espírito de seus 33 princípios para guiar aspirantes a artista, o que se seguem são minhas 33 regras para se tornar um chef. Ou, melhor dizendo, 33 regras para se tornar um *bom* chef. Ninguém precisa de regras para se tornar um chef de merda.

Já mencionei algumas delas, mas vale a pena ver de novo. Ou, se você só deu uma olhada nas cerca de 250 páginas anteriores, deu sorte. Todas as minhas observações sobre a indústria do restaurante e todos os meus conselhos que podem vir a ser úteis vêm a seguir.

Considerei brevemente conseguir que um bando de chefs famosos assinassem embaixo dessa lista, mas acabei decidindo não forçar meus amigos a aceitar minha perspectiva. Nesse espírito, tenha em mente que algumas dessas regras são altamente subjetivas e que quebrei quase todas elas em algum momento. Faz parte do processo.

PARTE UM
Você gosta de lavar louça?
Perguntas importantes antes de começar

Regra 1: Cozinhar é só uma parte de ser chef
    Antes de você largar a escola ou comunicar sua demissão de um emprego confortável para perseguir o sonho de se tornar chef, é preciso ter certeza de que você sabe no que está se metendo. Vamos ver como você responde às seguintes questões:
    Você gosta de lavar louça? E quanto a passar pano no chão, tirar o lixo, descarregar caixas e organizar a geladeira? Essas tarefas constituem 90% do trabalho de chef. Ajuda muito se você gostar delas.
    Você é voraz? Desculpe, não quero dizer na hora de comer. Estou perguntando se você está pronto para trabalhar mais do que todo mundo a sua volta. O trabalho duro é um grande equalizador na cozinha. Se você é capaz disso, pode superar uma significativa falta de talento, experiência e privilégios.
    Você já foi substituto no teatro e/ou esquentou o banco de reservas no ensino médio? Ótimo, porque você vai precisar adorar fazer parte de uma equipe e nem sempre estar sob os holofotes.
    Você tem uma inveja constante dos seus amigos? Seja sincero, porque você vai viver o medo de estar perdendo as coisas como nunca na vida, quando virar uma rotina perder as noites de sexta e de sábado, aniversários, casamentos e qualquer coisa que exija não estar no trabalho à noite.
    Você pretende ter um estilo de vida confortável com o salário de cozinheiro? Espero que não. (Garanta que o mesmo se aplique às pessoas para quem você trabalha. Procure por alguém que apostou tudo na cozinha.)

Você poderia estar fazendo qualquer outra coisa da vida? Cozinhar é sua única esperança? Você continua aí? Então vamos em frente.

Regra 2: Não estude gastronomia
Teoricamente, escolas de culinária são uma ótima ideia. São boas para o currículo, contam com instrutores experientes e abrem possibilidades de colocação profissional. Um diploma do Culinary Institute of America abre portas para uma carreira perfeitamente confortável em um restaurante de hotel ou em uma cozinha corporativa que paga um salário razoável e oferece benefícios.

Mas você quer ser *chef*, certo?

Na prática, os cenários apresentados a você na escola de culinária não se assemelham nem um pouco ao que acontece numa cozinha de restaurante. No mundo real, você não tem cinco pessoas trabalhando numa estação durante um serviço de almoço tranquilo ou um público generoso. Não se engane: escolas de culinária são empresas vendendo a ilusão de que você sairá do curso como um verdadeiro chef. Eles se aproveitam do fato de que as pessoas não sabem que podem aprender tudo de graça (ver regra 9). Da minha turma de 35 alunos do French Culinary Institute, consigo pensar em apenas uma ou duas pessoas que ainda cozinham profissionalmente. Se as escolas de medicina tivessem esse tipo de taxa de desistência, haveria audiências no Congresso a respeito.

Regra 3: Em vez disso, estude Shakespeare
Ainda que você tenha 100% de certeza de que quer ser chef, meu conselho é que você faça faculdade, mas não de gastronomia. A técnica culinária é o que define um cozinheiro, mas,

se você quer ser chef, vai precisar de uma gama muito mais ampla de habilidades. Faça faculdade e se forme em engenharia, química, microbiologia, história, filosofia ou literatura. Qualquer um desses cursos vai ser útil, você vindo a se tornar chef ou não. Aprenda história asiática, europeia, africana e latino-americana e preste atenção em como a cultura evolui ao redor do mundo. Estude os Médici, os otomanos, Gengis Khan, os astecas, Jared Diamond, darwinismo. Me formei em teologia, e estudar o *Bhagavad Gita* mudou minha vida. Assim como estudar lógica e os teoremas da incompletude de Gödel. Entre para grupos de debate. Pratique piano. Escreva para o jornal da faculdade. Demonstre interesse pelos seus colegas de classe e suas histórias.

Escolha uma faculdade barata em uma cidade com uma cena gastronômica animada, como Austin, Houston, Los Angeles, Chicago, San Francisco ou Nova York, e arranje um emprego em um restaurante ou bar. Trabalhe vinte horas por semana, mas não na cozinha. Limpe mesas ou seja garçom. Você vai ter uma noção melhor da atmosfera e do ritmo do atendimento. O mais importante é: ao se formar na faculdade trabalhando em um restaurante, você vai testar sua habilidade de cumprir com seus compromissos. Fora que um bacharelado é uma rede de segurança muito melhor que um diploma de uma escolinha de culinária.

Regra 4: Conheça tudo do mundo quanto for humanamente possível

Tire férias com seus pais. Enfie seus pertences em uma mochila e pegue a estrada sozinho. Se estiver na faculdade, faça intercâmbio. Se já for cozinheiro, a boa notícia é: você pode cozinhar em qualquer lugar. Não deixe que a barreira da língua seja uma desculpa. Você não precisa de intérprete para compreender o que o chef quer quando aponta para uma pilha de louça na pia. Talvez você precise morar em um lugar com um encanamento questionável. Mas é para isso que serve a juventude. Fiquei em um abrigo para sem-teto enquanto trabalhava no Japão. Era o único lugar que eu podia pagar.

Você precisa estar cercado de gente e compreender por que a culinária acontece do jeito que acontece. Coma tudo o que puder. Absorva tudo o que encontrar — não só a comida, mas a beleza, o sofrimento, a riqueza, a pobreza, as dificuldades, o racismo, a história e a arte. Isso vai te ajudar a desenvolver empatia, a ferramenta mais poderosa que um chef pode ter.

Regra 5: Lute pelo trabalho que você quer

Quando se trata de escolher um lugar onde trabalhar, foque em um restaurante com uma cozinha capaz de desenvolver ainda mais suas habilidades e te tirar da zona de conforto. Se você tiver a sorte de conseguir uma entrevista de emprego, chegue cedo. Tome um banho e pareça apresentável. Leve todo o seu equipamento para o caso de quererem que você faça um teste na hora.

Se o restaurante lhe disse que não está contratando, mas você tem certeza de que é o lugar certo, não desista. Para o jovem Magnus Nilsson, esse lugar era a minúscula cozinha do l'Astrance, de Pascal Barbot, em Paris. Tinha três estrelas Michelin na época (hoje foi rebaixado para duas, o que é ridículo) e um estilo altamente influente, mas não lhe faltavam cozinheiros capazes. Magnus apareceu uma manhã para pedir um emprego. Como centenas antes dele, não conseguiu. O que fez então? Ele apareceu todas as manhãs por meses até que finalmente lhe deram uma chance. Às vezes, para entrar é preciso arrombar a porta.

PARTE DOIS

Todos os meus cantores preferidos não sabiam cantar

Não se preocupe com falta de talento ou habilidade: tenacidade é tudo de que você realmente precisa

Regra 6: Esteja preparado

Há uma grande chance de que o restaurante lhe providencie muitos dos itens necessários para o trabalho, mas seria idiotice não ter suas próprias coisas. Isso mostra sua seriedade e fará com que você sinta que está investindo no trabalho. Comece com isso:

- Canetas e lápis.
- Caderno.
- Fita crepe, para etiquetar.
- Faca de chef, faca serrilhada, faca para legumes, cutelo e protetores para cada uma delas.
- Pedra de afiar e chaira. Afie suas facas antes e depois do serviço.
- Espátula com dobra, testador de bolo, raspador.
- Colher de prova, colher *quenelle*, colher perfurada. E você precisa saber como segurá-las adequadamente (como um lápis ou pincel, e não como uma criança exigindo comida).
- Uma calculadora e uma balança de precisão.
- Um moedor de pimenta. (O melhor que eu encontrei na verdade é um moedor de café turco.)
- Ibuprofeno, curativos, pomada para queimaduras (arranje uma receita para comprar uma com sulfadiazina de prata), esparadrapo e gaze.
- Quando reabastecerem a caixinha de remédios no trabalho, pegue um pouco daqueles comprimidos que são basicamente paracetamol com cafeína.

- Sapatos. Nunca fui do tipo que usa tamancos de borracha. Wylie me apresentou as botas com ponta de aço, que são confortáveis e não escorregam, protegem de itens caindo e te deixam um pouco mais alto.
- Um chapéu.
- A gordura da cozinha torna o uso de lentes de contato ou óculos um pesadelo. Considere fazer uma cirurgia.
- Munhequeiras para segurar o suor, por mais ridículo que possa parecer.
- Palitinhos ou pinças. Prefiro palitinhos.
- Você não precisa levar suas próprias toalhas, mas guarde algumas limpas no restaurante sempre que puder, e se lembre de onde as escondeu.

Regra 7: Tudo é mise en place, inclusive você

No sentido mais literal, mise en place se refere a preparar os ingredientes de que vai precisar na sua estação de trabalho durante o serviço — as proteínas cruas, vegetais, bases de molho, temperos, gorduras e tudo o que será usado nos pratos pelos quais você é responsável, além de backups de tudo. E backups dos backups. Mas a ideia do mise en place se estende para o sentido mais amplo de estar sempre pronto (e pode se aplicar à vida em geral).

Pensando nisso, procure dormir à noite. Faça atividade física, se você é desse tipo. (Tome especial cuidado com suas costas. Não sou capaz de enfatizar isso o bastante caso seja sua intenção se manter nessa carreira até o fim.) E use o banheiro antes do serviço. Pode esquecer a ideia de deixar a cozinha quando os clientes começarem a chegar. Poupe-se do desconforto de precisar fazer cocô em meio à correria do jantar. Faça seu corpo entrar numa rotina. Não é tão difícil assim.

O que é *realmente* difícil é evitar hábitos mais perigosos. Você estará sempre cercado de maneiras autodestrutivas de aliviar o estresse, e com quase toda a certeza vai se voltar para elas de tempos em tempos. Não vá trabalhar bêbado ou drogado. Estabeleça limites e tente pensar no bem-estar do seu corpo a longo prazo. O cigarro é uma realidade e tudo bem fumar por um tempo — ele diminui a sensibilidade a sal e ácido, o que é algo bom em uma cozinha profissional —, mas, como um dia vai te matar, é melhor parar em algum momento.

Regra 8: Desenvolva uma nova relação com o tempo

Seja o primeiro a chegar ao trabalho, não só porque mostra comprometimento, mas porque você vai precisar de todo o tempo que tiver, especialmente no começo. Deixe o celular guardado no armário. Depois que o serviço começar, não olhe mais no relógio. Ignore todas as medidas de tempo que não sejam minutos e segundos. Desde o começo do serviço até a última mesa, pense apenas em termos de quanto tempo vai demorar para completar o prato à sua frente e se você está ou não em sincronia com a equipe.

Ignorar o relógio também vai te impedir de ser o babaca que começa a arrumar suas coisas às dez da noite. Trate cada mesa como se fosse sua família, mesmo que tenha sido uma noite parada e você já estivesse limpando sua estação quando entra uma mesa para dois, cinco minutos antes de o restaurante fechar. Seu cérebro imediatamente presume que são pessoas ricas e privilegiadas que não se importam de impedir que os trabalhadores da cozinha desfrutem de uma cerveja muito merecida. Mas lembre-se de que você não conhece essas pessoas, não sabe de onde elas vêm ou por que estão atrás de comida tão tarde da noite. Você não sabe nada sobre elas, e precisa presumir o melhor. Imagine que todo cliente escolheu fazer sua última refeição com você.

Regra 9: Aprenda fazendo

Se voluntarie para todas as tarefas disponíveis, independentemente de saber o que está fazendo ou não. Um dia, quando eu trabalhava no Craft, Marco Canora me chamou e disse que precisava de uma *gremolata*. Sem hesitar, comecei a assentir furiosamente e disse: "Sim, chef". Enquanto corria de volta para minha estação, percebi que não tinha ideia do que ia na *gremolata* e de como fazer uma. Reprimi o constrangimento, fui até o chef e perguntei a receita. Ele não ficou bravo. Gostou da minha atitude de quem podia fazer tudo (ainda que eu literalmente não soubesse fazer aquilo que ele estava me pedindo). Gosto de ver essa mesma atitude nos meus cozinheiros.

Pegue o turno da manhã, quando a maior parte do pré-preparo é feito, e não apenas o serviço da noite. Aprenda a fazer tudo no cardápio, de cabo a rabo. Conheça cada aspecto do restaurante.

Regra 10: Faça boas refeições coletivas

Uma tarde, entrei na cozinha do Craft e encontrei nosso sous-chef, Akhtar Nawab, fazendo samosas. Estranhei aquilo. Nunca tínhamos servido nada vagamente indiano. "Tem samosas no cardápio de hoje, chef?", perguntei. Ele me disse que não eram para os clientes: eram para nós.

Akhtar tinha chegado mais cedo para fazer comida para nós. Todo chef bem-sucedido que conheço leva a refeição em grupo muito seriamente. Afinal, se você não se importa com as pessoas com quem trabalha, como vai se importar com os desconhecidos que vão jantar no restaurante? Mas não se trata apenas de demonstrar respeito e amor pelos seus pares. Uma refeição coletiva é um enorme laboratório de criação. É a única chance que os cozinheiros nos degraus inferiores da hierarquia têm de se expressar, e uma oportunidade de treinar fazer algo delicioso a partir de aparas e sobras.

Regra 11: Escolha o caminho mais difícil
   Você está no porão fazendo o pré-preparo e se dá conta de que há inúmeras maneiras de fazer uma tarefa, incluindo uma muito mais rápida que o método que o chef pediu. Provavelmente ninguém vai saber se você for pelo caminho mais fácil. Mas, ainda assim, você escolhe o mais árduo. Por quê? Porque você sabe que não estaria enganando o cliente ou o chef, e sim a si mesmo. Você não estaria treinando e não estaria desenvolvendo a mentalidade "foda-se" que é vital para sua sobrevivência.
   Em 1986, quando estava no auge, Larry Bird decidiu jogar uma partida inteira de basquete como se fosse canhoto. Ele marcou 47 pontos e fez um *triple-double* usando sua mão ruim. Por quê? Pelo desafio. Se já domina sua estação, cabe a você tornar as coisas mais difíceis. Não inveje seus amigos que já são sous-chefs enquanto você está preso no garde manger. O garde manger é o trabalho mais legal e o que lhe ensina mais coisas. Você entrou nessa para ser o melhor, e não apenas para subir na hierarquia.

Regra 12: Torne-se um mestre do macete
   Outra história do Craft: havia um crítico no salão. Estávamos no auge da primavera, e pediram um prato com aspargos. Só que não tínhamos aspargos: eles haviam chegado tarde do hortifrúti e não houvera tempo de prepará-los para o serviço. Tom Colicchio entrou na cozinha com toda a calma, colocou aquela caixa enorme sobre a bancada e, com um movimento rápido e preciso, passou ela toda por uma serra de fita. O resultado foram aspargos perfeitamente aparados.
   Minhas histórias preferidas de chefs envolvem macetes — a arte das trevas de economizar tempo com truques tão engenhosos quanto malvistos. Chamo de "arte das trevas" porque é melhor não tornar esses macetes um hábito. Faça uma vez, quando

necessário, e terá driblado o sistema. Faça com frequência demais e será um picareta.

Sei que isso parece uma contradição à regra anterior, o que me leva a...

Regra 13: Abrace o paradoxo

Como discutido anteriormente neste livro, acredito firmemente que a melhor forma de criatividade nasce do paradoxo. Em seu papel como cozinheiro ou chef, às vezes é preciso dificultar as coisas de propósito. Outras vezes, é preciso economizar tempo e esforço. O desafio é descobrir como se comprometer com essas duas ideias, verdadeira e simultaneamente. É como um alvo móvel. Conforme você é bem-sucedido, compra equipamentos novos, recompensa a si mesmo e à equipe melhor, facilita a vida quando possível. Mas saiba que são as dificuldades que dão vida a você e ao restaurante. Sempre que facilitar alguma coisa, torne outra mais difícil. Ganhe um tempo para si mesmo para poder investi-lo em outras direções.

Essa mesma ideia se aplica à própria cozinha. Na minha cabeça, o prato perfeito não é aquele cujos sabores estão equilibrados de maneira uniforme, e sim um que é ao mesmo tempo salgado de mais e salgado de menos. No conjunto, há equilíbrio. É se debruçando sobre esse paradoxo que se faz uma comida ao mesmo tempo deliciosa e imprevisível.

Regra 14: Não nade contra a maré

Não sou muito de praia, mas, pelo que entendo, quando você está nadando no mar e se vê sendo puxado por uma corrente, é melhor nadar paralelo à costa. Lutar contra a maré só vai te cansar e culminar em morte por afogamento. O mesmo se aplica quando você está na cozinha, os pedidos se acumulam, o mise en place está acabando e dá para sentir o controle escapando por entre seus dedos. Seu instinto de sobrevivência lhe diz para trabalhar mais rápido, com mais afinco e menos cuidado. Chegar a essa constatação sozinho pode levar você às lágrimas, mas, quando se está nessa situação, a única coisa que pode fazer para se salvar é parar. Recuar um passo. Respirar. Avaliar. Organizar os pensamentos e a estação. Só então voltar ao serviço, com calma. Isso vai contra toda a sua programação-padrão, mas é a única maneira de sobreviver.

Regra 15: Tudo bem pedir demissão todo dia
A cozinha não vai lhe oferecer os elogios que você deseja, e quando você foder com tudo vai ter que ouvir. O trabalho nunca parece mais fácil, então chega o dia em que você percebe que é fácil demais. Você pode ficar tentado a pedir demissão depois de cada serviço ruim. Não tem problema nenhum em se sentir assim.

O truque é estar recuperado na manhã seguinte.

Descobri que os cozinheiros mais promissores são os que pegam mais pesado consigo mesmos. O truque é usar a insatisfação em benefício próprio. Todo dia como cozinheiro pode ser um novo começo. Um serviço ruim no dia anterior não tem efeitos duradouros. Os erros de ontem são passado. Determine-se a ser melhor hoje. E saiba que em três ou quatro meses, quando você passar a outra seção, tudo vai parecer impossível de novo.

Falando nisso, eis um mapa básico do caminho de um cozinheiro em um restaurante: você começa como um fardo completamente inútil para seus colegas. Eventualmente, vai aprender, crescer e se tornar uma parte insubstituível da equipe. Quando a próxima safra de jovens cozinheiros chegar, você vai treiná-los tão bem que vai se tornar obsoleto. Essa é a hora de ir embora. Você e o restaurante já deram tudo o que podiam um ao outro.

É preciso ficar atento a quanto se aprende ao trabalhar para outra pessoa. Assim como há cozinheiros (como eu) que pecam ao não completar um ano inteiro em um restaurante, há outros que ficam no mesmo lugar por tempo demais. Em algum momento, é preciso deixar o ninho.

PARTE TRÊS

Diga alguma coisa

Você conseguiu se tornar um chef e comanda sua própria cozinha. Agora é hora de encontrar sua voz.

Regra 16: Seja a falha na Matrix

Na maior parte do tempo, atores se encaixam em um dentre diferentes campos. Há atores cômicos e dramáticos, especialistas em improvisação, atores metódicos e atores de teatro convictos. O mesmo se aplica à cozinha. Aqueles com extrema paciência podem escolher o caminho do *shokunin* — a dedicação total a aperfeiçoar um estilo ou técnica já existente. Muitas pessoas fizeram sucesso no ramo dos restaurantes imitando outros ou dominando um estilo prévio. Não quero diminuir isso, mas acredito que o melhor caminho a seguir hoje é dar às pessoas algo que elas ainda não viram.

Vinte anos trás, para mim, foi o lámen. Era algo que eu adorava e para o qual a maior parte dos americanos não dava a mínima. Mas, se eu estivesse começando hoje, mudaria para a província de Hunan, estudaria a gastronomia de Kerala ou consideraria as possibilidades apresentadas por espaços desgastados, como shoppings. A ideia é procurar por qualquer coisa que foi descartada como inferior ou ignorada porque não está na moda. A moda é sua inimiga.

Independentemente de sua decisão, certifique-se de fazer a lição de casa. Se improvisação é o equivalente da cozinha criativa, então os melhores chefs são atores de improvisação que estudaram bastante técnica. Mergulhe no que te interessar. Não seja um daqueles chefs que vão passar o fim de semana em San Sebastián e voltam achando que podem abrir o melhor bar de *pintxos* em sua cidade. Isso não pega bem e é o caminho certeiro para a mediocridade.

Regra 17: Não faça edição mental

> *Um homem de gênio não comete enganos. Seus erros são volitivos e são os portais da descoberta.*
>
> JAMES JOYCE, *Ulysses*

Vou insistir em algo que já disse inúmeras vezes neste livro: existem, sim, ideias ruins, mas todas as ideias são dignas de investigação. Às vezes, quando você tem certeza de que certa ideia não vai dar certo, acaba se surpreendendo quando a coisa sai melhor do que o esperado. Mas prometo que, se levar a ideia até seu limite e tentar tantas maneiras de chegar lá quanto possível, em algum momento vai aprender algo que faz tudo valer a pena. Vejo muitos jovens chefs descartando uma ideia sem primeiro ver para onde ela vai. Todo prato e todo serviço é uma oportunidade de obter dados. Só é um erro se você não aprender com ele.

Regra 18: Estabeleça limites

É muito mais desafiador ser criativo quando se tem toda a liberdade do mundo do que quando se tem certas limitações. Por exemplo, se eu digo: "Me faça algo delicioso", seu cérebro vai começar a correr em cinco direções diferentes ao mesmo tempo. Por outro lado, se eu digo: "Me faz algo delicioso com cenoura", sua tarefa fica muito mais clara.

Defina os princípios em que acredita e os use como guias na cozinha. Quando o Noma abriu, René Redzepi estabeleceu limitações específicas para o tipo de restaurante que seria: os ingredientes precisavam ser hiperlocais e a missão principal seria desvelar e difundir a tradição nórdica. Desde então, o Noma alterou suas diretrizes, mas as fronteiras iniciais foram vitais para seu sucesso.

Você também pode achar útil definir os parâmetros gerais da sua vida profissional. Pense nos melhores e piores cenários, que representariam o sucesso completo e o fracasso irreparável. Mire no primeiro, não se deixe cair no segundo e evite passar tempo demais pensando no que há no meio.

Regra 19: Copie, não roube

Há muito a aprender sobre técnica, história, ingredientes e criatividade tentando replicar a culinária de outra pessoa. Você deve fazer isso. Deve tentar entender o que torna a comida de que gosta tão especial. Mas deve ser muito cuidadoso quanto a seus próximos passos.

Ao longo da história do Momofuku, servimos pratos que foram diretamente inspirados por outros chefs. Sempre que fazemos isso, tomamos o cuidado de apontar a relação no próprio cardápio. Posso dizer com segurança que sempre tentamos fazer a coisa certa em relação às pessoas e às cozinhas que homenageamos. Se você tem 100% de certeza que incluir a ideia de outra pessoa é vital para a história que está tentando contar no seu restaurante, então reconheça de onde ela veio. E sob nenhuma circunstância sirva algo pior que o original. Não pegue atalhos. Não faça uma versão menos impactante. Se isso for melhorar a comida, coloque um pouco de sua própria perspectiva nela. Mas acrescentar queijo a um prato não o torna seu.

Regra 20: Comece um culto

Quer esteja tentando aumentar seu número de clientes ou guardar dinheiro para abrir seu próprio restaurante, você vai precisar de seguidores dedicados. Não estou falando de fãs, mas de fiéis.

Você tem que mobilizar as pessoas com sua comida ao ponto de ter seu apoio garantido mesmo quando o resto do salão está vazio. Você precisa de investidores que colocarão dinheiro no estabelecimento sem nenhuma expectativa de retorno. Você precisa derrubar os críticos com a força de suas convicções. Não cozinhe com medo nem seja tímido quanto a sua visão.

Depois de passar algum tempo comigo, um jornalista uma vez comentou sobre minha relação com o Momofuku: "Nunca conheci ninguém que levasse algo tão a sério". Essa é a impressão que você precisa passar. Sejam críticos ou clientes, as pessoas vão responder a alguém que considera o trabalho uma questão de vida ou morte. Elas não estão acostumadas com essa ideia e vão se sentir atraídas por isso.

Portanto, o mais importante é: você precisa acreditar mais do que qualquer outra pessoa. Um culto se forma ao mostrar às pessoas que você está disposto a ir mais longe do que todas elas em nome da sua visão. Você não pode pedir a todo mundo que se sacrifique se não estiver disposto a ser o primeiro.

PARTE QUATRO
Detalhes práticos
Existimos para alimentar as pessoas. Tente não alimentar os tubarões também no processo.

Regra 21: Mergulhe em toda a merda desanimadora
 Um bom chef fala uma segunda língua com razoável fluência. Um ótimo chef fala pelo menos vinte. Mais especificamente, ele aprendeu o jargão e a burocracia necessários para lidar com o órgão do governo que controla a venda de bebidas alcoólicas, conselhos comunitários, senhorios, leis trabalhistas, recursos humanos, a empresa de fornecimento de energia, o Departamento de Edificações, o Departamento de Saúde, os bombeiros, lavanderias, descarte de lixo, contabilidade, aquecimento e ar-condicionado, bancos e empréstimos, itens de escritórios, folha de pagamento e sistema de PDV.
 Estou esquecendo muitos, muitos outros dialetos, mas o ponto é: você precisa saber de toda essa chatice sem sentido para sobreviver. De outra maneira, quase certamente será feito de bobo por alguém. Nada substitui se enterrar na papelada e atentar aos detalhes.

Regra 22: Pague pelo que puder obter
 Contrate os melhores advogados, contadores e empreiteiros que puder. Tente não comprar equipamento usado, se for possível. Compre os melhores produtos com que puder arcar, e acumule quantidade e qualidade conforme for crescendo. Os clientes vão notar o esforço que você fez para competir com operações com maior financiamento. (Há uma metáfora aqui relacionada a autoconfiança, mas vou deixar que a descubra sozinho.)

Há outro motivo para manter seu negócio tão em forma quanto possível. Abri o Momofuku com decoração minimalista, cadeiras sem encosto e nada de café ou sobremesa porque não tinha como arcar com esses custos, mas também porque queria que as pessoas sentissem a energia de um estabelecimento de alta circulação. Queria que as mesas girassem rápido sem parecer que estávamos botando os clientes para fora. É tudo uma questão de canalizar a energia na direção por onde se quer seguir. Nenhuma decoração é capaz de se equiparar à atmosfera criada por pessoas felizes ao comer.

Regra 23: Você é seu melhor cartaz

Não gaste seu dinheiro contratando uma agência de publicidade, principalmente se estiver começando. Há tanta mídia culinária hoje que não é preciso pagar para que escrevam a seu respeito. Você só tem que ter algo a dizer. Use o dinheiro que investiria nisso para contratar outro cozinheiro, para pagar melhor às pessoas ou comprar equipamento necessário. O retorno do seu investimento vai ser muito maior.

Mas, Dave, não sei falar com a mídia. Preciso de ajuda.

Garanto que todo mundo pode aprender isso. Eu era péssimo em falar com jornalistas no começo, mas eis alguns princípios básicos que aprendi:

- *Seja transparente.* A maior parte dos jornalistas é inteligente o bastante para detectar quando você está enrolando, e mesmo quando não é, não faz sentido enrolar a si mesmo. Há uma estratégia melhor: siga sua bússola moral, atribua tudo o que você tem ao bom trabalho que faz e seja sincero.
- *Use o poder do "em off".* Mesmo quando se está sendo completamente honesto, nem sempre você quer que tudo o que

disse saia na imprensa. Mudou a minha vida descobrir que eu podia avisar que estava dizendo algo em off e os jornalistas simplesmente respeitariam aquilo. De repente, eu podia ter uma conversa honesta e aberta com eles sobre meus planos, objetivos e opiniões, sem que entregassem tudo aos leitores. É uma forma muito efetiva de comunicar quem você é sem precisar entregar tudo. Só seja explícito ao pedir que algo seja em off.
- *Deixe seu trabalho falar por si mesmo.* Jornalistas recebem centenas de e-mails toda semana anunciando mudanças no cardápio, eventos especiais e outras promessas de notícias. Não perca seu tempo lotando as caixas de entrada deles. Aplique seu tempo e seus recursos em tornar o que você está fazendo impossível de ignorar. Se conseguir, então todos os clientes que forem a seu restaurante farão a propaganda por você. É claro que isso é mais fácil de dizer do que de fazer.
- *Leia o que andam escrevendo.* Me impressiona como alguns chefs sabem pouco sobre as pessoas que cobrem seus restaurantes. Eles veem críticos como o inimigo, mas não se armam para a batalha. Não sabem que cara esses críticos têm, como pensam, do que gostam, com quem passam o tempo ou o que andam comendo. Você ficaria surpreso com quantos críticos dizem que não gostam de ovos! Está tudo ali, disponível: basta ler o que está sendo escrito (e não apenas os artigos em que mencionam você). Estude. Aprenda. Se prepare.
- *Você nunca sabe quem guarda as chaves do castelo.* É tentador pensar em si mesmo como importante demais para falar com um jovem estagiário que foi mandado para te entrevistar ou um blogueiro com apenas cinquenta seguidores. Mas, se eles te abordarem com respeito e honestidade, você não deve ser arrogante ou idiota a ponto de mandá-los embora. Quando se dispensa jovens inteligentes demais, são grandes as chances de tornar um futuro magnata da mídia seu eterno inimigo.

Regra 24: Sempre se prepare para o pior dos mundos

No ramo de restaurantes, jantares com amigos e familiares são uma oportunidade de treinar com um público mais amistoso antes de abrir as portas para os clientes. Seus convidados terão um jantar grátis, sabendo que a comida e o serviço podem não ser perfeitos.

É claro que, na prática, esse tipo de evento é um horror. Como não estão pagando, seus amigos e familiares tentarão acabar com tudo o que você tem em uma única noite. Você deixa, porque é o que se espera que faça.

O restaurateur experiente vê esse tipo de jantar como uma oportunidade de explorar os piores cenários possíveis com um grupo de pessoas que não vai sair detonando você na internet assim que chegar em casa.

Num jantar desse tipo no Momofuku, as luzes podem se apagar no meio do serviço. Ou pode faltar gás. Ou dar pau no sistema de PDV. Uma mesa de seis VIPs pode aparecer na hora de maior correria.

Um convidado de repente pode informar ao garçom que depois do quarto prato não gostaria mais de consumir laticínios. Não faz sentido, mas a equipe terá que lidar com aquilo.

Outra mesa pode devolver um prato dizendo que está salgado demais, embora pareça mais que foi o próprio cliente quem colocou uma montanha de sal por conta própria. Não há nada que a cozinha possa fazer. O cliente tem sempre a razão.

Os gerentes e chefs correm de um lado para o outro, se perguntando como toda aquela merda pode estar acontecendo.

Noventa e nove por cento das vezes, é porque orquestramos isso. Quero ver como as pessoas reagem às dificuldades. Quero ver quem se mantém calmo e composto.

Temos uma única chance de forçar nossos limites com uma rede de segurança. Por que não usá-la?

Regra 25: Conheça suas fraquezas

Você não será o melhor em tudo o que faz. Aceite isso o mais rápido possível para poder se adaptar. Quase todos os chefs são maníacos controladores que sentem a necessidade de participar de todas as decisões. Mas, se você quer construir um negócio sustentável, precisa aprender a recuar e dar poder a outras pessoas. No esporte, os melhores jogadores tornam-se com frequência os piores técnicos. O mesmo acontece com cozinheiros e chefs. A melhor coisa a fazer é admitir suas fraquezas, mesmo se as mantiver só para si. Confie nas pessoas que contrata. Não se deixe intimidar se elas acharem que são melhores que você em determinadas áreas. Você quer ter funcionários que se sintam empoderados. Talvez eles nem sempre façam as mesmas escolhas que você faria, mas esse é o melhor resultado que se pode esperar. Você está tentando montar o melhor time, e um time não precisa de dez quarterbacks. São necessários jogadores diferentes, com diferentes pontos fortes.

Regra 26: Se um gerente de fast-food é capaz de controlar seu temperamento, você também é

Tive uma epifania recentemente, quando estava no aeroporto. Eu esperava na longa fila para tomar café da manhã no McDonald's. Fiquei observando os funcionários enquanto tentavam dar conta da avalanche de pedidos dos viajantes estressados. As coisas estavam se complicando. A cozinha perdia o controle. Ainda que fosse um McDonald's, qualquer chef no mundo imediatamente reconheceria aquela situação como a equipe lutando contra a maré.

Prestei atenção no gerente, esperando que fosse surtar. Mas isso não aconteceu. Ele permaneceu calmo. Diminuiu o ritmo de suas tropas e as organizou. Não era a primeira vez que aquilo acontecia, e ele sabia como sair de tal situação.

A raiva esteve tradicionalmente ligada à cozinha. Cozinheiros como eu surgiram em um mundo onde gritar era uma forma de comunicação aceitável. Trabalhar em cozinhas despertou algo horrível que havia dentro de mim, e por boa parte dos últimos vinte anos venho trabalhando para tentar corrigir isso. Ver o gerente do McDonald's controlar sua cozinha com toda a calma foi outro lembrete de que ainda posso melhorar muito. O mundo exterior pode ver as cozinhas da alta gastronomia como muito superiores às de fast-food, mas acho de verdade que isso pode ser uma falácia.

PARTE CINCO

Bem-vindo à montanha-russa sem fim

Contra todas as probabilidades, você atingiu o sucesso como chef, e não tem ideia do que vem a seguir.

Regra 27: Esqueça seu sucesso prévio

Vamos dizer que você conseguiu um pouco de reconhecimento por seu trabalho como chef. Talvez tenha recebido uma ou duas estrelas Michelin. Talvez um Prêmio James Beard. Cozinheiros batem na sua porta, querendo trabalhar para você. A fila de clientes dobra a esquina. Agora as coisas vão ficar mais fáceis, certo?

Errado. Você está entrando na fase mais perigosa da trajetória de um chef. Se você ou sua equipe se puserem a trabalhar sentindo que o reconhecimento e os elogios que obtiveram são mesmo devidos, estão fodidos. O sentimento de merecimento e a complacência são seus inimigos. É o equivalente à riqueza herdada. Os clientes sentem o cheiro disso de longe, acredite em mim, e vão desaparecer no mesmo instante. Quando sentir que o trabalho está ficando mais fácil, sua tarefa é procurar um novo desafio. Não por motivos puritanos, mas porque é o único modo de ser bem-sucedido a longo prazo. O dia em que você parar de cometer erros é o dia em que vai parar de crescer. O único equívoco é não aprender com seus erros.

Não me sinto nem um pouco mais seguro ou estável agora do que me sentia quando comecei o Momofuku, única razão pela qual confio que estamos fazendo as coisas direito.

**Regra 28: O que funcionou no passado
não vai funcionar no futuro**

Quanto mais bem-sucedido você se torna enquanto chef, mais para longe você será levado daquilo em que é bom. Tudo começa com sua primeira promoção para sous-chef ou chef de cuisine. Você era o mais rápido e o mais habilidoso funcionário da cozinha, mas de repente seus dias consistem em novas responsabilidades que não têm nada a ver com cozinhar. Agora você faz inventário, treina pessoas, projeta cardápios, faz entrevistas. Já vi essa constatação acabar com inúmeros chefs que achavam que tinham chegado ao topo só para descobrir que as habilidades que haviam adquirido não iam mais ajudá-los em nada. Eles precisam desenvolver um conjunto de músculos completamente diferente. Clientes não comem prêmios, críticas ou o passado.

Não sei se ajuda, mas penso nisso como um video game. Conforme você avança, tem que aprender novos truques, enfrentar chefões mais difíceis e navegar por níveis mais desafiadores. A ideia é mesmo que fique mais difícil, ou não seria interessante ou recompensador jogar. Imagina que chato jogar o mesmo nível de novo e de novo.

Regra 29: Cada prato é uma cena do crime

Entre as novas habilidades de que você vai precisar como um chef em ascensão, a comunicação é vital. Você não pode mais bancar o herói solitário. As pessoas precisam que você transmita sua visão e sua metodologia, principalmente conforme você se afastar mais e mais da cozinha.

Quando tiver aprendido a ser um bom comunicador, pessoas que tenham dificuldade em se comunicar vão se tornar o fardo da sua existência, de modo que você vai precisar desenvolver uma habilidade complementar: ciência forense. Em uma noite recente no Kāwi, nosso restaurante coreano em Hudson Yards, provei um prato de peito bovino na salmoura finamente fatiado e achei que não dava para comer de tão salgado. Fui à cozinha investigar. Ninguém sabia me dizer o que havia acontecido. Provamos o molho e estava bom. Perguntei à cozinheira responsável pelo empratamento, se ela havia adicionado sal. Ela disse que não. Conforme fui mais a fundo, ficou claro que era a própria carne que estava salgada. O sous-chef que a havia preparado na noite anterior havia decidido por conta própria adicionar sal à receita. Ele havia achado estranho que a carne estivesse sem sal e assumira o encargo de salgar toda ela sem informar a ninguém.

O problema era que tínhamos deixado a carne sem sal propositalmente, sabendo que o molho estaria salgado o suficiente. A ideia dele poderia ter resultado em um produto final melhor, mas só se ele tivesse informado outras pessoas do que ia fazer. A única maneira de identificar o problema — uma falha de comunicação, o que não surpreendeu ninguém — tinha sido rastrear as pistas.

Regra 30: Se a vida é um documentário sobre a natureza, somos os gnus

Chefs literalmente existem para alimentar os outros. Metaforicamente, também somos presa fácil para predadores como senhorios, parceiros de negócios, investidores e marcas. De modo geral, as pessoas do ramo de restaurantes não têm informações suficientes no que se refere ao negócio. Como gnus bebendo água, temos que nos manter alertas o tempo inteiro à possibilidade de leões escondidos na mata. Estude o jargão e o juridiquês, usado para confundir — efeito cascata, pro rata, supervoto —, e aprenda sobre estratégias de investimentos. Faça a lição de casa sobre parceiros em potencial. Veja se eles têm um histórico de sucesso. Se o negócio parecer bom demais para ser verdade, deverá ser. Não confie em ninguém que vai atrás de você depois que se deu bem. E sinto muito em dizer, mas o número de parcerias entre chefs que dá certo a longo prazo é quase nulo.

Nos negócios, as pessoas dizem que se deve negociar numa posição de força, mas quase nunca estamos nessa posição. Sua única escolha é imaginar que todo mundo está tentando te ferrar. Quando aceitar dinheiro de gente sofisticada, eles vão te confundir com contratos bizantinos. Duas regras gerais: (1) o único método certeiro de ganhar é ter seu próprio imóvel; (2) Você nunca vai ganhar dinheiro vendendo seu restaurante, a menos que ele possa ser ampliado em escala.

Tudo isso leva os chefs a um dilema existencial que pode ser demonstrado pela seguinte questão: você consegue pensar em um chef que se aposentou como chef?

Muitos chefs fizeram a transição lucrativa para restaurateurs ou para a mídia, bens de consumo, fast-food e outros negócios relacionados a comida. Mas não consigo apontar um único chef que tenha saído direto da cozinha para a aposentadoria e o fim da carreira. Não é algo que a indústria permita. Espero que isso mude com o tempo, mas é melhor saber os detalhes antes de mergulhar fundo demais.

Regra 31: Mantenha os olhos no prêmio

Chef é uma das profissões mais idiotas que alguém poderia escolher. Também é o melhor trabalho do mundo.

Não deixe que meus avisos e minha negatividade te façam achar que não amo o que faço, e por favor não perca de vista aquilo que torna este um trabalho maravilhoso. Alimentar as pessoas é algo lindo. Com sua comida, você as transporta no tempo e no espaço. Você é motivo de comemoração e um conforto em momentos difíceis. Você apoia o trabalho de fazendeiros e artesãos. Você conta histórias. Conecta as pessoas e derruba barreiras. Você é um artista. Não se esqueça disso.

Regra 32: Empregue o sistema de parceria

Recentemente, saíram alguns documentários sobre escalada. *Free Solo* ganhou um Oscar ao retratar como Alex Honnold subiu sozinho e sem equipamentos a formação rochosa de novecentos metros de altura conhecida como El Capitán, no Parque Nacional Yosemite. Honnold e sua conquista notável receberam muita atenção, mas sou do time de Tommy Caldwell.

Antes que Honnold fizesse isso sozinho, os companheiros de escalada Tommy Caldwell e Kevin Jorgeson fizeram história escalando o El Capitán juntos, também sem equipamentos, seguindo uma rota diferente. Você pode ver a jornada deles em *The Dawn Wall*, mas vou contar as partes mais interessantes aqui. Em determinado ponto durante a jornada de três semanas rocha acima, Jorgeson ficou preso e se viu incapaz de completar a parte mais difícil da subida. Ele insistiu para que Caldwell prosseguisse sozinho. Mas, quando se aproxima do trecho final, Caldwell decide que não pode terminar sem seu amigo. Ele desce e passa dias ajudando Jorgeson para que possam concluir a subida juntos.

Por quê? Nos termos usados no documentário: "Não consigo imaginar um resultado pior do que fazer isso sozinho".

A maior parte das pessoas vai ver o que Caldwell fez como altruísmo. A mim, parece que ajudar seu amigo na verdade era a única escolha para ele. Caldwell tinha investido anos de tragédia e sofrimento naquele empreendimento impossível. Escalar El Capitán ia ao mesmo tempo defini-lo e redimi-lo. Mas, com seu objetivo em vista, ele se deu conta de que não significaria nada chegar ao topo da montanha sozinho.

Quanto mais aprendo sobre este mundo, mais humilde me torno. Grande parte do sucesso depende de fatores que estão além do nosso controle — onde nascemos, nossa raça, nossos pais, a ajuda que recebemos ao longo do caminho e onde estamos em dado momento. Temos menos agência na vida que nosso ego gostaria de pensar. Não se conquista nenhuma vitória a sós.

Conforme você for se tornando bem-sucedido, vai ver que o único modo de garantir que isso tenha valor é parar antes do topo e se certificar de que você não está sozinho em sua ascensão.

Regra 33: Guarde um pouco para a volta

Vou concluir com uma última referência cinematográfica. Eu costumava assistir ao filme de ficção científica *Gattaca* para me motivar. Eu me via no personagem de Ethan Hawke, Vincent, que havia crescido ouvindo que era inferior a seu irmão geneticamente modificado, Anton. A única vez em que Vincent venceu Anton durante a infância foi em uma competição para ver quem nadaria até mais longe em mar aberto. No clímax do filme, Vincent vence de novo, derrotando seu irmão uma segunda vez. Um Anton descrente pergunta a ele como conseguiu seguir em frente quando eram pequenos e de novo agora que eram adultos.

"Sabe como eu fiz, Anton?", Vincent disse. "Nunca guardei nada para a volta."

Essa frase sempre me deixava arrepiado. Como alguém cujo futuro nunca pareceu que ia ser grandioso, me atraía a noção de que, se você não tinha nada mais pelo que viver, poderia superar quaisquer obstáculos que surgissem no seu caminho. Por muitos anos, foi assim que lidei com o Momofuku. Eu estava em uma viagem só de ida para tão longe quanto minhas pernas e meus braços pudessem me levar. Talvez acabasse me afogando, mas não antes de ter superado todo mundo. Não tenho dúvida de que essa filosofia é o motivo do meu sucesso. Sei que se eu tivesse dado menos do que tudo o que eu tinha, o Momofuku nunca teria sido um sucesso. Mas, recentemente, passei a enxergar as implicações de viver assim. Não se trata mais apenas da minha vida. Tenho esposa, filho e colegas que quero ver felizes. Não quero que eles sacrifiquem tudo por mim ou pelo Momofuku, e o único modo de garantir isso é mudar minha própria perspectiva.

Tenho muita sorte de esse negócio não ter me matado. Me sinto abençoado por ter percebido minha falta de visão enquanto ainda era tempo de mudar. Meu conselho para você é guardar um pouco para a volta, mas também estar pronto e disposto a mudar de perspectiva. Neste momento, aos 42 anos, tenho certeza de que tenho todas as respostas relativas ao negócio. Mas, se estou vivendo da maneira que deveria, com sorte vou pensar neste momento e me sentir constrangido com quão míope e tolo fui. Espero abrir este livro daqui a dez anos e sentir vergonha, como se eu estivesse olhando para uma foto de mim mesmo com um corte de cabelo horrível. Mal posso esperar por isso.

Agradecimentos

Sinceramente, seria impossível listar todas as pessoas com quem estamos em dívida, então vamos apenas agradecer a nossas famílias e amigos por suas inúmeras contribuições para este livro (e nossas vidas em geral). Agradeço particularmente a toda a família Chang, às equipes da Clarkson Potter, da Majordomo Media e da InkWell Management, e a todo mundo do passado e do presente do Momofuku.

Dito isso, precisamos fazer uma exceção: se você gostou de ler este livro, e se a sensação foi de que havia uma marca consistente em todo ele, é porque Chris Ying estava nos conduzindo.

ESTA OBRA FOI COMPOSTA POR MARI TABOADA EM MINION PRO E AVENIR
E IMPRESSA PELA GRÁFICA SANTA MARTA EM OFSETE SOBRE PAPEL PÓLEN SOFT
DA SUZANO S.A. PARA A EDITORA SCHWARCZ EM SETEMBRO DE 2021

A marca FSC® é a garantia de que a madeira utilizada na fabricação do papel deste livro provém de florestas que foram gerenciadas de maneira ambientalmente correta, socialmente justa e economicamente viável, além de outras fontes de origem controlada.